宣传思想文化工作案例选编 2021年

全国宣传干部学院◎编

学习出版社

图书在版编目（CIP）数据

宣传思想文化工作案例选编. 2021年 / 全国宣传干部学院编. -- 北京 : 学习出版社, 2022.9

ISBN 978-7-5147-1167-7

I. ①宣… II. ①全… III. ①宣传工作—案例—中国—2021 IV. ①D64

中国版本图书馆CIP数据核字（2022）第136258号

宣传思想文化工作案例选编（2021年）

XUANCHUAN SIXIANG WENHUA GONGZUO ANLI XUANBIAN（2021 NIAN）

全国宣传干部学院　编

责任编辑：李　琳　阮彩艳
技术编辑：刘　硕　朱宝娟
装帧设计：壹读闻话

出版发行：学习出版社
北京市崇外大街11号新成文化大厦B座11层（100062）
010-66063020　010-66061634　010-66061646
网　　址：http://www.xuexiph.cn
经　　销：新华书店
印　　刷：北京市密东印刷有限公司

开　　本：710毫米×1000毫米　1/16
印　　张：23.75
字　　数：262千字
版次印次：2022年9月第1版　2022年9月第1次印刷

书　　号：ISBN 978-7-5147-1167-7
定　　价：75.00元

出版说明

为满足宣传思想文化战线干部教育培训教材建设和案例教学的需要，根据《中宣部干部教育培训教材建设意见》，多年来，全国宣传干部学院坚持编写宣传思想文化工作案例选编系列教材，每年一册，受到宣传干部的欢迎，取得了较好的社会反响。其中，《宣传思想文化工作案例选编（2020年）》入选中组部发布的全国干部教育培训好教材好课程推荐目录。

《宣传思想文化工作案例选编（2021年）》共14个专题、42个案例，从理论、舆论、文化、文明、网宣、外宣等方面，对新时代宣传思想文化工作的使命任务、实践要求进行分析研究，主题突出、论述生动，具有较强的典型性、创新性、启发性，适合干部培训教学使用，对于地方基层宣传部门更好地开展宣传思想文化工作，具有一定的参考借鉴作用。

目 录

一、深入学习习近平新时代中国特色社会主义思想，推动党的创新理论走深走心走实

二、创新方法手段，推动基层理论宣传有意思、出成效

三、聚焦热点、化解难点，加快构建舆论引导新格局

四、弘扬革命文化，传承红色基因，赓续中国共产党人的精神谱系

五、发挥文化涵育功能，提高基本公共文化服务的覆盖面和适用性

六、坚持文艺为民、文艺惠民、文艺乐民，推动文艺事业繁荣发展

七、守正创新，做大做强电影产业，推动影视业高质量发展

九、深入实施公民道德建设工程，努力培育崇德向善的社会风尚

十、推进思想政治理论课改革创新，构建协同育人“大思政”

十一、倡导文明新风，推进诚信建设和志愿服务制度化

十二、资源互融、平台互通 深入推进“两个中心”融合发展

十三、因地制宜做好对外宣传，向世界展现真实、立体、全面的中国

十四、建机制、抓监督，全面落实好意识形态工作责任制

一

深入学习习近平新时代中国特色社会主义思想，推动党的创新理论走深走心走实

要教育引导全党从党的非凡历程中领会马克思主义是如何深刻改变中国、改变世界的，感悟马克思主义的真理力量和实践力量，深化对中国化马克思主义既一脉相承又与时俱进的理论品质的认识，特别是要结合党的十八大以来党和国家事业取得历史性成就、发生历史性变革的进程，深刻学习领会新时代党的创新理论，坚持不懈用党的创新理论最新成果武装头脑、指导实践、推动工作。

——2021 年 2 月 20 日，习近平总书记在党史学习教育动员大会上的讲话

要坚持学懂弄通做实党的创新理论，以庆祝建党 100 周年为契机，引导党员、干部加强党性锻炼、党性修养，坚定理想信念，百折不挠把自己的事办好。

——2021 年 1 月 22 日，习近平总书记在十九届中央纪委五次全会上的讲话

加强党的理论教育，要坚持实事求是，坚持理论联系实际的马克思主义学风，坚持问题导向，注重回答普遍关注的问题，注重解答学员思想上的疙瘩，反对主观主义、教条主义、形式主义，防止空对空、两张皮。

——2015 年 12 月 11 日，习近平总书记在全国党校工作会议上的讲话

引 言

坚持不懈用习近平新时代中国特色社会主义思想武装全党、教育人民、推动工作，推动当代中国马克思主义、21 世纪马克思主义深入人心、落地生根，是做好新时代宣传思想工作的首要使命任务。如何有效推动习近平新时代中国特色社会主义思想入脑入心，让党的创新理论宣传教育更形象、更生动、更有力，需要有力的抓手和管用的办法。

典型案例

安徽省亳州市："一课一片"让党的创新理论武装走深走实

如何创新形式、释放活力、发挥优势，加强党员理论武装，切实提高党的创造力、凝聚力和战斗力，是当前党的创新理论武装工作面临的一项重要政治任务。从 2018 年开始，安徽省亳州市的一些基层党组织积极顺应互联网传播特点，自发创新开展微党课、微宣讲，拍摄微电影，让身边人说身边事，用身边事教育身边人，生动灵活的形式受到广大党员干部的普遍欢迎。在基层探索和深入调研的基础上，亳州市委决定在全市开展"一月一课一片一实践"活动，即每月 10 日组织党员讲一次微党课、看一部警示教育片、参加一次社会实践活动，从正反两个方面强化党性教育，推动党的创新理论武装走深走实。截至 2021 年，全市 8047 个基层党支部共 35.6 万人次登台授课，受众 350 万余人次，拍摄各类警示教育片、宣传片 63 部，党员集中观看 335 万余人次。此项活动已成为学习宣传贯彻习近平新时代中国特色社会主义思想的有力抓手，取得了良好社会效果。

让党员"唱主角"，微党课更鲜活、接地气

形式突出灵活性。在授课主体上，变传统的领导、专家主讲为领

导带头、党员主讲，鼓励全体党员人人上讲台、个个当教员，从市委书记到普通党员，大家竞相上阵、一展风采，一级做给一级看、一级带着一级讲，实现了从“领导说”到“大家讲”的转变。在展现形式上，变“灌输”为“对话”，授课党员借助 PPT 课件、微视频、H5（HTML5）等新媒体传播手段，增加了情景模拟，加强了互动交流；变“官话”为“土话”，坚持大话空话不讲、虚话套话不讲，满满都是干货，都是真切的感悟。在讲课时间上，变“长篇大论”为“短小精悍”，课件文本一般控制在 2500 字左右，授课时间控制在 15 分钟左右，有的甚至只有几分钟，宣讲者易于准备，组织者易于组织，听者也易于理解。在覆盖领域上，从线下延伸到线上，从传统的机关事业单位、学校系统拓展到非公企业和社会组织等其他领域，实现了全员参与、全域覆盖，推动讲党课由“一时一地”拓展为“随时随地”。

内容突出故事性。在授课内容上，注重“小切口大主题”，以“微”传道，以“微”促行，既讲实现中华民族伟大复兴的“大道理”，又讲关系老百姓柴米油盐、衣食住行的“小道理”；既聚焦重大主题，又聚焦党员普遍关心的热点、难点和疑点问题；既有党的创新理论的讲授、红色精神的传承，也有一件小事的感悟、心得体会的诉说、职业素养的提升。在故事呈现上，力求每堂微党课都课件精美、形式新颖、意境深远，授课人从一段音视频、一张老照片、一次切身经历等细微处切入，用深入浅出、通俗易懂的语言，讲述一个个走心的微故事，寓理于事、以理服人，有效缩短理论与党员的距离。在地点选择上，变“固定点”为“流动室”，将微党课上到工厂车间、田间地头、脱贫一线，打破了以往“填鸭式”教学的被动状态，大大提升了党课的吸引力。对老弱病残、行动不便或长期在外的党员，将优秀党课资料制成光盘、装印成册，实现送教上门。

教育突出针对性。分层级建库，建立全市优质党课库，供广大党员选学。各级党组织在评选推荐的基础上，分别建立自己的优质微党课库。截至 2021 年，全市已收集优质微党课教案文本（课件）5000 余个。分领域宣讲，将微党课与系列重大主题教育有机结合，组建微党课巡讲团，开展“万堂党课进基层”活动，广泛宣讲习近平新时代中国特色社会主义思想，形成了争先讲党课、人人听党课的良好氛围。截至 2021 年，全市开展微党课巡讲 4700 余场次，并分专题在网上开设专栏，将优质微党课进行集中展播，供广大党员群众交流学习、总结提高。

落实突出规范性。纳入考核内容，将各级党组织开展微党课情况纳入年终党建工作目标责任制考核，建立党员干部讲党课台账。每月按一定比例随机抽查各领域党员讲微党课、观看警示片情况，年终将检查情况作为党员干部年度考核和评先评优的重要依据。规范评比制度，增加竞赛性、综艺类元素，分地区、分领域组织开展选拔赛，全市评出优质微党课 5000 余个，连续 4 年

❖ 2021 年 6 月 17 日，亳州市举办第四届“全体党员讲微型党课”总决赛

举办亳州市“全体党员讲微型党课”总决赛。加强督促检查，根据各党组织党课安排情况不定期组织专家听课、评课，对讲课者的仪表仪态、课堂气氛、思想内容等进行综合评价。在党员之间开展“结对帮扶”，让讲课效果好、领悟能力强的优秀授课者发挥传帮带作用，互学互助、共同进步。

“活教材”敲警钟，“警示片”小而真、警示深

选题精准化。抓住关键典型，组织拍摄了9部涉及16名领导干部违纪违法案件的教育片，结合涉案人员成长轨迹中发生嬗变的关键节点，突出违纪违法官员心理蜕变、沦陷过程，从中深入挖掘分析其腐败形成机理，归纳总结案例的经验教训和警示意义，让广大党员干部在收看过程中真正把自己摆进去，正心修身，不断筑牢思想防线；聚焦突出问题，分系统、分领域总结本地区本部门存在的不作为、乱作为、慢作为等乱象，重点聚焦违反中央八项规定精神案例及扫黑除恶、脱贫攻坚、环境保护等廉政风险较大、问题多发易发的重点领域，特别是取材亳州市查办的违法违纪、形式主义、官僚主义等典型案件，让人看后“冒冷汗”“绷紧弦”。紧盯制度漏洞，结合中心工作、专题教育、专项整治等，有计划、有组织地选取政策执行不到位、制度建设有漏洞、工作推进方式方法简单粗暴等方面的典型案例，增强教育的针对性、有效性，督促各部门扎牢制度的篱笆。

制作流程化。突出高站位，市委主要负责同志亲力亲为抓落实，主持召开教育片审查工作会议，对选题进行专门指导，对警示语作出详细批示。纪委监委、组织部、宣传部主要负责同志亲自协调、参与

审看、研提意见。突出严审核，成立工作专班，由纪委监委、组织部、宣传部等 8 家单位有关负责同志和业务单位分管负责人组成审查组，从意识形态、纪律处分、业务规定、保密工作等方面进行审核把关；突出全流程，建立“选题申报—脚本创作—拍摄制作—集中审核—下发通知—组织收看—效果评估”的全链条式统筹机制。在文字材料编写、视频制作规范上按照题记、片名、前口播、正文、警示、后口播、结尾、角标等统一标准编排文字材料。

收看常态化。领导带头看，每部警示教育片推出后，市委主要负责同志带头观看。在新冠肺炎疫情防控最吃劲的时候，通过电视、新媒体等渠道播放《“硬核”防控 岂能硬来?！》，在全市党员干部中牢固树立“疫情防控无小事”理念。群众认为短片不仅内容导向正，而且呈现方式十分接地气；党员集中看，每月 1 日发布必看和选看警示片推荐目录，每月 10 日集中观看一次警示教育片，并交流研讨。加强过程管控，每月对各部门组织党员学习收看情况进行不定期检查，实现了党内教育从“关键少数”向全体党员拓展，从集中性教育向经常性教育转变；多样形式看，做实做精警示教育套餐内容，形成全体党员学习的公共教材。按需配“菜”，将警

❖ 2021 年 8 月 10 日，亳州市涡阳县标里镇团结村党员观看警示教育片

示教育片内容进行拆条推送，方便广大党员利用碎片化时间开展学习。同时将警示语做实做精易记易懂，通过多形式学习，达到以身边一案教育身边一片、喊醒身边一批的目的。

江西省赣州市：推进理论学习规范化制度化科学化

江西省赣州市坚持把深入学习贯彻习近平新时代中国特色社会主义思想作为首要政治任务，突出主题主线，创新方式方法，健全体制机制，推进理论学习规范化制度化科学化，推动全市广大党员干部自觉运用党的创新理论武装头脑、指导实践、推动工作，加快把革命老区建设成为高质量发展示范区。

把牢方向，引领导向。高举新时代中国共产党的思想旗帜，必须始终紧跟党的理论创新步伐，抓住“关键少数”，带动“绝大多数”，推动习近平新时代中国特色社会主义思想入脑入心。一是对标对表抓学习。赣州市委出台实施意见，明确将学习习近平总书记重要讲话、重要文章和指示批示精神，作为党委常委会（党组）会议的第一议题，同时抓住党史学习教育的重大契机，着力在对标、反思、提升上下功夫，确保习近平总书记提出的每一项要求、党中央作出的每一项决策落地落实。此外，坚持每季度与省委理论学习中心组集体学习对表一次，研究分析学习上存在的差距，及时调整和完善学习安排。二是示范引领抓学习。坚持以上率下，发挥领导班子和领导干部领学、带学的导向作用，以党委理论学习中心组学习为龙头，形成书记抓班子、上级带下级的浓厚学习氛围。建立领导干部理论学习联系点，每位常委结对帮学1个机关单位和1个基层单位。以县处级以上党员领导干部为重点，倡导每日学习一小时、每月读一本书、每季度听一堂党课或专题讲座，把学习作为一种政治责任和生活方式。三是督导规范抓学习。制定党委理论学习中心组学习规则，对学习的组织领导、参加对象、内容形式、过程管理等提出具体要求，依规管理、从严治学。建立宣传部门牵头，纪委监委、党委办公室、组织部等部门协作机制，每半年对各级党组织理论学习情况开展一次检查指导或暗访调研，并进行情况通报，压实责任、督导学习。

优化方式，常学常新。“不解决桥和船的问题，过河就是一句空话。”毛泽东同志曾形象地把“方法”比喻为过河的桥和船，同样，理论学习也要讲究方法，要解决“桥”和“船”的问题。赣州市通过创设与时俱进、生动活泼的理论学习方式方法，让学习更加入脑入心、富有成效。一是创新“3+X”学习模式。“3+X”即集体诵读一段习近平总书记重要讲话、一段党章党规，讲一个红色故事，若干名党员干部作交流发言。集体诵读原著原文，增强学习的仪式感和感染力，推动重要讲话、党章党规入脑入心；讲红色故事，是用好红色资源、传承红色基因的有效方法；安排交流发言，是对“读”与“讲”的深化拓展，保证学习的深度和质量。二是开设解放思想讲堂。市委理论学习中心组定期邀请专家学者讲解与赣州经济社会发展密切相关的前沿领域知识，讲座既聚焦前沿，侧重于新概念新知识点的讲解、重大政策的解读，又透彻实用、易于接受。在市委理论学习中心组带动下，基层党组织相继开设了“理润讲堂”“岚山读书”“庾岭学习讲堂”等学习平台，理论学习在全市蔚然成风。自2018年起，章贡区实施柔性引才行动，聘请中央和国家部委挂职干部和各领域行业精英为发展顾问，通过授课讲学、调研指导、项目合作、技术咨询等形式为地方发展“添砖加瓦”。三是打造开放课堂。用好赣南苏区丰富的红色文化资源，参观革命旧址，缅怀革命先烈，重温党的历史，与红军后代和群众代表座谈，运用现场体验方式开展党史学习教育。把课堂搬到项目现场、基层一线、田间地头，推动学习接地气、拓思路、解难题。用身边人身边事进行廉政警示教育，剖析领导干部违纪违法案件，在思想深处筑牢拒腐防变的坚固防线。同时，赣州市创新载体、搭建平台、拓宽渠道，贯通线上线下，在新时代文明实践中心（所、站）建立2752个“学习强国”线下互动中心，不断扩大理论学习的传播力、渗透力、影响力。

❖ “学习强国”线下互动中心遍布赣州城乡新时代文明实践中心（所、站）

完善制度，抓常抓长。健全规范的制度是推动理论学习持之以恒的重要保障。赣州市把学习过程中的创新做法、新鲜经验及时以制度的形式固化下来，确保学习有章可循、深入持久。一是建立每月学习日制度。将每月第一周的星期五确定为学习日，全市各级党委（党组）理论学习中心组和基层党组织根据学习日安排表，组织开展学习活动。原则上学习日不安排其他会议活动，如遇节假日或确有特殊情况当日不能开展学习的，可适当前移或顺延。二是施行巡听指导制度。市县两级建立宣传部部长任组长，纪检、组织、宣传、教育等部门负责同志为成员的理论学习巡听指导组，预约式与随机式相结合，对被巡听单位实行会前“三审”（提前一周审阅预约巡听单位的学习方案、发言材料、学习资料），坚持会中“四看”（看主题聚焦准不准、环节安排紧不紧、研讨质量高不高、现场氛围浓不浓），做到会后“五查”（检查制度是否健全、重点是否漏学、参学率是否达标、管理是否规范严格、成果转化是否落地落实），做到提前介入、现场互动、深入延伸，对学习进行全方位调研、全流程把关。巡听结果作为综合评价领导班子和选拔任用领导干部、意识形态考核的重要依据。三是严格执行考核评价制度。赣州市将全市各级党委（党组）理论学习中心组学习纳入党建工作责任制，纳入意识形态工作责任制，纳入领导班子、领导干部目标管理，纳入县（市、区）高质量发展综合考评，纳入市直单位绩效考核评价体系，纳入巡察监督检查的重要内容。强化激励和约束机制，将各县（市、区）党委理论学习中心组学习情况列入全市宣传思想文化工作考核体系，每季度公布一次考核结果，每半年通报一次学习情况，每年评选表彰一批学习先进典型。连续 13 年开展正科级干部政治理论水平考试，探索实行了党政领导干部政治理论学习考核制度。

学用结合，落细落实。针对运用党的创新理论推动工作的能力不足、学用脱节问题，赣州市全面领会、深入细化、具体落实习近平总书记重要指示和要求，做到学而信、学而用、学而行。一是深入调查研究。深入学习习近平总书记在中共中央宣传部《寻乌扶贫调研报告》上的重要批示精神，反复重温毛泽东同志《寻乌调查》《长冈乡调查》等经典文献，坚持把调查研究作为深化理论学习、破解难题的重要途径。建立领导干部领题调研制度，在对重大问题进行决策之前，各级领导干部牵头领题，进行实地调研。2021 年，围绕落实新发展理念、推进工业转型升级、乡村全面振兴、全面从严治党等开展调查研究，形成 50 余项调研成果，通过不同方式转化为政策决策。开展历史遗留问题专项调研，排查信访积案、人大代表建议、政协委员提案以及媒体曝光事件等历史遗留问题 1087 件，化解 1041 件，化解率达到 96%。二是解决民生实事。牢固树立以人民为中心的发展思想，传承苏区干部真心实意为群众谋利益的优良传统，用心用情用力解决老百姓“急难愁盼”的问题。结合党史学习教育“我为群众办实事”实践活动，建立重点民生项目库，对市级 62 项、县级 1182 项民生实事实行“一盘棋”调度，由领导领办，每月公开进展情况，组织群众评议、部门评价、综合评估，切实解决就业岗位、托幼园位、上学座位、求医床位、养老点位、停车车位、如厕厕位等群众身边事。开展“替烈士看爹娘、为烈属办实事”行动，市委、市政府主要领导带头参与，走访烈属 34759 人次，对生活困难的烈属发放抚恤金和生活补助金 4.3 亿元，以实际行动传承精神血脉、筑牢价值基石。三是推动振兴发展。赣州市全面落实习近平总书记视察江西重要讲话精神，聚焦“作示范、勇争先”目标定位和“五个推进”重要要求，深入实施“三大战略”，统筹推进“八大行动”，牢记嘱托、感恩奋进，争创新时代“第一等的工作”。党的十八大以来，赣南苏区发展取得重大进展，进入了经济社会发展最快、城乡面貌变化最大、老百姓受益最多的时期。2020 年，赣州实现地区生产总值 3645 亿元，跻身全国城市百强第 66 位，较 10 年前上升 43 位，居民收入提前 3 年实现比 2010 年翻一番。

广西壮族自治区来宾市：山歌传播新风尚　百姓唱响理论歌

广西壮族自治区来宾市作为少数民族聚集地区，壮族等少数民族人口占总人口的 76%，自 2015 年以来，该市立足少数民族受众特点，从山歌、壮欢等独特的民族传唱形式入手，用最具特色、最受欢迎的“唱山歌宣讲”形式，宣讲党的创新理论，宣传党的路线方针政策，让党的创新理论宣传教育更形象、更生动、更有力。

一队伍示范引领，雅俗共赏有特色。一是注重挖掘，选树一批带头人。来宾壮族山歌源远流长、种类繁多，有 300 多个山歌曲调，其中以“壮欢”“壮比”流传最为广泛，深受广大群众喜爱。全市有 2 万多名山歌手，有 28 人曾获得广西“山歌王”称号。其中，以“武宣婆”郭秀莲最为出名，拥有网络粉丝超百万，被称为广西歌仙“刘三姐”传人。自 2017 年起，来宾市积极引导郭秀莲从“习语金句”入手改编山歌，将党的创新理论融入山歌当中，使相对枯燥深奥的理论变得有

❖ 2021年12月10日，“全国基层理论宣讲先进个人”、来宾市新时代文明实践山歌宣讲带头人、广西“山歌王”郭秀莲到忻城县以山歌形式将党的十九届六中全会精神“唱”入寻常百姓家

趣活泼。2019年12月，来宾市聘请郭秀莲为新时代文明实践山歌宣讲带头人，组建新时代文明实践山歌宣讲服务队。截至2021年，服务队已发展至100多支，常年活跃在基层田间地头，开展党的创新理论政策宣讲活动，受到群众热捧。2020年，郭秀莲被评为“全国基层理论宣讲先进个人”，极大鼓舞了全市新时代文明实践山歌宣讲人员。二是注重宣教，培养一批传唱人。每年组织开办市县山歌编导研修班、宣讲交流会等，提升山歌手的创作、演唱水平和理论素养。邀请山歌能手深入村屯给新时代文明实践站山歌宣讲骨干（宣传员）做现场演唱宣讲教学，强化基层宣传员的理论素质，提升山歌演唱技能。组织“市县乡村屯”五级山歌骨干和来宾市中国特色社会主义理论体系研究专家库专家、山歌协会专家等集体创作，将习近平新时代中国特色社

会主义思想、党的重要会议精神等党的理论政策编写成 1 万多首理论山歌集，分享给基层群众传唱。三是注重传承，涌现一批后来人。以“市文明实践山歌宣讲带头人 + 本地优秀山歌手”为组合，在全市范围内举办以“山歌唱好人、山歌诵党恩、山歌传礼仪”为主题的“山歌走基层”宣讲志愿服务活动，群众既是“观众”，又是“主角”，既听歌，又学唱。全市 6 个县（市、区）委宣传部先后组建了新时代文明实践山歌宣讲服务队，积极开展丰富多彩的实践活动。如武宣县积极搭建文明实践山歌大舞台，周周有演唱、月月有培训、季季有比赛；忻城县打造新时代文明实践山歌传唱基地，培养了一批既有扎实理论功底又有高超演唱技巧的山歌宣讲人才；象州县推进“壮欢进校园”，定期举办少年山歌手培训班，培养山歌传唱后来人。

两中心互融互通，线上线下同唱响。一是建阵地搭平台，山歌传唱遍地开。将山歌宣讲和“两中心一平台”建设有机结合，成立 1 个市级、6 个县级新时代文明实践中心、70 个乡镇（街道）新时代文明实践所、724 个行政村（社区）新时代文明实践站，形成市、县、乡、村四级全覆盖的线下组织体系。依托县级融媒体中心，开发山歌线上“点单”“派单”“接单”“评单”以及项目发布、宣传推广、活动回放等功能，形成中心（所、站）策划发布活动项目，志愿服务队线上接单，山歌志愿者线下提供服务，融媒体中心配合实时宣传推送，提炼总结“学习强国”学习平台二次传播的闭环工作运行模式，打造线上线下互动、点线面结合、中枢与末梢融为一体的山歌理论大宣传格局。二是畅渠道聚民意，群众需求有回应。聚焦党中央决策部署、党史学习教育等，把阐释解答与群众切身利益密切相关的热点作为重点宣讲内容，开展群众缺什么就送什么、唱什么的“菜单式、点播式”定制山歌宣讲活动。不断完善“点单”服务机制，通过群众上门“点单”、线上 App“点单”、志愿者入户“集单”、意见箱“投单”、心愿墙“晒单”5 种点单方式，精准收集群众需求，及时向中心（所、站）反馈，为群众宣讲需求“建档立卡”，畅通供需渠道。三是创品牌吸粉丝，理论宣传时时有。借助 2011 年来宾市成功创建首批“国家公共文化服务体系示范区”，2014 年成为“国家基层综合性文化服务中心试点”城市，基层公共文化服务阵地设施比较齐全这一契机，利用本地农民群众历来喜欢茶余饭后聚集在小广场、榕树下、球场边纳凉闲聊或娱乐健身的习惯，由各县（市、区）委宣传部牵头组织各村屯每周固定傍晚时分开展文明实践“夜话小广场”活动，创新打造一套理论宣传活动“组合拳”：“山歌 + 理论宣讲（政策宣传 10 分钟）+ 公益电影放映（或农技就业培训）+ 关心关爱困难群众”等，吸引了群众参与理论学习的热情，实现党的理论政策宣传与基层群众休闲娱乐需求有效衔接。

三结合融入落实，壮乡百姓争践行。一是结合脱贫攻坚，聚扶志扶智之力。“党的政策最英明，精准扶贫暖人心；困难农户得扶助……”在 2021 年决胜脱贫攻坚、决战全面小康的重要时刻，来宾市着眼提升贫困群众道德素质，深入贯彻落实“两纲要一条例”，广泛开展“扶贫扶志扶智”活动，通过现场传唱上千首脱贫攻坚主题山歌，讲述脱贫致富典型故事，宣传党的阳光政策、政府的温暖和社会的关爱，消除一些贫困户“等、靠、要”思想，大力倡导时代新风，全方位补齐精准脱贫“精神短板”。二是结合疫情防控，筑牢抗疫之墙。“发热咳嗽若出现，及时上报莫拖延；严防出现再感染，隔离工作放在先。”“复工复产春耕忙，疫情防控不能忘；防疫复产两不误，共圆好梦民族兴……”自2020年新冠肺炎疫情发生以来，山歌宣讲服务队把抗疫知识编成山歌，拍成短视频，市融媒体中心在来宾日报公众号“微观来宾”和来宾日报官方抖音和快手等平台推送。全市山歌宣讲队共创作抗疫主题山歌1000多首，通过覆盖全市村屯小广播、流动宣传车以及市、县两级融媒体中心向广大群众及时宣传防疫抗疫新知识、新政策，筑牢来宾抗疫之墙。三是结合文明创建，唱时代新风之歌。“石榴花开叶子青，来宾和谐讲文明；遵纪守法重礼仪，共创文明新来宾……”来宾市坚持把创建全国文明城市作为落实“两纲要一条例”的重要抓手，细化落实任务清单99项，推动“文明＋旅游”“文明＋交通”“文明＋健康”“文明＋上网”等系列文明创建主题活动形成常态。依托山歌形式，传唱道德模范之歌，让先进典型事迹在全市口口相传，形象更加鲜活。自2019年以来，共开展先进典型进基层山歌宣讲、道德模范故事汇巡演等学习宣传活动300多场次，推动全市上下形成崇德向善、见贤思齐的浓厚社会氛围。

案例分析

习近平新时代中国特色社会主义思想是马克思主义中国化最新成果，是引领中国、影响世界的当代中国马克思主义、21世纪马克思主义。宣传思想战线的首要政治任务，就是要持续深化习近平新时代中国特色社会主义思想学习宣传贯彻，在学懂弄通做实上下功夫，更好用以武装头脑、指导实践、推动工作。亳州市、赣州市、来宾市聚焦首要政治任务，立足本地实际，创新方式载体，在理论学习、宣传宣讲等方面探索出一些好做法好经验，持续推动党的创新理论往深里走、往实里走、往心里走。

着眼全员全程，做到引领示范和引导推动相衔接。坚持全员全过程全方位加强理论武装，统筹抓好领导干部“关键少数”和党员群众“绝大多数”的学习教育，特别是充分发挥领导干部的示范引领作用，引导带动广大党员群众持续加强学习教育，推动学习宣传贯彻习近平新时代中国特色社会主义思想持续走深走实。亳州市在全市开展“一月一课一片一实践”活动，建立全链条式统筹机制，在微党课宣讲中，变传统的领导、专家主讲为领导带头、党员主讲，实现了全员参与、全域覆盖。赣州市出台《关于进一步推进党组织理论学习规范化制度化科学化的实施意见》，建立领导干部理论学习“五带头”制度，实施全过程巡听指导，实现领导干部和党员群众学习教育全覆盖。来宾市坚持示范引领，聘请知名优秀山歌手为新时代文明实践山歌宣讲带头人，带头组建新时代文明实践山歌宣讲服务队，组织山歌骨干将党的创新理论编成山歌，推动党的创新理论“飞入寻常百姓家”。

突出精准精细，做到传播理论和弘扬文化相促进。理论学习、宣传宣讲要真正入脑入心，就要因地制宜、因人制宜，发挥地方特色优势，聚焦党员群众需求，把传播创新理论与弘扬优秀文化相融合，变“大水漫灌”为“精准滴灌”。亳州市在推进微党课宣讲中，既聚焦重大主题，又聚焦党员普遍关心的热点、难点和疑点问题；既有党的创新理论的讲授，又有红色精神的传承，让干部群众爱听爱看。赣州市切实用好赣南苏区丰富的红色文化资源，打造开放课堂，引导党员干部将学习党的创新理论和弘扬红色文化相结合，以理启智、以文化人。来宾市立足壮族聚集地区特点，把握少数民族受众需求，从山歌、壮欢等独特的民族传唱形式入手，把理论讲活、把道理讲实，更好强信心、聚民心、暖人心、筑同心。

立足线上线下，做到建强阵地和建新载体相结合。当今科技变革迅猛发展，宣传思想文化领域内容与技术相互驱动、高度融合的趋势日益凸显，着力建强阵地、创新载体，构建报、刊、台、网、微、端、屏多层次多渠道多样式的理论学习宣传格局，是推动党的创新理论家喻户晓、深入人心的客观需要。亳州市克服以往党员学习教育模式化、套路化、呆板化现象，通过微电影、短视频等新颖活泼形式，将身边典型事例转化为学习教育资源，实现了党内教育从“关键少数”向全体党员拓展、从集中性教育向经常性教育的转变。赣州市坚持线上线下相结合，整合线上“学习强国”学习平台和线下新时代文明实践中心资源力量，不断扩大理论学习的传播力、渗透力、影响力。来宾市组织融媒体中心对山歌宣讲进行全程直播录制，通过网络平台进行再次传播，打造线上线下互动、点线面结合、立体多元的大宣传格局。

确保常态长效，做到融会贯通和融入工作相统一。学习党的创新理论，就要入脑入心、走深走实，把自己摆进去、把职责摆进去、把工作摆进去，做到学、思、用贯通，知、信、行统一。亳州市在开展“一月一课一片一实践”活动中，突出实践导向，引导全市广大党员干部在干中学、学中干，真正把学习成效转化为服务群众、推进发展的过硬本领。赣州市出台相关制度文件，推动广大党员干部将理论学习与调查研究、解决民生实事、推动振兴发展等工作相结合，加快建设革命老区高质量发展示范区。来宾市推动“山歌宣讲”与脱贫攻坚、疫情防控、文明创建相结合，在全市上下凝聚起健康向上、团结奋进的精神力量。

理论创新每前进一步，理论武装就要跟进一步。案例中三地的经验做法，成效是初步的，在创新方式载体、健全制度机制、对象化分众化互动化深化理论学习宣传宣讲等方面，还有很多亟待破解的问题。面向新时代，需要我们始终突出学习宣传贯彻习近平新时代中国特色社会主义思想这一首要政治任务，强化目标导向、问题导向、效果导向，聚焦化、精准化抓好理论学习，系统化、体系化推进理论研究，轻快化、融合化推进理论宣传，推动党的创新理论持续走深走实走心，引导和激励广大干部群众同心同德奋进新征程、凝神聚力建设现代化。

启示与思考

坚持以党的创新理论武装头脑是我们党百年来的优良传统和培根铸魂的重要法宝。习近平总书记在党史学习教育动员大会上指出：“思想就是力量。一个民族要走在时代前列，就一刻不能没有理论思维，一刻不能没有思想指引。”在新的征程上，我们必须以高度的政治自觉，持之以恒、久久为功，推动习近平新时代中国特色社会主义思想深入人心、落地生根。而深入人心的逻辑前提是抓住人心，就是要知群众之所想、知群众之所惑、知群众之所需，用人民群众喜闻乐见的宣传方式及多样化的传播手段，将习近平新时代中国特色社会主义思想讲清楚、说明白，进而更好地用党的创新理论武装头脑、指导实践、推动工作。结合案例中三地的做法与经验，我们得出以下启示：

要抢占制高点，让工作格局跟上时代变局。新时代新征程、新形势新使命、新生代新特征，给理论武装带来了新难题新挑战。明者因时而变，知者随事而制。面对新情况新变化，必须用新理念新思路打造新格局。要立足时代，坚持用发展的眼光、动态的方式，瞄着问题去，通过精准滴灌、春风化雨，进一步提升科学理论抵达率和接受率。要转换思路，变“大宣传”为“微宣传”，提高“普通话”与“地方话”、“大道理”与“小故事”之间的转换能力，切实解决宣传工作“上下一般粗”的问题。

要找准契合点，让理论高线链接群众路线。推进理论学习入脑入心，必须拉近理论与受众的距离。既要做到宣传内容符合人民需要，也要做到宣传形式贴近群众、易于接受，既要严谨生动，也要有滋有味。要把大的化小，坚持“小开口”切入“大纵深”、“小专题”分解“大课题”，循序渐进地将理论逐层抽丝剥茧，逐步由浅入深。要把远的拉近，鼓励党员干部上讲台、当教员，在故事大家讲中使理论“言之有趣”，在道理大家唱中使理论“言之有义”，在是非大家议中使理论“言之有料”，形成人人都是宣讲者、个个都是受益者的良好局面。

要把虚的变实，根据群众所思所盼，注重用小道理、身边人、现实事解读抽象论述，真正让老百姓听得懂、记得住、有收获。

要拓展增长点，让理论讲堂嵌入多元课堂。让理论大餐合胃口，理论工作才能真正做下去、做进去。要加强载体打造和资源整合，建立多领域、多层级的平台支撑，实现理论武装的广泛覆盖。实践证明，普通党员身上蕴藏着无穷能量，只要方法得当，符合工作实际，党员就能在自我教育、自我实践中焕发出巨大的精神力量。要用好用活互联网这个最大变量、新媒体这个传播工具，运用网络微视频、H5 等传播手段，让党课“唱起来”“跳起来”“活起来”，增强党员教育培训的吸引力和感染力。要运用“互联网 + 传播”的方式，及时推出有声有色、有趣有味的融媒体理论产品，打造不关门的教育课堂、不下班的政治机关、不休息的授课教员，实现课内课外互补、网上网下对接。

要把握落脚点，让学习成果助力实践效果。马克思指出，光是思想力求成为现实是不够的，现实本身应当力求趋向思想。实现理论到实践的转化，使理论的成效变成“物质力量”，必须把当前的新形势新任务摆进去，把工作实际和思想实际摆进去，提高运用科学理论和丰富知识解决实际问题的能力。要力戒坐而论道、夸夸其谈，讲起来头头是道，做起来摸不着门道的“表态式”假学；重痕迹、走过场，入眼不入脑、入嘴不入心的“任务式”虚学；穿靴戴帽、生搬硬套，找不准融入实践的切入点、结合点的“机械式”死学。要强化实践导向，主动到基层一线去、到实践活动中去、到产生问题的现场去，以实践的试金石和磨刀石检验理论学习成效。

要扭住关键点，通过建章立制转化为长效机制。提升理论武装实效，必须力戒形式主义、官僚主义，要把制度建设摆在更加突出的位置，让思想建党与制度治党同向发力。一方面，改变量化、单一化的工作评价标准，走出“落实看记录、学习看次数、体会看篇数、效果看分数”的考评套路，构建多元、科学的工作评价体系。定期对受众的理论学习质量及效果进行评估，着力将受众的理论水平、学习效果作为理论武装工作决策、评优的重要指标。另一方面，强化理论武装工作督导考核、巡学旁听等制度，加大监督问责力度，强化各级党员干部，特别是“关键少数”在理论武装中的“学、帮、带、抓”的示范作用，以此推动理论武装长效化。

拓展阅读

1. 詹檐鹏:《基层理论宣讲要坚持“三性”》,《学习月刊》2019 年第 7 期。

2. 许燕:《新时代党的理论宣讲工作优化方向》,《传媒论坛》2019 年第 14 期。

思考题

1. 基层理论宣讲如何做到准确性、生动性和针对性相统一?

2. 让基层党课“活”起来、党员“动”起来存在哪些难点，有哪些改进方式?

3. 在坚持党课姓党、突出政治性的同时，如何让党课接地气、能“解渴”，让传播效果更加入脑入心？

二

创新方法手段，推动基层理论宣传有意思、出成效

要注意宣传群众、教育群众，用群众喜闻乐见、易于接受的方法开展工作，提高群众思想觉悟，让他们心热起来、行动起来。

——2020 年 10 月 10 日，习近平总书记在中央党校（国家行政学院）中青年干部培训班开班式上的讲话

新时代坚持和发展中国特色社会主义，需要大批能把马克思主义中国化讲好的人才，讲人民群众听得懂、听得进的话语，让党的创新理论“飞入寻常百姓家”。

——2020 年 1 月 19 日至 21 日，习近平总书记在云南考察时的讲话

我多次说过，人在哪儿，宣传思想工作的重点就在哪儿，网络空间已经成为人们生产生活的新空间，那就也应该成为我们党凝聚共识的新空间。

——2019 年 1 月 25 日，习近平总书记在十九届中央政治局第十二次集体学习时的讲话

引言

理论宣讲是让党的创新理论最广泛地同群众见面并入脑入心的重要途径。2021 年是建党 100 周年，也是“两个一百年”奋斗目标的历史交汇期，推动党的创新理论大众化，推动全民学习、全民武装、全民信仰、全民实践的使命任务更为艰巨。面对重任，如何把理论宣讲与群众关注的实际问题结合起来，如何用创新的手段开展好对象化、分众化、互动化的理论宣传普及工作，如何更好推动习近平新时代中国特色社会主义思想走近群众身边、走进群众心里，是宣传思想战线必须回答也一定要答好的重要课题。

典型案例

安徽省合肥市包河区：从“指尖”到“身边”，创新推动“学习强国”进网咖

安徽省合肥市包河区把“学习强国”学习平台作为新时期深入学习贯彻习近平新时代中国特色社会主义思想的重要渠道、强化理论武装和思想教育的重要途径，坚持全面铺开与分类推进相结合，在实现辖区党员全覆盖的基础上，按照平台“立足全党、面向社会的互联网学习载体”的定位，创新探索推动“学习强国”进网咖项目，在全区 130 家网咖试点推广，重点覆盖青年和流动人群，不断增强推广的针对性和实效性。

“强国 + 网咖”，创新延伸学习场景。包河区深刻认识到推广使用好“学习强国”学习平台的重大意义，区委主要负责同志多次对“学习强国”学习平台使用推广工作作出安排部署，要求“应订皆订、能学皆学”，着力扩大覆盖面。一是瞄准目标人群。组织召开“学习强国”学习平台使用推广培训会、推进调度会、经验分享会，通过前期人员摸排、问题收集、经验总结，全面掌握各单位推广使用的新经验、新举措。通过交流发现近年来包河区快速发展，流动人口显著增多，一些年轻人和流动群体思想活跃、工作繁忙、参与活动热情不高，成为社区宣传推广的“盲区”。此外，社区周边的上网服务场所也是基层

理论宣传和思想教育的薄弱环节，宣传手段不多、针对性不强。以此为突破口，包河区探索面向青年群体的宣传推广新路径。二是找准试点落脚。近年来，互联网上网服务行业从“网吧”到“网咖”逐步转型，空间、环境、硬件设施均有所提升。区委宣传部多次组织考察全区互联网上网场所，召开协调座谈会。鉴于当前上网服务内容尚未发生实质转变，仍以游戏娱乐为主，但相较于传统网吧，网咖毗邻社区商圈、环境舒适整洁，已经逐步融合了休闲、商务、社交等多重功能，形成较为固定的消费群体，转型意愿更加强烈。为此，选取一些条件成熟的网咖率先进行试点。三是用准创新技术。截至2021年，“学习强国”学习平台在电脑端仅能通过搜索网页登录，对于网咖上网用户来说，链接步骤较多、互动性不强，不便于传播。包河区统筹辖区互联网企业资源，利用大数据等技术优势，自主研发更符合电脑端用户使用需求和习惯的网咖管理平台，通过联通网咖服务平台与“学习强国”学习平台链接通道，达到整合以“学习强国”学习平台为代表的公共文化服务平台资源的目标。上网用户进入试点网咖，打开电脑后，桌面上除了原有的游戏平台入口外，“学习强国”学习平台入口醒目在侧，方便随时浏览。2019年5月，该项目首次在

❖ 包河区创新推进“学习强国”进网咖

深圳文博会上进行展示，受到中央和省市有关领导高度认可。

政府“把方向”，筑牢项目安全堡垒。坚持“政府倡导，企业推广，便民惠民”的原则，包河区委宣传部作为指导单位，成立项目领导小组统筹协调，明确研发方向。一是严密科学论证。2019 年 7 月 20 日，由区委宣传部牵头，组织由业界专家和主管部门领导组成的专家论证会，通过讨论和测试，对项目延伸应用的核心技术及安全进行了全面评估，确保信息安全。按照建设方案，运用国家密码技术，建立多层、严密、完善的安全防护体系，不更改平台内容，实现物理隔离，确保“学习强国”学习平台内容信息安全。二是顶层规划设计。项目委托国家广电总局规划院进行整体设计，并具体监督组织实施。2019 年 8 月，项目获得安徽省文化和旅游厅、安徽省文化馆以及安徽省图书馆支持，将“安徽文化云”、“安徽公共文化云”、安徽图书馆公共文化资源内容相继接入，大大丰富了平台内容。三是多方协调联动。区委宣传部牵头，各级各相关部门积极支持、安全有序开展项目推广工作。区文旅局制定包河区“学习强国”学习平台和“公共文化服务平台”接入网咖实施方案，加大推广力度；合肥市公安局包河分局、区文管办严格按照行业管理的要求，切实加强对平台系统的管理和维护，加强对系统后台操作人员的教育和管理，确保网络安全、平台运行安全。2019 年 11 月，项目得到中宣部批复，同意在安徽开展网咖接入“学习强国”学习平台试点工作。2019 年 12 月，项目通过国家广电总局科学技术委员会组织的专项验收，并在包河区率先试点。

宣传“提实效”，夯实基层思想阵地。包河区主动挺进互联网阵地，把理论送到网民身边。一是层层发动，确保推广到位。街镇把推广工作贯穿到和谐社区建设过程中，党员志愿者在试点网咖驻点宣传，针对上网用户“面对面”讲解，“手把手”教授，帮助上网用户快速了解平台、熟悉平台，找到需求点和兴趣点；扎实开展企业包联到户，发动互联网行业协会、街道非公党委，针对企业党组织采用结对服务、上门培训等方式，加强对辖区网咖业主的宣传，提升平台进驻率；树立行业典型，结合“学习强国”学习平台走进新时代文明实践中心活动，授予包河区网咖行业代表“新时代文明实践基地”称号，充分发挥示范带动作用。二是全面覆盖，扩大网民知晓率。区融媒体中心在“安徽第一城区包河区”官方微信、微博发布《“学习强国”App“C位出道”！新的一年，从学习开始！》等图文，学习教程在朋友圈“刷屏”；面向广大网民和网咖业主发起“学习强国进网咖”倡议，鼓励网民朋友“触网”不忘“充电”；加强网咖氛围营造，在醒目位置张贴倡议书，摆放展示牌、“学习强国”定制鼠标垫，使受众在不知不觉之中受到潜移默化的影响。三是分类施策，激发学习热情。网咖通过减免时长的方式鼓励用户学习——使用“学习强国”学习平台不计入收费时长；区委宣传部制作笔记本、手提袋、鼠标垫等“学习强国”文创产品，鼓励学习积极分子。开展宣传推广周，达到一定学习积分即可在网咖门店兑换读书卡、学习书籍、纪念文创等学习礼包。据统计，试点网咖用户游戏时间占比下降了10%。惠民的政策还吸引了周边社区的居民，一些居民甚至将家门口的网咖当成了学习的“书房”。

服务“再升级”，拓宽理论传播渠道。融入“学习强国”学习平台也为“互联网+”热潮下拓宽基层党员群众理论学习渠道提供了新思路。一是打通文化服务。以“学习强国”学习平台接入网咖为切入口，包河区将“安徽文化云”、安徽图书馆、安徽文化馆等各类公共文化服务资源一站式接入网咖管理平台，将海量的免费文化内容精确地推送给用户，为群众提供更丰富、更便捷、更高效的学习服务。二是提档拓宽空间。推动“学习强国”进网咖向进公共文化空间延伸。2021年6月，借助图书馆、文化馆丰富的文化资源，包河区打造“学习强国”学习平台线下学习体验馆，将互联网与现实嫁接，让党员群众理论学习更加有声有色。馆内设有自助答题区、多人竞赛区、党史学习书籍展区等多个分区。群众可以在自助答题机上答题赢积分，兑换奖品；在竞赛区参与答题竞技、比学赶超；在多功能活动区观看红色电影。围绕党史学习教育、学习贯彻党的十九届六中全会精神等主题，相继举办“知史爱党　初心传承”“学习全会精神　凝聚奋进力量”等系列活动，组织线上答题、线下宣讲、学习分享等多种形式，面向党员群众开展好宣传教育，让理论传播“走新”更“走心”。

湖南省长沙市：打造“就认这个理”宣讲品牌，在共建共享中共情

马克思指出：“理论只要说服人，就能掌握群众；而理论只要彻底，就能说服人。”如何让习近平新时代中国特色社会主义思想和党的创新理论“飞入寻常百姓家”，成为干部群众勠力同心

唱响高质量发展的强大精神动力，成为内化于心、外化于行的磅礴力量？在实践中，湖南省长沙市认真贯彻落实中宣部宣传工作机制创新年要求，积极探索体制机制、内容形式、方法手段创新，打造了“就认这个理”学习新思想微宣讲品牌，在共建共享中共情，把党的正确主张变为群众的自觉行动。

广纳人才，宣讲队伍从“一把小号”变为“交响乐团”。 长沙市按照政治素质高、理论素养高、宣讲效果好的标准选拔优秀宣讲员，搭建了特色宣讲团200多个、基层宣讲骨干1000多名、“百姓名嘴”3000多人的四级理论宣讲队伍。理论宣讲从“一把小号”变成“交响乐团”，在长沙的屋场、社区、工厂、校园奏响。一是邀请理论名家，把“理”送到基层讲深入。充分发挥省会优势，整合高校、机关各方资源力量，组建专家宣讲团，邀请知名专家教授参与，指导备课，把复杂枯燥的理论术语转化为简明生动的百姓话语，从语言上解决了理论宣

❖ 就认这个理——“红色传承　信仰力量”专题宣讲在长沙党史馆前坪举行

讲对接群众的“最后一公里”问题。二是海选基层名嘴，把“理”贴近群众讲明白。每年组织开展基层理论微宣讲竞赛，寻找“最美基层宣讲人”，通过近千场竞赛层层选拔，把好苗子、好种子遴选出来。各地名嘴组成的“好声音群众宣讲团”“五老讲师团”“巾帼讲师团”等长期活跃在基层，把理论落到群众熟悉的典型事、具体事、眼前事上，为群众解思想之疑、释理论之惑、阐政策之要。三是动员各界名人，把“理”融入实践讲生动。广泛动员和征调各行各业表现突出优秀代表参与到宣讲队伍中来。基层干部、企业领导、志愿者、大学生村官、离退休老同志等各方人才成为宣讲主力军的重要拼图。创新企业家梁林河、雷锋车队“的哥”彭友良、全国道德模范任菲莉等一大批“明星宣讲员”广受群众喜爱和欢迎，他们以亲身经历、本身业绩、自身感悟作为鲜活教材，提升了理论宣讲的亲民性、可信性和美誉度。

精选内容，宣讲菜单从“我讲你听”变为“你点我讲”。宣讲最怕“讲得高高在上，普通群众听不懂；讲得千篇一律，老百姓不爱听”。长沙市积极探索“群众需要什么，我们就讲什么”，实现了“群众点单——平台统单派单——宣讲员接单——百姓评单”的基层宣讲常态化。一是高举旗帜讲热点，让群众爱听。每逢党和国家的重要纪念日，中央召开重大会议、作出重大决策和部署时，长沙市第一时间组织宣讲，形成全方位、多层次、多声部的宣讲局面，迅速掀起学习贯彻热潮。通过党史学习教育、“七一”重要讲话精神、党的十九届六中全会精神等宣讲，让广大干部群众深刻认识到中国共产党为什么能、马克思主义为什么行、中国特色社会主义为什么好，更加坚定了干部群众的信仰信念信心，进一步激发了爱党爱国爱社会主义的巨大热情。二是深入基层讲“疑点”，让群众“想听”。以群众需求为出发点，根据受众不同接受层次，做到量体裁衣、分类施策，实现“靶向”供给、精准“滴灌”。将群众关注的热点难点问题，作为宣讲重点，深入宣讲医疗保障、乡村振兴等群众关心关切的政策。根据群众需求，将党的新理论细化为600余个百姓话题，使宣讲既有高度又接地气，既有意义更有意思，群众都想听。三是联系实际讲“特点”，让群众“愿听”。坚持“贴近实际、贴近生活、贴近群众”宣讲原则，精心策划“战‘疫’密码、中国力量”“巧干实干、奋斗力量”“红色传承、信仰力量”“厚德厚道、文明力量”“共建共享、人民力量”五大特色宣讲主题内容；积极开展“学党史、听党话、跟党走”思政微课研发和评选活动，评选出优秀思政微课103堂；创新推出《湖南人民英雄纪念陈列》《请而出战》《断肠明志》等系列精品课程，深受群众欢迎。

优化载体，宣讲平台从“会堂讲堂”变为“线上线下”。使理论宣讲有特色、受欢迎，重要的一点就是要丰富理论宣讲的载体。长沙市深耕网络平台，打造特色课堂，创新方式方法，以“人物+故事+互动”等新模式，不断提升理论宣讲效果。一是拓展传播途径，实施“互联网+宣讲”。实施理论宣讲“互联网+”工程，积极探索网络化、视频化宣讲。推出全省首档大型融媒党史学习节目《就认这个理：百年一课——恰同学少年》，全网总收看人数逾500万。征集理论宣讲创意短视频1000多个，在户外大屏、地铁电视、公交电视高频率播放；《厅级村官的乡村情怀》等微宣讲视频在微博、抖音等新媒体平台传播，日点击量达 10 万 +；通过“学习强国”学习平台及今日头条、微信、微博、抖音等发起“中国为什么行”“长沙为什么红”讨论，聚合电视、报纸、电台及新媒体矩阵、社群和各区县融媒体中心推广，将党的创新理论精准配送到“指尖”、传播到“耳边”。二是打造特色课堂，策划“红色阵地 + 宣讲”。依托新时代文明实践中心（所、站）、屋场会、党员大会、“村村通”等宣传阵地，充分利用长沙市“十步之内必有芳草”的红色资源优势，建立何叔衡故居、长沙党史馆、刘少奇同志纪念馆等 100 余个红色文明实践基地，打造“湖南第一师范——中共湘区委员会旧址——橘子洲景区——新民学会旧址——肖劲光故居——杨开慧故居”等一批红色精品理论宣讲“走廊”，推出“特殊党课”“专题展览讲解”“小小讲解员”等特色活动，不断吸引青少年主动走进展馆，感受红色力量。三是创新方式形式，组织“文艺 + 宣讲”。将理论宣讲与群众喜闻乐见的艺术形式相结合，把道理讲清、精神讲透，让宣讲有声有色、有血有肉。特别策划推出“大江大河交响季、百里画廊百年歌”建党百年交响合唱季系列活动，把“红色足迹”与“红色歌曲”相结合，讲活党史故事。精心打造民族歌剧《半条红军被》，以“文艺党课”形式，再现了习近平总书记讲述的“半条被子”的红色故事。通过文艺节目把大道理转化为“大白话”，以百姓喜爱的长沙弹词、朗朗上口的快板、幽默诙谐的小品、韵律十足的歌舞等艺术形式，将革命先烈的英雄事迹娓娓道来，吸引了众多的“粉丝”。

创新理念，宣讲方式从“高大上全”变为“短平快实”。理论宣讲的科学推进必须注重制度建设，长沙市围绕增强理论宣讲实效性、常态化，在构建长效机制、强化激励考核、组织学习培训等方面进行了广泛探索。一是完善长效机制，让宣讲“热”起来。围绕“为谁讲、谁来讲、讲什么、怎么讲、经常讲”等问题，市级层面把理论宣讲纳入党建工作总体规划，列入意识形态工作责任制考核，逐步健全考核指标体系，制定出台了《关于加强和改进新时代党委讲师团工作的实施办法》等制度，以机制建设推动理论宣讲活动制度化、常态化、长效化。2021年以来，长沙市充分发挥“就认这个理”理论宣讲品牌，以“学史力行在长沙”“实事求是在长沙”“‘三高四新’在长沙”为主题，领导带头讲、专家深入讲、群众自己讲，已举行基层群众面对面微宣讲1万余场，宣讲报告会2500余场。长沙市委宣传部3次获评“全国基层理论宣讲先进集体”。二是引入竞争机制，让宣讲“活”起来。建立理论宣讲考核奖励制度，每年组织全市“最美基层理论宣讲人”、优秀宣讲员、优秀讲稿、优秀课件、优秀宣讲短视频评选，举办“就认这个理”理论微宣讲年度总决赛暨“最美基层理论宣讲人”颁奖仪式，对获奖者进行表彰。通过采用巡回赛制，各县（区、市）轮流举办比赛，提升课程实效性和鲜活度，有力推动了党的创新理论大众化、普及化。三是建立培训机制，让宣讲“实”起来。建立宣讲员学习培训制度，将市委讲师团成员纳入宣传干部培训等计划，组织基层理论宣讲员进行集中培训，交流宣讲经验，采取推荐学习书目、开展专题讲座、组织学习研讨等多种形式，不断提升宣讲工作者理论素养和宣讲能力。抓好集体备课和试讲，对重要的理论宣讲课题，市委讲师团统一印发宣讲提纲，规范宣讲内容。

西藏自治区林芝市：聚力“三个三”举措，让理论宣讲“活”起来

党的十九大以来，西藏自治区林芝市积极探索和实践如何做好新时代理论宣讲，聚力“解决三个问题、促进三个转变、实现三个提升”的“三个三”举措，走出一条顺应时代要求、满足群众期盼的新路子，让理论宣讲“活”起来，有力推动习近平新时代中国特色社会主义思想以及习近平总书记关于西藏工作的重要论述和新时代党的治藏方略走深走实走心，为不断谱写好林芝长治久安和高质量发展新篇章汇聚了磅礴力量。

坚持问题导向，解决“三个问题”补齐短板。一是解决“规范管理”的问题。根据《中共西藏自治区委员会办公厅印发〈关于加强和改进新时代党委讲师团工作的措施〉的通知》要求，市委讲师团狠抓自身建设，建立完善《中共林芝市委讲师团管理办法》，从人员组成、主要职责、工作安排、经费使用等方面予以明确；同时不断加大对各县（区）和中（区、市）直各单位宣讲工作指导力度，通过座谈交流、调研走访、交叉检查、示范点建设等形式，探讨做法、听取建议、取长补短，确保了建管并举、齐头并进。二是解决“优化队伍”的问题。坚持壮大队伍和提升能力两手抓两促进，抓好宣讲培训，结合党中央和自治区党委、市委宣讲安排，每年举办基层农牧民骨干宣讲员培训

班，改变以往授课式教学模式，增设集体备课、试讲点评、知识测试、观看优秀宣讲视频等环节，为开展好宣讲工作打下坚实基础。自 2017 年以来，通过自治区、市、县（区）、乡（镇）、村（居）5 级培训，实现农牧民骨干宣讲员年年培训全覆盖。抓好挖掘培养，经常深入基层了解情况，注重把爱宣讲会宣讲、有威望受欢迎的老党员老干部和优秀农牧民群众代表吸收进来，按照“1+1+1”（1 名主讲、1 名副讲、1 名备讲）模式，在每个村（居）建立固定和流动相辅相成的宣讲队伍。朗县仲达镇伟列村嘎多、察隅县竹瓦根镇龙古村扎西邓珠分别被中宣部评为 2017 年度、2020 年度全国基层理论宣讲先进个人。抓好资源整合，组建市级示范宣讲队伍、县（区）巡回宣讲队伍、乡（镇）包村宣讲队伍、村（居）入户宣讲队伍、市直各单位领导班子宣讲队伍、志愿者宣讲队伍；结合党史学习教育，从自治区党委党校、西藏农牧学院、市委党校吸收 25 名专家学者，建立了林芝市理论宣讲人才库。三是解决“善于作为”的问题。参照《西藏自治区基层宣讲员管理办法》，每年制订全市宣讲计划和各宣讲员宣讲任务，坚持月月统计、季度公示、年终通报，对未按要求开展的予以督促，对超额完成的予以表彰。树立宣讲品牌意识，严明宣讲导向、鼓励大胆尝试、杜绝照本宣科，注重反馈，吸收受众

❖ 西藏林芝举办党的十九届五中全会精神培训班

反响，让每个地方每场宣讲都求同存异、满堂喝彩，“草坪广播”“草地故事会”“拉措课堂”宣讲法和“石榴籽”“朝夕风华”“身边的好榜样”宣讲队等一大批基层一线宣讲品牌涌现，广受好评。继续深化领导干部讲政策、专家学者讲理论、专业人才讲技术、先进典型讲体会、基层群众讲变化的立体式宣讲成效，切实提高宣讲工作的针对性实效性。

强化创新意识，促进“三个转变”激发活力。一是促进思想认识转变。主要从提高重视程度着手，强化首责意识，对标量化递推。2018 年以全区“讲党恩爱核心、讲团结爱祖国、讲贡献爱家园、讲文明爱生活”群众教育实践活动（以下简称“四讲四爱”）为契机，开展了“市委书记示范讲、县（区）委书记带动讲、乡（镇）党委书记包片讲、村（居）党支部书记入户讲”四级书记联动宣讲工作，在西藏日报等媒体报道并在全区推广。通过“一把手”的示范带动，全市党员领导干部群众对理论宣讲的重要性有了更深的认识，宣讲员主动担当精神明显增强。二是促进平台载体转变。充分发挥媒体融合优势，在“微林芝”、林芝网等市属各级各类媒体设立党的十九大、习近平谈治国理政、“四讲四爱”、脱贫攻坚等专题专栏，录播音视频，用手机报每天逐条推送文字资料。以推进新时代文明实践中心建设为契机，把理论宣讲与各类文艺文化、实践活动结合起来，融入地方行业元素，在重要节庆节点举办书画作品展，开展专场巡演和“我和我的祖国”“唱支山歌给党听”微拍活动，营造了随处可见、随时可学的浓厚氛围。在新冠肺炎疫情防控宣讲中，市委讲师团动员全市上下充分利用微信公众号、抖音、快闪等开展微宣讲，为做好疫情防控工作凝聚了最广泛的人心力量。三是促进方法技巧转变。市委讲师团每年年底专门组建查漏补缺宣讲队伍，根据群众需求，制订计划、分解任务，实行点单送教宣讲、分众施教宣讲，以群众普遍关心关注的热点难点疑点为切入点，用通俗易懂的语言、喜闻乐见的形式，深入田间地头、草原牧场、村居农舍、厂矿企业、社区广场、寺庙拉康、校园课堂等，和大家拉家常、摆事实、讲道理，做到了具体化"对焦"、通俗化"变脸"、形象化"润色"，实现了宣讲工作画面式呈现。另外，市委讲师团在每年的宣讲培训中，专门安排具有扎实理论功底、丰富基层经验的同志作宣讲技巧培训，更好地解决了"怎么讲"的问题。

突出实践淬炼，实现"三个提升"确保效果。一是提升宣讲参与度。在市委讲师团牵头抓总、各级宣讲队伍积极参与、社会各界广泛支持下，林芝市在开展党的十九大及十九届历次全会精神、习近平总书记"七一"重要讲话和视察西藏重要讲话精神、庆祝新中国成立70周年和中国共产党成立100周年、纪念西藏民主改革60周年和西藏和平解放70周年、中央第七次西藏工作座谈会精神、脱贫攻坚等重大主题宣讲中，实现"一把手"讲党课、班子成员上讲台、党员干部谈体会和广大群众讲感受、谈变化、话发展，全市上下坚持把宣讲作为硬任务，以宣讲为荣、人人争当宣讲员的热情空前高涨。二是提升宣讲覆盖面。全市各级宣讲队伍采取示范宣讲先行、巡回宣讲跟进、查漏补缺宣讲兜底的方式，2017年至2021年，累计开展各类宣讲达11.7万余场次，受众600余万人次，保持逐年递增趋势，做到了每年至少3轮重大主题宣讲全覆盖。其中，在寒暑假针对返乡大中小学生、在休工期针对未返乡农牧民工、在虫草采挖点针对采挖群众等，设立流动宣讲点进行“补课”，实现了应讲尽讲。三是提升宣讲知晓率。根据每年宣讲安排，市委讲师团在每次主题宣讲中，都会印发应知应会读本，要求每场宣讲进行提问互动，并阶段性组织开展知识测试，确保党的理论方针政策家喻户晓、人人皆知，持续推动党的创新理论“飞入寻常百姓家”。党的十九大以来，共编发党的十九大精神、“四讲四爱”、脱贫攻坚理论政策、生态文明建设等宣传宣讲读本20余万本。

案例分析

习近平总书记强调，建设具有强大凝聚力和引领力的社会主义意识形态，必须加强传播手段和话语方式创新，让党的创新理论“飞入寻常百姓家”。站在“两个一百年”奋斗目标的历史交汇点，基层理论宣传宣讲面临着新要求新任务，唯有紧跟时代要求、抢抓历史机遇，才能让党的理论最迅速最广泛地同群众见面并入脑入心。安徽省合肥市包河区、湖南省长沙市、西藏自治区林芝市三地，立足工作实际，结合地方特色，坚持强化问题导向、需求导向、实践导向，在打通理论传播“最后一公里”方面作出了新探索、取得了新经验，把党的创新理论精准配送到群众“指尖”、传播到群众“身边”，灌溉到群众“心田”。

高举思想旗帜，抓好理论武装有高度。进入新时代，世情、国情、党情都发生着广泛而深刻的变化。在“众声喧哗”的时代，更需要坚持守正创新，唱响主旋律。三地紧紧围绕党中央重大决策部署，把握大局大势大事，深入宣传宣讲好党的理论和路线方针政策，宣传宣讲好党中央关于形势的重大分析判断和重要决策部署，用新思想凝聚新共识。包河区聚焦主题主线，借助“学习强国”学习平台作为习近平新时代中国特色社会主义思想最权威、最全面的信息平台的优势，把用活用好“学习强国”学习平台作为理论传播的有力抓手，旗帜鲜明、重点突出地呈现党的最新理论成果。长沙市紧扣时代主题，打造“就认这个理”宣讲品牌，立足庆祝中国共产党成立100周年和党史学习教育的中心大局，帮助老百姓听懂、领会、认定马克思主义中国化的最新成果——习近平新时代中国特色社会主义思想这个理。林芝市肩负使命任务，以习近平总书记关于西藏工作重要论述、视察西藏重要讲话精神以及新时代党的治藏方略等重大主题为指引，推动宣传宣讲走深走实，为社会长治久安和高质量发展汇聚磅礴力量。

凝聚强大合力，分层分众宣讲有广度。人在哪儿，宣传思想工作的重点就在哪儿。随着当前社群细分、思想多元的发展趋势，“大水漫灌”式的宣讲已越来越难以为继。三地以群众需求为出发点，注重分众化、差异化、个性化，“找共同、知不同”，找到理论与受众之间的对接点、共鸣点、侧重点，面对面交流、点对点推动，实现有效覆盖、精准“滴灌”。包河区针对青年网民，在实现全覆盖的基础上，瞄准基层薄弱环节，把网咖作为探索试点的落脚点，分析网咖用户特点，紧贴青年和流动人群喜好，创新探索“学习强国”进网咖，挖掘网民群体的政治学习需求，着力消除他们对理论学习的冷漠和抵触心理，提升认同感和获得感。长沙市面向城市居民，开展灵活多样的微宣讲，针对党员干部，理论性强一点；针对基层群众，故事性重一点；针对年轻人，微信、抖音最有效；针对老年人，“大喇叭”“小喇叭”更理想。切实做到“在什么场合说什么话，到什么山头唱什么歌”。林芝市聚焦农牧民群体，深入一线掌握情况，吸收群众意见建议，着力壮大农牧民骨干宣讲队伍，构建覆盖到每个村（居）的农牧民骨干宣讲体系，深入田间地头、草原牧场、寺庙拉康等，采取示范宣讲先行、巡回宣讲跟进、查漏补缺宣讲兜底的方式，实现应讲尽讲。

突出入脑入心，创新方式方法有热度。三地坚持探索宣传宣讲新方式、新阵地、新内容，让理论更加“聚人气、接地气”。包河区在延伸宣传阵地上做文章，结合“两中心一平台”建设，把“学习强国”学习平台接入网咖平台，进而推动“学习强国”学习平台进新时代文明实践中心、进公共文化空间，打造“学习强国”学习平台线下体验馆。长沙市在创新宣讲方式上下功夫，直面群众关心的热点、疑点，把高深的理论变成通俗的故事，把文件政策变成百姓方言，把“天下事”讲成“身边事”。林芝市在宣讲场次和质量上求突破，切实转变思想认识、转变平台载体、转变方法技巧，把理论宣讲与融媒体产品、文艺文化、实践活动相嫁接，让宣讲“沾泥土”“带露珠”“冒热气”。

推进常态长效，强化组织保障有力度。创新为基层宣传宣讲注入了生命力，推动工作由“新”到“实”还需要强有力的组织领导和制度保障。包河区坚持“政府倡导、企业推广、便民惠民”的原则，区委负责同志靠前指挥、各部门协调推进，先后成立互联网行业党委和互联网行业协会，以行业龙头企业为试点标杆，既发挥政府把方向、明导向的牵头抓总作用，又发挥企业和市场的主观能动性，为项目扎实有序推进奠定了良好的基础。长沙市注重制度建设，完善长效机制，充实壮大宣讲队伍，建立健全竞争和培训机制，强化激励考核，提升宣讲质量，奏响基层宣讲的“交响乐”。林芝市着力破解问题短板，狠抓自身建设，从机构编制、宣讲经费、人员队伍上规范宣讲管理，制订宣讲计划，发挥“一把手”示范宣讲带动作用，各族党员干部争当宣讲员的热情高涨。

思想引领，理论先行。理论宣讲是面对群众在“头脑里搞建设”，把党的精神、党的声音传达到基层，是每一名宣传思想理论工作者的使命所在。站在“十四五”的新起点上，百年变局和世纪疫情交织，国际国内形势多变，多种思想文化交融交锋，互联网时代的情绪化、碎片化、简单化的阐释都给基层理论传播带来了更多困难和挑战，必须始终站稳人民立场，更加关注社情舆情动态，加强政策解读，开辟新渠道，用好新手段，主动向新领域进军，积极回应人民群众诉求、满足人民群众需求，帮助群众理顺情绪、化解矛盾，保持良好心态，奋力走好新时代赶考路。

启示与思考

习近平总书记指出，要推进内容、形式、方法的创新，精心组织宣讲团开展专题宣讲，用好党的红色资源，让干部群众切身感受艰辛历程、巨大变化、辉煌成就。创新理论宣传工作要创新方法手段，既要聚焦新时代、新思想，又要做到说得清、道得明；既要运用新方式、新手段，又要做到差异化、精准化，不断推动基层理论宣讲工作有意思、出成效。

创新理论宣传工作，要做到“讲重点、跟热点、释疑点”。“讲什么”是理论宣讲工作的关键问题。要聚焦将习近平新时代中国特色社会主义思想在各地的生动实践讲给大家听，让新思想落地生根、入脑入心。围绕中央及省市重大决策部署和最新会议精神、中心工作，精心策划宣讲、凝聚广泛共识。从3个案例的创新举措中可以看出，只有把握住老百姓的关注点、兴奋点和疑惑点，紧扣人民群众最关心、最直接、最现实的问题，贴近实际、答疑解惑，满足群众需求，理论宣传才能获得广大群众的认可和欢迎。

创新理论宣传工作，要做到“说得清、道得明、听得进”。理论在许多人眼里是“高大上”的，其实理论本身源于社会实践，如何把“高大上”变成“接地气”，需要善于用受众乐于接受的方式、易于理解的语言、更有感染力的表述来传播，做到通俗直白，铿锵有力，旗帜鲜明。只有讲人民群众听得懂、听得进的语言，才能让党的创新理论深入田间地头，让群众真切感受到理论宣讲可亲可近、可学可用；才能引领广大干部群众同频共振、砥砺奋进，共创新时代高质量发展的壮丽篇章。

创新理论宣传工作，要做到“小故事、大队伍、全媒体”。在基层理论宣讲中，要始终以群众需求为导向，善于借用简短精练、形象生动、传播快捷的“小故事”阐释“大道理”，提升理论宣传的到达率、阅读率、点赞率。要构建宣讲“大队伍”格局，从“土专家”“土秀才”“基层草根”和党员、离退休老同志、大学生村官等群体中挑选宣讲人才，形成一支以专家为骨干、以百姓为主体的大宣讲队伍，改变以往由政府部门单打独斗、唱“独角戏”的尴尬境地。习近平总书记强调，“人在哪儿，宣传思想工作的重点就在哪儿”。要提升网络理论宣讲的普及率，积极策划新媒体传播作品，打通报、台、网、微、端等媒体资源，推动各类理论宣传作品在端上发声，不断扩大覆盖面和影响力。

创新理论宣传工作，要做到“对象化、差异化、分众化”。不同的人有不同的信息需求和接受特点，“大水漫灌”满足不了所有人，宣讲工作要坚持“一把钥匙开一把锁”，根据机关党员干部、农民、社区居民、企业员工、学校师生、军警官兵不同群体，做到精准“滴灌”、“靶向”供给。要坚持分类、分层施教，将“大众”细分为不同“小众”，在“广播”中强化对象化、互动化的“点播”，把宣讲课堂搬到田间地头、社区街头、屋场大院、文艺舞台，针对不同对象、不同领域、不同区域，搭建全覆盖、多层次、多样式的理论宣讲传播平台。

拓展阅读

1. 谢春涛：《党的创新理论大众化的成功实践》，《人民日报》2021年2月25日。

2. 李捷：《深刻领悟党的创新理论最新成果的理论品格》，《人民日报》2021年4月28日。

3. 瞿静：《推动党的创新理论入脑入心》，《人民论坛》2020年第22期。

思考题

1. 在基层理论宣讲中，如何满足不同群体差异化的理论需求，处理好大众化与分众化的关系？

2. 宣讲工作怎样更牢固树立鲜明问题导向，在服务地方、服务基层、服务企业、服务群众上发挥重要作用？

3. 怎样让宣讲跟得上网络传播的时代，做到没有“盲区”，不留“死角”，不出现“空白点”？

三

聚焦热点、化解难点，加快构建舆论引导新格局

要统筹处理好传统媒体和新兴媒体、中央媒体和地方媒体、主流媒体和商业平台、大众化媒体和专业性媒体的关系，不能搞“一刀切”、“一个样”。要形成资源集约、结构合理、差异发展、协同高效的全媒体传播体系。

——2019 年 1 月 25 日，习近平总书记在十九届中央政治局第十二次集体学习时的讲话

党报党刊要加强传播手段建设和创新，发展网站、微博、微信、电子阅报栏、手机报、网络电视等各类新媒体，积极发展各种互动式、服务式、体验式新闻信息服务，实现新闻传播的全方位覆盖、全天候延伸、多领域拓展，推动党的声音直接进入各类用户终端，努力占领新的舆论场。

——2019 年 1 月 25 日，习近平总书记在十九届中央政治局第十二次集体学习时的讲话

加强和改善党对新闻舆论工作的领导，是新闻舆论工作顺利健康发展的根本保证。各级党委要自觉承担起政治责任和领导责任。领导干部要增强同媒体打交道的能力，善于运用媒体宣讲政策主张、了解社情民意、发现矛盾问题、引导社会情绪、动员人民群众、推动实际工作。

——2016 年 2 月 19 日，习近平总书记在北京主持召开党的新闻舆论工作座谈会上的讲话

引言

新闻舆论历来是影响社会发展的重要力量。随着我国经济社会不断发展，新闻舆论工作的环境、对象、范围、方式发生了很大变化，面临的挑战和困难前所未有，这也对宣传思想文化工作提出了更高要求。如何更好巩固壮大主流舆论，进一步凝聚共识，调动各方主动宣传、求新求变的积极性？怎样创新改进网上宣传，运用网络传播规律，弘扬主旋律、激发正能量？各地主动创新、大显身手，在探索中走出了一条转型发展、换道超车的新路子。

典型案例

内蒙古自治区通辽市："四个 +" 媒体见面会打造新闻宣传新高地

宣传思想工作历来是党的政治优势，是党动员群众、推进工作的有力武器，在全局工作中发挥着至关重要的作用。面对新形势，开启新征程，做好宣传思想工作的要求更高、任务更艰巨。这就要求全社会树立大宣传的工作理念，站在新的起点上用新观念新思路新手段，破解工作中的难题，提高工作质量和水平，开创工作新局面。

召开媒体见面会，建立全新高效的新闻宣传沟通机制。 2020 年以来，为全面展现贯彻落实习近平新时代中国特色社会主义思想的生动实践，充分调动全市各地各部门重视宣传、主动宣传的积极性，内蒙古自治区通辽市借助新闻媒体平台以及商业传播平台、社交平台优势深入研究，在新闻宣传工作质量和水平上狠下功夫，围绕市委、市政府中心工作，统筹各方资源力量，通过召开季度媒体见面会的形式，建立起全新高效的新闻宣传沟通协调机制，努力营造相互配合、密切协作、齐抓共管、协力推进的大宣传氛围，推动宣传思想工作不断强起来。

季度媒体见面会采用一季度一召开的形式，每季度组织各级媒体以及全市各地区各重点部门召开座谈会，会上各地区、各单位介绍重点新闻选题，媒体提出具体建议，并与参会单位、地区沟通交流、分享经验。会后，各级媒体围绕会上的重点选题，选取有价值、可报道的新闻点赴基层一线采访报道，进一步提高新闻宣传的互动性与针对性。

❖ 通辽市 2021 年第二次媒体见面会现场

"内容形式"+"工作机制"，"四个+"让媒体见面会接地气、有实效。一是"固定议程"+"灵活形式"，调度资源形成常态。固定议程包括邀请人民日报、新华社、中央广播电视总台、农民日报、法治日报、人民网、中国网、内蒙古日报、内蒙古广播电视台等中央、自治区级媒体"划重点"、市级媒体"供资源"、地区部门"报选题"等环节。各级媒体通过典型经验介绍、案例讲解、提出宣传重点和与会地区、部门交流分享。各地区部门随时提出问题，交流重点选题。二是"部门选题"+"媒体解题"，聚焦重点精准发力。为使媒体见面会开出质量、开出水平、开出效果，通辽市组织各地各部门会前结合各自分管领域重点工作总结经验、提炼亮点、上报选题，内容涵盖政治、经济、文化、社会、生态等全市各类重点工作，既全面覆盖又重点突出。会上邀请中央、自治区及市属新闻单位资深编辑、记者结合近期宣传报道重点对各地各部门上报选题进行梳理，从填补内容生产短板、创新媒体传播方式、捕捉新闻兴奋点等方面提出意见和建议。会后围绕部分重点选题，中央、自治区级媒体深入全市各地区各部门进行深入采访，第一时间对话当事人，不断推出形式多样的传统媒体及新媒体产品。三是“主流媒体”+“商业传播平台”+“社交平台”，重大主题宣传实现矩阵传播。在邀请主流媒体的同时，通辽市积极借助商业传播平台和社交平台的渠道优势，充分整合各类资源，加强各平台联动，构建重大主题宣传的立体式传播格局，不断扩大传播渠道和传播声势。同时，搭乘网络新媒体顺风车，积极开通各类网上话题，引导广大干部群众主动参与其中，成为新闻宣传的主力军、助推器。四是“正向激励”+“反向倒逼”，压实各地区各部门党委（党组）工作主体责任。通过召开媒体见面会，进一步压紧压实主体责任，将新闻宣传与各部门党委（党组）理论学习相结合、与业务工作相结合，使各部门充分认识到宣传工作不只是宣传部门一家的事，逐步构建党委集中统一领导、党政齐抓共管、宣传部门组织协调、各部门履职尽责，工会、青年团、妇联等群团组织各方面共同参与的大宣传工作

❖ 新华社内蒙古分社记者在通辽市进行采访

格局，使全市新闻宣传“上接天线、下接地气”。

选题“全”、话题“新”、工作“实”。通过季度媒体见面会，通辽市充分凝聚起媒体、地区、部门各方力量，全面展示通辽良好形象，为推动通辽高质量发展提供了强大舆论支撑。一是重点选题突出“全”字。通辽市通过季度媒体见面会，定期征集各地区各部门重点新闻选题，借助这种形式，2020年4个季度通辽市60余个地区部门与新闻媒体等合作，围绕脱贫攻坚、全面建成小康社会、科尔沁沙地治理等主题共同挖掘提炼各地工作亮点、典型经验和新闻线索295条。二是网络话题突出“新”字。2020年，通辽市在商业传播平台和社交平台开设话题“温暖通辽每疫刻”，全面展现通辽市新冠肺炎疫情防控工作的进展、举措和成效。疫情相对平稳后，围绕全面建成小康社会、文旅产业发展等主题开设“小康通辽每一刻”“大美科尔沁　奋进新时代”等话题。各媒体、各部门积极开设账号，参与话题发布和讨论，截至2021年，全网累计总阅读量已超过5000万人次。三是城市宣传突出“实”字。通过媒体见面会，媒体充分挖掘到各地区的工作亮点，各部门通过沟通交流，进一步提升了提炼总结工作经验的能力，在深入合作的过程中，逐步构建起中央、自治区、市及旗县4级宣传网络格局，推动宣传工作扎实深入。2020年，国家传统媒体共刊发通辽市提供的《科尔沁沙地开始防火了》《抗疫干部秦红：定格在48岁的生命守护790人的平安》等稿件400余篇（条）、网络新媒体共刊发通辽市提供的稿件3500余篇（条），其中，新华社客户端推送的《构建大格局　擘画新图景——践行“以人民为中心的发展思想”·通辽在行动》等114篇重点稿件点击量突破100万次。

福建省泉州市泉港区：探索“圈层化”管理，营造良好县域网络生态

福建省泉州市泉港区是全国科技创新百强区、石化产业九大炼油基地之一，也是著名的侨乡和台胞祖籍地，辖区环保高危企业多、“邻避效应”风险高、网上热点敏感舆情易发多发。近年来，泉州市泉港区坚持以习近平总书记关于网络强国的重要论述为指导，认真贯彻落实中央关于加快建立网络综合治理体系的部署要求，主动作为、先行先试，不断优化网信机构设置、完善应急指挥体系、深化网信工作队伍建设、壮大网络媒体群圈，积极探索“网信委抓总、区域化整合、主力军上阵、朋友圈联动”的“圈层化”管理新模式，形成网信委主导下条块各方主动联通、互动聚合、立体响应的网络综合治理体系，提升县域网络综合治理能力水平，构筑网上网下“同心圆”，推动形成网络综合治理“泉港经验”。

网信委抓总——坚持党管网络，加强重大工作把关定向。充分发挥区委网信委总体布局、整体推进等牵头抓总作用，加强监督指导、优化机构设置、健全完善机制、实行分级管理，有效维护属地网络意识形态安全。一是组织架构持续优化。率先在县域成立网信委和网信办，由宣传部部长兼任网信办主任，由分管副部长兼任常务副主任、公安分局分管领导兼任副主任，调整充实区委网信委成员。增设网络

和信息管理部，依托融媒体中心设立舆情监测部，承担网络综合治理工作职能。设立区互联网信息办公室，联合区委编办出台执法管理权责清单，赋予互联网信息行政执法主体地位，同时在各镇（街道）设立党建工作办公室，负责宣传思想（意识形态）、网信工作。二是制度机制不断完善。制定出台工作规则、分级预警、双周会商、网络执法等 17 项制度性、规范性措施，发挥意识形态专项督查巡察“杠杆”作用，督促各级党委（党组）落实网络意识形态工作主体责任。每年定期召开区委网信委会议，部署全区网信工作，健全敏感舆情处置“1+N”工作机制，规范敏感舆情发现、报送、研判、处置路线图。建立“日监测、周分析、季通报”制度，用好“全市一体化舆情监测服务项目”，定期分析研判舆情动态。三是分级管理高效运转。探索基层网信“圈层化”管理模式，进一步规范队伍管理，由区委网信办负责培育管理“骨干群”，把区直单位领导、镇（街道）宣委纳入敏感舆情应急处置工作专班队伍，区直各部门在各自职责范围内妥善处置相关舆情事件，镇（街道）按照属地管理原则管好用好“朋友圈”，形成上下贯通、左右衔接的工作合力。

区域化整合——坚持协同发力，构建“一盘棋”工作格局。充分发挥区委网信办统筹协调职能，加强与涉网管理部门、舆情重点部门的沟通联动，推动构建“信息共享、部门联动、协同处置”的网信工作格局。一是打好部门“组合拳”。建立完善网络生态治理综合协调、双向通报等工作机制，会同公安、文旅、新闻出版等部门，持续开展清朗、扫黑除恶等专项整治行动，多部门协同联合执法常态长效，完善网络行政执法流程。牵头协调公安、教育、工信、市场监管等重点部门加强行业监管，依法惩处违规平台、僵尸账号及有害信息，及时曝光网络领域“黑名单”。二是实现线上线下“一体化”。落实网络执法联动机制，推行“流动办公、上门服务”模式，深入住建、卫健等多个部门对点会商、研究对策，常态化开展网络生态治理行动。利用好全省互联网信息内容主体数据库，加强重点网站和新媒体平台的专项巡查检测和社会效益评估，形成网上网下协同治理“一体化”。新冠肺炎疫情防控期间，网信部门早发现、早研判、早处置，短时间内稳妥处置多起敏感舆情，及时消除网上杂音。三是构建宣传“微矩阵”。整合报、网、端、微、屏等平台载体，融合传播、多点推送，构建宣传部统筹、融媒体策划、全平台跟进的圈层宣传矩阵，持续壮大网络正能量。区融媒体中心发挥“群主”作用，区内 20 个政务“微矩阵”集中运营、归口管理，区外 40 多个“传播端”栏目共建、沟通协作，实现“同频共振、多元传播”。疫情防控期间，紧紧围绕疫情防控要求，发布 13 篇通告、8 封书信，推出“宅急配”“康急送”“难急解”等惠民举措，共同奏响同心战“疫”、共克时艰的大合唱。

❖ 泉港区难急解云直播——“泉”员上“岗”直通车就业专场助力解决企业招工荒及群众就业难等问题

主力军上阵——坚持人才为先，打好网络生态治理主动仗。主动搭建培训平台，积极整合人才资源，锻造一批政治过硬、勇于担当、业务熟练、能打胜仗的“骨干群”，在网络宣传、舆情处置、网络管理中打头阵、当先锋。一是培育优秀“通讯员”。实施增强“四力”业务素质提升工程，盘活区融媒体中心“存量人才”，选派优秀记者、编辑、主播等进基层、驻项目。采用“业务竞赛＋采编实战”等方式，加快培育一批名记者、名主播、名编辑，近年以来，共12人次获市级以上荣誉。二是建好镇街“小分队”。整合各镇（街道）网格员、联防队员、大学生村官等力量，组建舆情观察小分队，由镇（街道）宣委担任队长，统筹做好上下通联、协同处置、网络互动工作，力争网络舆情“触角”覆盖全域、延伸末端，确保舆情线索第一时间发现、研判、处置。近年来，共发现上报舆情线索400多条，为化解舆情风险抢占先机。三是壮大网络“主力军”。贯彻中央关于营造风清气正的网络空间的要求，积极推进主力军挺进主战场，充实区直单位、镇（街道）、重点企业3支网络工作人员队伍，每年举办两期以上业务培训班，持续提升舆论引导、话题设置、舆情处置水平。

朋友圈联动——坚持凝心聚力，共筑网上网下同心圆。积极做好辖区网络人士工作，鼓励和引导网络人士参与政策解读、新闻监督、舆情观察等工作，发挥“信息员”“宣传员”“消防员”的作用。一是运营“本地群”。搭建“网络人士联谊会”互动平台，引导网络企业、媒体大咖等，积极参与“网络孝文化节”“同心战‘疫’”“直播带货”“复产用工”等网络公益行动。坚持“建管用扶”相结合，采取项目合作、业务培训、座谈研学等方式，为辖区互联网企业提供政策、资金等扶持。加快转化“重点对象”，通过“面对面＋键对键”交流，选聘有影响的网络人士为网络舆情观察员，参与信息收集、舆论引导等工作。二是引领“网络志愿者”。督促指导组织、宣传、统战、政法、教育等部门组建200多人的网络志愿者队伍，统一调度、协同配合。新冠肺炎疫情发生以来，引导参与网络互动、监督举报，查找问题线索，发动助力“网络宣传”“网络辟谣”等推送点赞，集中转发权威发布、官方辟谣等信息，在网络舆论场发挥“侧应助攻”作用。三是善用“在外亲友团”。发动在外从事网络服务、软件开发、新闻宣传等工作的乡贤，通过异地宣讲、微信互粉、线下走访等形式，及时吸纳他们对媒体管理、技术服务、舆情处置等意见建议，实现资源共享、合作共赢。近年来，先后赴8个省、市举办异地商会主题宣讲，走访在外网络企业乡贤、网络大V，鼓励积极传播家乡好声音，逐步形成了“谁不说俺家乡好”“把美好装进朋友圈”的新气象、新风尚。

河北出版传媒集团：以“四名工程”建设聚焦主责主业，推动出版业实现高质量发展

近年来，河北出版传媒集团公司坚持正确的政治方向和工作导向，较好地把握了出版意识形态本质属性、文化属性和经济属性三者的关系，实施了以出名书、建名社、培育名编辑和出版名家为主要内容的“四名工程”建设，积极构建增强选题策划能力、增强编辑生产能力、增强宣传营销能力的“三增强”发展模式，取得了

良好成效。2018年以来，集团共有500多种出版物或选题获得了国家级和省级奖项、得到重点支持或重点推荐，一大批畅销常销类图书取得了较好的社会效益和经济效益，20个先进集体、42名先进个人获得省部级以上荣誉或全国性行业协会表彰。在2018—2020年连续三年双效考核中，集团均被评为A级。

坚持正确方向，凝聚实施“四名工程”建设共识。面对新时代新任务新要求，在全系统进一步明确了正确的政治方向和工作导向。一是认真学习贯彻落实习近平总书记重要讲话精神和中央决策部署，明确前进方向。集团公司坚决把思想和行动统一到以习近平同志为核心的党中央的部署要求上来，在工作中认真对标对表习近平总书记关于宣传思想工作和出版工作的重要论述及中央关于加强和改进出版工作的相关决策部署，有力保障了“四名工程”建设等各项工作体现党的主张，符合中央的要求。二是统一广大干部职工思想认识，聚焦主责主业。在全系统深入开展“认清产业发展形势、把握出版传媒规律，树立高标准、干出新业绩”学习讨论活动，以及“爱出版、作贡献，干成事、出亮点”主题实践活动，使广大干部员工进一步凝聚聚焦出版主业，实施“四名工程”建设的发展共识，激发干事创业热情，为推动“四名工程”建设取得实效奠定了思想基础。三是夯实产业基础，有效防控企业运营风险。在实施“四名工程”建设的同时，集团公司全面停止了高风险、低收益的非主营业务，将与主业关联度低的存量资产重组注入主要经营领域，全力聚焦主责主业，集团公司2018—2020年三年间营业收入、利润总额等主要经济指标均超额完成任务，集团公司偿债能力、盈利能力和资产质量均有较为明显的提升。

强化顶层设计，为“四名工程”建设提供机制保障。该集团将实施“四名工程”建设作为解决过去一个时期因企业经营偏离主业产生的大量历史遗留问题，扭转企业发展质量不够高的重要抓手，强化顶层设计，创新保障机制，实施主体涵盖编、印、发、供等产业链条各领域、各板块。一是持续完善出版管理机制。制定完善《关于实施“四名工程”的指导意见》等一系列涉及选题策划、编校质量、投入保障等方面的出版管理制度，构建了科学完善的出版管理制度体系。印发《关于在出版社试行出版项目制运作的指导意见》，鼓励各出版单位秉承“一盘棋”理念，整合力量，统筹组织编发人员依据自身优势组成项目组，围绕本单位特色主打板块，针对有较大开发价值的学术文化选题、畅销常销选题，“一条龙”式地进行策划、编辑、设计、宣传和推广，努力推动“项目制”建设落地见效。通过项目制运作，《劳动实践》、“童年中国书系”等一批项目顺利实施并取得良好的阶段性成果。二是不断优化考核激励机制。严格落实中宣部关于出版、报刊和发行单位社会效益考核要求，充分发挥考核的“风向标”“指挥棒”作用，将社会效益为首、双效统一、聚焦主业、防控风险等作为衡量子公司领导班子及负责人改革发展成效的重要标准，引导各单位自觉走高质量发展道路。按照精神奖励与物质奖励相结合、以精神奖励为主的原则，修订了集团公司《精品出版物奖励办法》，开展了“名出版家”“名编辑”评选，加大对优秀编辑、先进出版单位和优秀出版物表彰奖励力度，进一步激发了编发活力。三是积极创新人才队伍建设机制。出台《编辑分级管理指导办法（试行）》，全面推进落实编辑分级管理制度，对编辑业绩进行量化考核，与个人薪酬、荣誉评比等直接挂钩，实施分级动态管理，能者上、庸者下，打通编辑人员在企业内部的成长通道，支持鼓励编辑专心出版、多出好书。全面推进员工突出工作成绩档案评定工作，持续优化常态化人才招聘机制，全方位培养、引进、用好人才，为“四名工程”建设积蓄了人才力量。“四名工程”实施以来，该集团有多名同志获得韬奋出版奖、中国出版政府奖优秀编辑奖等荣誉称号。

以“三增强”为抓手，推动“四名工程”建设高质量发展。选题策划能力决定出版物价值，编辑生产能力决定出版物质量，宣传营销能力决定出版物影响，三者相互作用，相辅相成，不可偏废。一是把握源头活水，持续增强选题策划能力。坚持政治家办社办报，强化编辑出版委员会和总编辑、副总编辑职能作用，不断增强各级编辑人员责任意识、阵地意识、把关意识，从源头上把好出版物的政治关、导向关，坚决不给错误言论提供传播渠道。实施编辑人员到发行岗位轮岗制度，引导鼓励编辑人员不断提升对市场的反应能力、研判能力和把握能力，推动策划理念从产品导向向读者导向转变。尝试“新媒体+出版”模式，利用集团公司主办“北洋之家”微信公众号的优质原创内容和社会影响力，策划推出了《科学报国——功勋科学家的赤子心》《了不起的中国人》等系列精品出版物，其中，《科学报国——功勋科学家的赤子心》荣获中宣部2021年度主题出版重点出版物选题。抓好出版单位年度选题计划的编制和中长期选题规划的滚动编制，努力构建“储备一批、策划一批、出版一批”的良性内容生产体系。二是培植工匠精神，持续增强编辑生产能力。严格执行“三审三校”等出版管理制度，压紧压实出版单位总编辑、副总编辑、责任编辑和编辑管理机构职责，持续强化内容产品的审读工作；成立了出版物印制质量监督检验中心，不断完善印制质量保障体系。谋划实施融合出版中心项目，深度整合内容、数据、平台和渠道等各类资源，积极为各出版单位和广大编发人员搭建出版资源数据库、宣传营销推广平台和编辑业务支持平台，鼓励编辑人员统筹谋划推进优质内容资源的多媒体呈现和多渠道传播。三是充分拓展渠道，增强宣传营销能力。持续完善一线文化服务支撑体系建设，2018 年以来先后投资 1.8 亿元建设或升级改造了 86 家实体图书卖场，打造了“啡页书咖”“新华·小桔灯”“新华·品阅生活”等新型书店子品牌，新建农村出版物发行网点 207 家，红色书屋 280 余家。成功组织开展了覆盖全省的惠民阅读周和“新华书香节”“青少年爱国主义读书教育活动”等系列全民阅读推广活动，进一步丰富了全省群众文化生活。持续优化完善社店沟通协作机制，积极整合旗下各出版单位和省新华书店的资源禀赋，创新线上线下相融合的社店营销合作模式，实现全产业链融合发展。借助国家丝路书香出版工程以及“BIBF”等交流平台积极搭建对外联系常态化机制，在人员、资金等方面对重点“走出去”项目加以倾斜，整体提升集团“走出去”工作水平。2018 年以来，集团公司先后开展了《悬

❖《多瑙河的春天——“一带一路”上的钢铁交响曲》版权输出签约仪式在塞尔维亚举行

壶走天涯——中国中医在海外》融媒体出版项目等一批重点外向型出版工程，《多瑙河的春天——“一带一路”上的钢铁交响曲》等一大批出版物版权输出英国、加拿大等国家和地区。

案例分析

当前，舆论生态、媒体格局、传播方式发生深刻变化，新闻舆论工作的内涵外延不断深化拓展，良好舆论环境的营造和维护，离不开新闻宣传、出版发行、网络治理等工作协同发力、同频共振。做好新时代新闻舆论工作，必须旗帜鲜明地坚持党管宣传、党管意识形态、党管媒体原则，始终坚持党性和人民性相统一，把坚持正确政治方向的要求贯穿融入宣传思想工作各环节、全过程。新闻出版、广播电视、网信工作都是“在人的头脑里搞建设”的工作，承担着宣传党的主张、反映人民心声、引导舆论环境的重要使命，尤其应该善于从政治上看问题，增强政治敏锐性和政治鉴别力，牢牢把握正确的政治方向、舆论导向、价值取向，不断巩固好、发展好主流思想舆论。

上述几个案例，都是聚焦当前新情况新趋势，以新闻出版、新闻宣传、网络治理等工作为主体，以主流价值为引领，从方向导向、队伍建设、内容管理、创新手段等方面破解现实难题，主动借助新媒体传播优势，完善运用体制机制，加快构建舆论引导新格局。

导向为先，突出主题主线壮大主流舆论。为确保党的新闻舆论工作始终沿着正确的政治方向前进，发挥舆论“压舱石”“定盘星”作用，必须要始终坚持正确的政治方向、舆论导向、价值取向，从政治高度把握重大意义、从理论高度把握思想精髓、从时代高度把握实践要求，把坚持正确导向的要求落实到全过程，从而做大做强正面舆论。内蒙古自治区通辽市通过媒体见面会，督促各级党委（党组）坚决扛起宣传思想工作主体责任，认真落实意识形态工作责任制，引导各相关部门认真履行职能，齐抓共管、各司其职，形成党委统一领导、党政齐抓共管“大宣传”工作格局。福建省泉州市泉港区坚持党管网络，充分发挥网信委职能作用，优化网信领导组织架构，修订完善网络生态治理综合协调工作机制，提升执法队伍资质水平，不断增强“核心层”领导力、研判力和执行力。河北出版传媒集团统一思想，全系统深入开展学习讨论和主题实践活动，聚焦主责主业，凝聚实施“四名工程”建设共识，牢牢守住意识形态阵地。

队伍为本，强化聚心聚力淬炼过硬能力。造就一支政治坚定、业务精湛、作风优良、党和人民放心的新闻舆论工作队伍，在服务经济社会发展中唱响主旋律、传播正能量，需要加强班子自身建设，充分激发队伍创新创造活力，取长补短、提高本领，增长见识、提高素质，在增强内部活力、挖掘内部潜力上下功夫，形成上下一心、齐心协力谋发展的良好氛围。通辽市通过正向激励和反向倒逼，督促领导干部提升业务素质和媒体沟通能力，借助媒体手段讲好各单位的工作经验、先进典型和拼搏奋发的故事，提高干部责任感、积极性、凝聚力、向心力以及单位知名度，形成“人人需要宣传、人人重视宣传”的合力氛围。泉港区突出培育锻造，健全考核评价机制，规范网络工作人员队伍管理，加强教育培训、实战演练，推动网信队伍从“业务小白”

向“网信铁军”转变。河北出版传媒集团注重提升全体干部职工对出版工作重大意义的认识，增强荣誉感和使命感，同时同步优化考核激励机制，全面推进落实编辑分级管理制度，打通企业人才成长通道。

内容为王，着眼谋精谋细打造爆款作品。牢固树立以人民为中心的理念，深入生活，面向大众，坚持内容第一、品质至上，展现新时代，呈现新生活，不断推出思想精深、艺术精湛、制作精良的精品力作，更好满足人民日益增长的美好生活需要，为党和国家事业发展提供有力思想保证和强大精神力量。通辽市整合媒体资源，借助媒体资源优势力量，充分展现城市独特风貌和发展潜力，树立良好城市形象、提升城市品牌效益、扩大城市知名度，讲好城市故事。泉港区联合社会力量，盘活“本地联盟群”“在外亲友团”等资源，引导网络代表人士参与网络文明建设，大流量传递正能量，用积极健康、向上向善的网络文化唱响泉港好声音，打造同心成圈、同气成场的正能量空间。河北出版传媒集团主动、精准对接市场和读者文化需求，注重选题策划，出名书、出好书，提供丰富的精神文化服务，构建良性内容生产体系，实现双效统一。

创新为要，推动出新出彩唱响昂扬旋律。创新没有止境。如何创新表达方式，把主流声音传播得更远、更广，体现着媒体融合发展的成色。要积极推进改革，加大原创力度，创新产品形态，推进媒体融合和新闻创新，让正能量拥有大流量、好声音成为最强音。通辽市探索融合发展新路径，打破旧格局，灵活运用媒体矩阵，借船出海生产高质量新闻产品，增强产品吸引力，提高受众关注度。泉港区积极推动“圈层化”管理模式提质增效，强调研判与执行、预防与化解、线上与线下的一体同向运作，提升敏感舆情处置时度效，牢牢把握网上舆论话语权、主导权。河北出版传媒集团强化顶层设计，注重在优化机制、完善架构上下功夫，将整个出版产业链条纳入“四名工程”建设的主体单位，既为“四名工程”建设构建全方位的服务保障体系，又持续提升产业链各环节的盈利能力和价值空间。

做好党的新闻舆论工作，营造良好舆论环境，是治国理政、定国安邦的大事。这些案例在持续聚焦主责主业、强化优质内容供给、加强网络文明建设、增强人民精神力量等方面进行了有益的探索，在机制创新、资源整合、内容打磨、队伍管理等方面还存在一些需要改进的地方，要转变传统固有思维，加强内容建设，引导出版业强化“互联网＋”思维，引导网络媒体与党委政府同心同德、同向同行，不断提高正面宣传和舆论引导的质量水平。

启示与思考

党的新闻出版工作是党的一项重要工作，是治国理政、定国安邦的大事。有效提高新闻出版引导能力，巩固壮大主流思想舆论阵地，既是宣传工作的重要组成部分，也是当前各级宣传思想文化部门面临的一个重大课题。这几个案例，聚焦做好新闻出版工作，营造良好舆论环境，主动适应时代大势、积极顺应新传播理念、勇于求新求变，牢牢掌握工作“主动权”，占领舆论“主阵地”，推动舆论引导行稳致远，为新时代巩固壮大主流思想舆论提供了启示。

做好新闻出版工作，需要在立场层面强化正向引领。新闻出版工作是宣传思想工作的重要组成部分。党的十八大以来，习近平总书记就加强和改进新闻出版工作发表了一系列重要讲话，为新时代新闻出版工作指明了前进方向、提供了根本遵循。受国际国内复杂因素影响，意识形态领域风险不断增多，新闻舆论和出版领域成为我们必须牢牢掌握的重要阵地。做好党的新闻出版工作，解决的是主流舆论阵地、文化阵地、意识形态阵地巩固发展的重大问题，关系政治安全、文化安全、意识形态安全。做好新闻出版工作，很重要的一点就是有定力、强自信。传统媒体和新兴媒体以及各类新闻出版单位，都要自觉置于党的领导之下，坚持政治家办报、办刊、办台、办网原则，自觉传播好党的声音和主张，牢牢坚守媒体和出版机构的党性原则和社会责任，在组织上服从党的领导，思想上与党保持一致，行动上听党指挥，一切以树立党的形象、维护党的权威为出发点，始终在政治立场、政治方向、政治原则、政治道路上同以习近平同志为核心的党中央保持高度一致。要严格落实意识形态工作责任制，加强出版物管理，增强阵地意识和导向意识，构建有效防范、安全可靠的管控机制；加强网络空间的管理，积极倡导网络文明，自觉规范网络行为，自觉抵制低俗、庸俗、媚俗等不良风气，确保意识形态安全和政治安全。

做好新闻出版工作，需要在话语层面创新传播方式。传递党的声音，巩固壮大主流思想舆论，是媒体和各类出版机构义不容辞的责任；关注社情民意，做党委政府和人民群众的连心桥，是媒体和各类出版机构必须担起的使命。当前，传统媒体、传统出版物以及新兴媒体，在语言风格、传播特点、受众群体等方面，都存在着比较明显的差异，如果无视这种新的表达方式、新的文化形态的背后逻辑，就无法把控这类新形态及传播成效。要充分了解这些特点和差异，对症下药，有的放矢，科学引导社会舆论。要明确群众所需，强化舆论与受众的连接，转变话语体系，创立与用户链接更为紧密的媒体形态。要加强选题策划，聚焦宣传阐释好中国共产党人的精神谱系，弘扬社会主义核心价值观，发展各种互动式、服务式、体验式、融入式信息供给服务。要采取平易化表达方式，表现亲民特质，积极回应人民群众期待和诉求，以开放平台吸引广大用户参与信息生产传播，生产更符合受众阅读需求的优质内容，建构群众离不开的传播渠道。

做好新闻出版工作，需要在技术层面做好赋能上新。网络技术的迅猛发展和传媒格局的深刻变化，使新闻出版工作面临加强创新的时代要求。当今时代，大数据、人工智能、虚拟现实、5G、智能硬件等新技术内生动力持续迸发，用好信息技术革命成果至关重要。要坚持以先进技术为引领，加强对新闻出版领域有关新技术的前瞻性研究和应用，推动关键核心技术自主创新，不断丰富传播形态、传播样式。要加强对新技术的研究和投入，善于运用最新信息革命的成果，突出抓好 5G+4K 等新技术的研发利用，用好融媒体手段和网络直播、短视频等新型传播载体。要构建优质内容生产创新体系，集中力量打造一批有影响力的现象级产品，形成品牌集聚效应，增强核心竞争力。

做好新闻出版工作，需要在观念层面构建全新机制。当前，面对舆论分众化、差异化的传播趋势，尽管需要在内容、渠道、平台、管理、经营、人才、技术等方面下功夫，但归根结底还要依托体制机制改革凝聚各方面要素，发挥关键性作用。要以互联网思维优化资源配置，着力扩大优质内容产能，建成一批具有强大影响力和竞争力的新型主流媒体，逐步构建网上网下、内宣外宣联动的主流舆论格局。要积极顺应新闻出版工作发展大趋势，打造新型传播平台和精锐传播力量，扩大主流价值影响力版图，让党的声音传得更开、传得更广、传得更深入。通过媒体见面会、网络人士联谊会等形式，进一步强化重点新闻出版选题，深化各种宣传媒介间的深层次合作，推动融合发展，形成强大的发展合力。要创新生产经营方式，新闻出版相关单位要建立健全社会效益放在首位、“双效统一”的文化创作生产体制机制，开拓多元经营途径，进行多元化产业延伸，深挖融媒产品价值，进一步激发经营活力。走好网上群众路线，最大限度吸纳网民智慧力量，不断拓宽网民参与渠道、发展网络社会组织、完善相关制度体系，构建网民有序参与网络治理的大格局，引导人们共建共治共享网上美好家园。

拓展阅读

1. 贺耀敏:《“十四五”出版高质量发展的几点建议》,《中国新闻出版广电报》2021 年 4 月 19 日。

2. 刘绍坚:《提高引导舆论的“媒商”》,《人民日报》2017 年 5 月 9 日。

3. 谢新洲:《以创新理念提高网络综合治理能力》,《人民日报》2020 年 3 月 11 日。

4. 李超民:《新时代网络综合治理体系与治理能力建设探索》,《人民论坛·学术前沿》2018 年第 18 期。

思考题

1. 面对新技术带来的阅读方式和阅读习惯的改变，传统出版企业应如何应对？

2. 在互联网时代，如何进一步发挥好传统媒体的重要作用？

四

弘扬革命文化，传承红色基因，赓续中国共产党人的精神谱系

一百年来，中国共产党弘扬伟大建党精神，在长期奋斗中构建起中国共产党人的精神谱系，锤炼出鲜明的政治品格。历史川流不息，精神代代相传。我们要继续弘扬光荣传统、赓续红色血脉，永远把伟大建党精神继承下去、发扬光大！

——2021 年 7 月 1 日，习近平总书记在庆祝中国共产党成立 100 周年大会上的讲话

加强革命文物保护利用，弘扬革命文化，传承红色基因，是全党全社会的共同责任。各级党委和政府要把革命文物保护利用工作列入重要议事日程，加大工作力度，切实把革命文物保护好、管理好、运用好，发挥好革命文物在党史学习教育、革命传统教育、爱国主义教育等方面的重要作用，激发广大干部群众的精神力量，信心百倍为全面建设社会主义现代化国家、实现中华民族伟大复兴中国梦而奋斗。

——2021 年 3 月，习近平总书记对革命文物工作作出的重要指示

在一百年的非凡奋斗历程中，一代又一代中国共产党人顽强拼搏、不懈奋斗，涌现了一大批视死如归的革命烈士、一大批顽强奋斗的英雄人物、一大批忘我奉献的先进模范，形成了井冈山精神、长征精神、遵义会议精神、延安精神、西柏坡精神、红岩精神、抗美援朝精神、“两弹一星”精神、特区精神、抗洪精神、抗震救灾精神、抗疫精神等伟大精神，构筑起了中国共产党人的精神谱系。

——2021 年 2 月 20 日，习近平总书记在党史学习教育动员大会上的讲话

引言

红色是中国共产党、中华人民共和国最鲜亮的底色，在我国960多万平方公里的广袤大地上红色资源星罗棋布，在我们党团结带领中国人民进行百年奋斗的伟大历程中代代相传。北京市、辽宁省丹东市、重庆市北碚区、贵州省遵义市认真贯彻落实习近平总书记关于传承红色文化的重要论述，紧紧把握新时代新要求，从保护、管理、运用等方面着手，不断创新探索红色文化传承的新路径、新方法、新模式，形成了一系列用好红色资源、弘扬好革命文化、传承好红色基因的新经验新做法。

典型案例

北京市：规划建设香山革命纪念地，打造红色文化品牌

北京市是党的重要孕育地之一和新中国诞生地，拥有丰富的红色文化资源。近年来，北京市大力推进革命文物保护管理运用，整体策划打造红色文化主题片区，公布首批革命文物名录，发布红色旅游地图，创新红色文化传承传播，引导党员干部群众在回顾党的历史中发扬革命传统，在赓续红色血脉中强志气、壮骨气、厚底气。2018 年 4 月，北京市开始建设包括香山革命旧址和香山革命纪念馆在内的中共中央北京香山革命纪念地，2019 年 9 月面向社会开放以来，吸引 500 余万名观众参观学习。2019 年 9 月 12 日，习近平总书记专程视察中共中央北京香山革命纪念地，瞻仰双清别墅、来青轩等革命旧址，参观《为新中国奠基——中共中央在香山》主题展览，发表重要讲话。香山革命纪念地以挖掘红色内涵为主线，以推出精品展陈为重点，以开展立体传播为路径，以推动共建共享为目标，不仅让一座座红色地标矗立京华大地，更让一段段革命历史鲜活起来，有效发挥了红色资源社会教育的积极作用，现已成为弘扬红色文化、开展党史学习教育的全国红色打卡圣地。

深挖资源，传承北京红色基因。北京市委、市政府把红色资源保

护传承利用作为推进全国文化中心建设的重要任务，以香山革命历史为重点，深入挖掘整合新中国成立相关文化资源，纪念中共中央在香山这段波澜壮阔的光辉历史，缅怀毛泽东同志等老一辈革命家的丰功伟绩，传承伟大革命精神，弘扬首都红色文化。一是保持和恢复文物旧址原有风貌。成立纪念地工作领导小组，统一指挥部署纪念地建设工作，相关单位协同配合，研究论证文物旧址修缮方案，明确构造、工艺和风格特点，丰富原始数据和基础资料，及时有序推进各项工程顺利完成。二是规划设计建设香山革命纪念馆。既突出红色文化元素，又体现政治性、思想性、艺术性，按照“适度恰当”原则，严格控制建筑体量，将建筑主体依从山势巧妙地嵌入场地，自然融入“三山五园”整体风貌，不设围墙，突出革命纪念地的公共性、亲民性和开放性。三是挖掘香山革命历史内涵。统筹各方资源，策划推出“十个一”传播工程，即一个学术调研报告、一套丛书、一部电影、一部电视剧、一部纪录片、一部舞台剧、一部广播剧、一部宣传片、一个主题展览、

❖ 香山革命纪念馆序厅

一首歌曲，通过专栏、专题、图片、新媒体等形式形成宣传热点，持续扩大香山革命纪念地影响力和覆盖面。

精心筹划，推出基本陈列布展。香山革命纪念馆精心打造《为新中国奠基——中共中央在香山》主题展览，由“进京‘赶考’”“进驻香山”“继续指挥解放全中国”“新中国筹建”“不忘初心　牢记使命　永远奋斗”5个部分组成，按照历史脉络，通过800多张图片、地图、表格和1200多件文物、文献和档案，全景式再现中共中央在香山期间领导全国各族人民完成民族独立和人民解放的历史使命，开启中国历史发展新纪元的光辉历程。一是提炼“关键词”，选取展览中的重大历史事件、重大历史节点、重要历史人物，用恢宏的叙事手法和大空间、大张力的设计形式生动展现。二是打造“故事核”，将这些事件、节点、人物融合在一起，集聚相关文物、图片等矩阵式展出，既做到了展览流线的浑然一体，又做到了展陈内容的丰富生动。三是谋划“驻足点”，选取观众关注度高且有一定陌生感的内容，扩大信息量、增强互动性，营造虚实结合、身临其境的展示效果，全力打造富有吸引力、感染力的精品展览。

创新形式，丰富观众参观体验。突破场馆接待量和接待方式局限，进一步提升纪念馆革命文化传播、公共文化传播与红色文化建设水平，陆续推出“云课堂”“虚拟展”“赶考书吧”“文创样板间”，打造传播香山革命历史的新示范。一是“云课堂”线上宣讲突破地域界限。通过手机直播平台和校内直播软件等移动新媒体技术，畅通馆与学校、馆与社会的联系，为学生和社会观众实时网络传输主题展览，让观众身临其境感受新中国奠基历程，同时开通直播弹幕和评论区互动功能，实现同步参观学习、同步沟通交流、同步探讨提高。二是“虚拟展”开启沉浸式参观新体验。打通文物研究、史料编辑、信息技术等领域界限，最大限度复制香山革命纪念馆主题展览和8处香山革命旧址的景观风貌，提供虚拟全景、展览图片、文物图片、音频视频内容，开发“参观打卡”“观众留言”“语音讲解”“场馆导览”功能，引导观众站在香山地区全域视角探索地标、解读文化、传承精神，构建公共文化共享资源平台。三是“赶考书吧”带领观众深入感受红色文化。加强与出版、发行、文创跨界合作，精心挑选15大类、4000余种、1.5万余册优秀出版物，打造馆内学习交流新场所，为馆内学术研究人员提供查阅、交流的平台；搭建区域文化惠民新平台，满足香山地区对实体书店等文化设施的需求，有效发挥纪念馆公益服务功能和教育功能。四是“文创样板间”将文化创意与爱国主义教育深度融合。结合香山

❖ 香山革命纪念馆“四梁八柱”主题景观前的集体宣誓

革命精神和历史文化内涵，充分借鉴文博文创经验，分阶段、分层次、分群体、分需求定制开发“开国”“赶考”“人民英雄”“不忘初心”等系列主题文创产品，开发集政治性、思想性、艺术性于一体的红色文化衍生产品，将革命传统教育和爱国主义教育润物无声地融入人民群众日常生活。

久久为功，塑造红色文化品牌。围绕香山革命纪念地保护传承利用，持续提升革命历史研究发掘水平、革命文物征集利用水平、革命文化宣传展示水平，通过建设“三个基地”，擦亮香山革命纪念地红色文化品牌。一是建设全国爱国主义教育示范基地。面向青少年这个重点群体，结合重大纪念日和重要时间节点，策划开展丰富多彩、形式多样的爱国主义教育活动，承办“全国关心下一代党史国史教育基地揭牌仪式暨首都青少年庆祝建党100周年主题教育活动启动仪式”，开展大学生志愿者的招募和培训，打造“重温赶考路　奋进新时代”爱国主义教育品牌和“我到香山来赶考”青少年党史教育品牌，引导青少年爱党爱国爱社会主义，自觉做中国特色社会主义事业的接班人和建设者。二是建设党性教育基地。大力推进党员教育培训现场教学点建设，面向党员领导干部，结合党员主题教育要求，突出党史国史学习培训重点，着力打造一批富有时代气息、北京特色和香山特点的高品质品牌课程，教育引导党员干部不忘初心、牢记使命，积极投身社会主义现代化强国建设事业。三是建设全国红色旅游基地。面向全社会，把红色人文景观和绿色自然景观结合起来，重点开发和推介“不忘初心·进京赶考”精品线路和新中国“进京赶考”之旅等红色旅游线路，把革命传统教育与旅游产业发展结合起来，让人们既观光香山赏景，又了解香山革命历史，感悟共产党人立国为民的崇高情怀，教育引导人们坚定不移听党话、跟党走。

辽宁省丹东市：弘扬伟大抗美援朝精神，让红色基因在英雄城市永不褪色

丹东市作为抗美援朝出征地和祖国后方基地最前沿，为战争胜利作出了巨大牺牲和特殊贡献，赢得了“英雄城市”的赞誉。丹东市深入学习贯彻习近平总书记关于用好红色资源、赓续红色血脉的重要论述，充分挖掘抗美援朝红色资源，阐发红色故事时代价值，打造红色教育生动教材，大力弘扬伟大抗美援朝精神，努力续写英雄城市新时代新篇章。

加强顶层设计，深耕厚植红色底蕴。始终把伟大抗美援朝精神作为历史馈赠的宝贵精神财富，把弘扬抗美援朝精神作为一项固本工程、系统工程，加强顶层设计、系统谋划，努力把伟大抗美援朝精神充分挖掘出来、讲述开来、传承下来。一是高站位统筹推进。立足地域实际找准切入点和着力点，将弘扬抗美援朝精神与培育和践行社会主义核心价值观结合起来，与贯彻落实《新时代公民道德建设实施纲要》《新时代爱国主义教育实施纲要》结合起来，不断完善思想教育体系，积极构建红色基因传承高地。结合党史学习教育，注重用好抗美援朝红色资源，打造实景课堂和生动教材，引导广大党员干部群众从红色

基因中汲取智慧和力量。二是抓节点精心谋划。围绕纪念中国人民志愿军抗美援朝出国作战70周年、庆祝中国共产党成立100周年等重要时间节点，提早谋划、精心组织，用心用情用功开展系列纪念活动和宣传教育工作。召开座谈会、研讨会，组织志愿军老战士代表、专家学者、领导干部等，研究弘扬伟大抗美援朝精神的时代意义和实践路径，进一步擦亮红色底色，打造红色引擎。三是防风险守土尽责。及时澄清各种错误历史观点，坚决批驳诋毁英烈形象的言论，切实做到守土有责、守土负责、守土尽责。

发挥资源优势，建好用活红色阵地。抗美援朝战争遗址遗迹及纪念设施是宝贵的红色文化资源，丹东市坚持把其作为弘扬抗美援朝精神最直接最生动的教材，注重加强保护利用，推动其释放更大感召力和凝聚力。一是保护好红色资源。全面摸排、整理形成《丹东市抗美援朝战争遗址遗迹和纪念设施名录》，截至2021年，勘明124处。制定管理办法，按照“一遗址遗迹一方案”原则做好保护利用工作，并统一制作、安装标志铭牌，浓缩红色历史，唤醒红色记忆。二是建设好红色阵地。成立领导小组和工作专班，积极推进抗美援朝纪念馆改扩建及改陈布展等工作，新馆自开馆以来持续扩展教育功能，这一全国唯一全面反映抗美援朝战争和抗美援朝运动历史的专题纪念馆，已成为广大党员干部开展红色教育的重要场所。将依江而建的城市公园改建为志愿军公园，邀请国内专业创作团队，精心设计《志愿军战士》《过江》等10组主题雕塑，将抗美援朝红色历史和鸭绿江畔自然环境融为一体，打造独具特色的红色文化地标。这座公园被列为市级、省级爱国主义教育示范基地，成为外地游客青睐的打卡地。在城市中心新建杜鹃广场，在鸭绿江沿岸建设抗美援朝主题雕塑群，推动鸭绿江断桥、抗美援朝烈士陵园等纪念设施不断改善场馆条件、升级展陈设施、丰富教育手段。三是发掘好红色历史。成立丹东市抗美援朝研究中心，发挥抗美援朝精神研究会和专家学者作用，加强理论研究工作。优秀理论宣讲报告《独有英雄驱虎豹——抗美援朝的伟大胜利及其时代价值》，获评2021年全国优秀理论宣讲报告。成立丹东抗美援朝精神培训学院，结合干部教育培训，打造富有丹东特色、具有全国影响力的党性教育基地。面向全国持续征集文物史料、烈士名录、老战士影像等，近年来已征集各类文物史料千余件。精心设计“抗美援朝联线”旅游线路，将红色文化资源串珠成链，开发独具特色的文旅项目和文创产品、旅游商品，引导人们触碰历史、感受历史。

创新宣传手段，生动讲好红色故事。坚持与时俱进创新宣传形式渠道、手段方法、平台载体，不断擦亮伟大抗美援朝精神的时代光芒。一是讲好生动鲜活的红色故事。以寻找、讲述、学习最可爱的人为主线，选树、宣传抗美援朝老英雄、全国“时代楷模”、“七一勋章”获得者、“第八届全国道德模范”孙景坤等先进典型，人民日报、新华社等中央主流媒体，推出重磅报道百余篇，集体致敬老英雄孙景坤。抓住《长津湖》《跨过鸭绿江》等抗美援朝题材电影上映时机，统筹网上网下、内宣外宣讲好抗美援朝故事，讲好英雄城市故事。二是推出鼓舞人心的精品力作。注重主动策划、加强合作，引导广大文艺工作者、新闻工作者从丹东独特的红色基因资源宝库中提炼主题、获取灵感，推出音乐剧《最可爱的人》、舞台情景剧《英雄儿女》、广播剧《山城村的秋天》，策划诗画音乐剧《脊梁·英雄之城》等展示丹东英雄城市风貌的红色文化精品。在全国范围内采访志愿军老战士，开展抢救性摄制、播发抗美援朝口述历史纪录片《铭记》，已采访330人、推出125集，在丹东媒体播出后被多家中央和省级媒体转播，广受好评。摄制、播发展现鸭绿江、断桥等丹东红色文化资源的历史人文纪录片《遥远的桥》，描绘了波澜壮阔的民族历史和沧桑巨变。积极配合、联合中央广播电视总台、中影公司、辽宁电视台等拍摄《为了和平》《讲武堂》《金刚川》《不朽的丰碑》等多部电视纪录片、电影、专题节目，向全国观众再现抗美援朝英雄史诗。三是策划浓墨重彩的主题宣传。统筹全媒联动，开设专题专栏，推出“重访丹东红色印记”“丹东红色记忆”等专题报道和系列融媒体作品，形成强大宣传声势。积极邀请中央、省级主流媒体走进丹东采访报道，向全国、向世界讲好红色故事。

立足铸魂塑人，广撒深播“红色种子”。充分发挥抗美援朝红色资源铸魂塑人的教育功能，在全市广泛开展形式多样的群众性主题教育活动，引导广大干部群众立足岗位弘扬伟大抗美援朝精神。一是动员群众广泛参与。组织各地区各部门利用好抗美援朝纪念设施，开展专题讲座、参观体验、祭扫烈士墓、文艺会演、国防教育等群众性活动，推动红色基因浸润民心。各地区结合实际，组织开展“弘扬抗美援朝精神　传承爱国主义情怀”专题报告会、“红歌寄深情　致敬最可爱的人”主题教育、《抗美援朝　保家卫国》情景剧创作编排等各具特色、群众参与性强的纪念活动。组织开展《英雄儿女》《上甘岭》等抗美援朝题材影片进乡村、进社区展映活动。二是整合用好平台载体。把铭记伟大胜利、弘扬抗美援朝精神，作为县级融媒体中心、新时代文明实践中心建设的重要内容，为新闻报道、志愿服务活动注入更多思想内涵，增强宣传教育的针对性、实效性。依托“学习强国”辽宁学习平台红色辽宁频道开设专题，推出老兵访谈、作战英雄、讲解员讲故事等多个系列主题图文、视频作品。三是积极培育时代新人。牢记习近平总书记“革命传统教育要从娃娃抓起”的要求，聚焦青少年群体，把红色文化内容贯穿教育全过程，把红色文化资源转化为教学新课堂，通过开设红色教育课程、举办专题讲座、开辟校外课堂、组织开展“传承红色基因——英雄城市少年学英雄　抗美援朝精神代代传”主题活动、组建“红色小讲解员”队伍等，将那段气壮山河的历史铭刻在青少年心中，引导青少年树立正确的理想信念、价值理念、道德观念。

❖ 丹东市组织中小学生在志愿军公园开展弘扬抗美援朝精神夏令营

重庆市北碚区：“四化共进”推动红色基因代代相传

红岩精神是中国共产党人精神谱系的重要组成部分，也是重庆这座城市的红色标识，教育和影响了一代又一代人。2019 年，习近平总书记视察重庆并发表重要讲话，高度肯定了王朴烈士“坚贞不屈、永不叛党”的伟大精神。重庆市北碚区认真贯彻落实习近平新时代中国特色社会主义思想和习近平总书记视察重庆重要指示精神，深入挖掘王朴烈士陵园核心价值，大力实施全民红色教育工程，通过“四化共进”即全域化统筹、立体化阐释、分众化教育、多元化利用，讲新讲活党的故事、革命的故事、英雄的故事，让红色文化注入城市血脉、融入群众生活，教育引导干部群众赓续红色血脉、传承红色基因。

全域化统筹，建设红色家园。加强顶层设计，出台革命文物保护利用规划，拓展红色文化矩阵，持续建设红色文化家园，让全区红色文化随处可见、革命故事随时可听。一是校地联动，铸就红色精神高地。建立“1+1+N”革命文物保护校地共建模式，推动 1 处革命文物——王朴烈士陵园与 1 所有历史渊源的学校——王朴中学结为共建单位，与片区几所中小学校结为重点合作单位，实现组织联建、资源联享、活动联办，有效缓解基层革命文物人才紧缺、经费紧张问题。二是连片规划，打造红色美丽村庄。在保护好王朴烈士陵园文物本体基础上，结合乡村振兴工作要求，在革命文物所在地——北碚区静观镇双塘村建设红色美丽村庄，统筹规划“一核一轴一带”，拓展王朴烈士陵园展示空间，建设开放式红色文化主题公园，打造独具特色的红色文化新地标。静观镇双塘村已入选中组部建设红色美丽村庄试点村。三是立体融入，建成红色文化矩阵。结合“百馆之城”建设目标，把红色资源保护利用与推进城市更新结合起来，将王朴烈士陵园等革命

❖ 讲述王朴烈士和他的母亲金永华的感人故事的原创情景舞蹈话剧《跟着你走》

文物所承载的精神内涵融入历史文化陈列馆、国立复旦大学重庆旧址等30余处文博场馆，在公园、广场等文化场所建设红色文化浮雕、党史人物景观小品等标识，让红色文化融入生活、随处可见，成为北碚城市文化的标志性符号。

立体化阐释，讲好红色故事。围绕王朴烈士生平事迹，深入挖掘精神内涵，全方位开展宣传宣讲，真实还原历史事件，生动展现革命情怀，让英烈形象“活起来”。一是系统研究，让红色故事常讲常新。组建王朴烈士精神专家研究组，加强史料收集整理，举办纪念王朴烈士诞辰100周年研讨会，编辑出版《英雄儿子　伟大母亲——王朴与他的母亲金永华》等书籍，深入挖掘王朴烈士“坚贞不屈、永不叛党”的精神内涵，多角度展现王朴烈士面对敌人时的无所畏惧、面对爱妻时的柔情似水、面对幼子时的遗憾不舍、面对困难学生时的无限关爱，让烈士形象更加立体、鲜活。二是常态宣讲，让红色故事入脑入心。组建一支以区委党史宣讲团为核心、革命文物专业讲解员为骨干、王朴中学青年师生志愿服务队为补充的王朴烈士故事宣讲队伍，并邀请王朴烈士家属作为特邀宣讲员，到市内外开展专题宣讲3000余场次；结合党史学习教育，开展“童心向党——小小讲解员讲家乡红色故事”“主播进校园讲党史”等品牌活动，推动烈士故事走进千家万户、烈士精神更加深入人心。三是科技赋能，让红色故事有声有色。发挥融媒体中心优势，紧扣“学党史忆英烈　讲传统传薪火”主题，制作并推送“小主播来了”“青年讲党史”“寻访北碚红色印记”等系列H5、短视频、广播剧作品，组织“碚贝”党员志愿者利用“Come on北碚”抖音号讲解烈士事迹，提升红色故事的亲和力和影响力，圈粉众多观众，累计阅读量超 5000 万人次。

分众化教育，培养红色传人。针对党员干部、基层群众、青少年等不同群体，创新推出党性教育课、红色文艺课、特色思政课，对象化、差异化、分众化开展红色文化宣传教育。一是推出党性教育课，补足党员干部精神之“钙”。将王朴烈士陵园作为全区党员干部培训的现场教学点，提供“菜单式”教学，形成“六个一”课程体系，即重温一次入党誓词、参加一次祭扫活动、参观一次烈士展馆、聆听一堂宣讲报告、观看一场红色演出、齐唱一首红色歌曲，教育引导党员干部自觉加强政德建设、坚定理想信念、涵养浩然正气。二是推出红色文艺课，提振基层群众“精气神”。坚持寓教于乐，运用群众喜闻乐见的文艺形式，创作推出情景剧《叩问青春》、评书《三寻·王朴》、舞蹈《英雄母子》等文艺作品，编排专场文艺晚会《英雄王朴》，近 5 年来累计深入基层巡演 1000 余场次，惠及基层群众 20 余万人次，让“红

❖ 重庆市北碚区“红色火炬”校地联合党史宣讲团走进互联网行业

色声音”成为最强音，引导广大群众厚植爱党爱国爱社会主义情怀，提振干事创业、建设家乡、报效国家的精气神。三是推出特色思政课，扣好青少年人生“第一粒扣子”。将王朴烈士精神作为全区中小学公共基础课程内容，构建《王朴精魂》红色教育思政课程，设计制作王朴烈士故事绘本，组织师生自编自演情景剧《开学第一课》，举办“学党史 扣扣子”网络素养教育基地示范点党史微课堂活动，把王朴精神讲出来、演出来，在沉浸式教学中引导青少年从小在心里树立红色理想，更加坚定地感党恩、听党话、跟党走。

多元化利用，传承红色基因。依托王朴烈士陵园，以“跨界”思维推动“红色文化＋”，深度融合主题活动、家风建设、旅游发展，进一步彰显红色文化魅力，推动红色文化深入人心、浸润心灵。一是融合主题活动，推动红色文化传播。用好清明节、烈士纪念日、“七一”、“十一”等重要时间节点，组织全区 1720 个党组织开展专题党课、组织生活会等活动，举办清明祭扫纪念、新党员入党宣誓等活动，充分发挥王朴烈士陵园党史学习教育基地、革命传统教育基地、爱国主义教育基地作用，教育引导广大党员干部传承党的光荣传统和优良作风。二是创办继志课堂，深化红色家风建设。依托王朴烈士陵园创办继志课堂，把王朴烈士与其母亲金永华毁家纾难资助革命的事迹作为家风教育的生动教材，讲好烈士母亲支持儿子为国尽忠、王朴烈士“望子继志”等家风故事，开展巡回宣讲 500 余场次，让红色家风成为涵养文明家庭、培育文明风尚的精神源泉。三是打造精品线路，拓展红色文化旅游。推动文旅深度融合发展，积极探索“红色文化＋乡村振兴”“红色文化＋休闲度假”，串联中共中央西南局历史陈列展（一期）、王朴烈士陵园等重点革命文物，与绵阳联合打造“追寻红色足迹·乡村文旅振兴”精品旅游线路，将红色资源转化为推动乡村经济社会发展的强大引擎，吸引市内外30余万人次参观游览，为周边群众带来直接经济收入6000余万元。

贵州省遵义市：传承红色基因，让遵义会议精神永放光芒

遵义会议是党的历史上一个生死攸关的转折点，形成了在中国共产党人精神谱系中具有重要地位的遵义会议精神。2015年6月16日，习近平总书记视察遵义时作出了“要运用好遵义会议历史经验，让遵义会议精神永放光芒”的重要指示。2021年2月3日至5日，习近平总书记视察贵州时强调，要结合即将开展的党史学习教育，从长征精神和遵义会议精神中深刻感悟共产党人的初心和使命，落实新时代党的建设总要求，实事求是、坚持真理，科学应变、主动求变，咬定目标、勇往直前，走好新时代的长征路。近年来，遵义市牢记习近平总书记殷切嘱托，全面挖掘、保护、利用红色文化资源，多形式多渠道开展宣传宣讲，大力弘扬遵义会议精神，为建设“红色传承引领地、绿色发展示范区、美丽幸福新遵义”营造了良好舆论氛围。

突出红色精神，强化理论研究。遵义会议的鲜明特点是坚持真理、修正错误，确立党中央的正确领导，创造性地制定和实施符合中国革

命特点的战略策略，其蕴含的精神内涵是全党全国人民宝贵的精神财富。近年来，遵义市积极争取各方支持，充分整合红色研究资源，着力提炼总结遵义会议精神内涵。一是充分整合中央、省、市三级研究力量，协调组织专家学者发文阐释遵义会议精神内涵。中央党史和文献研究院有关领导、全国党史部门党史研究有关专家多次发文阐释遵义会议精神内涵。二是通过承办国家社科基金重大项目“遵义会议精神研究”研讨会，与江西省赣州市、广西壮族自治区桂林市、陕西省延安市联合主办“红军长征论坛”等形式，深入开展遵义会议精神研究研讨。三是用好遵义会议纪念馆和遵义市委党校研究阵地和研究资源，开发了《遵义会议与新时代党的建设研究》《遵义会议精神与新时代新使命》等课题论文，为干部教育培训提供了丰富的资源。

突出红色传承，强化保护利用。中央红军在遵义活动3个多月，足迹踏遍除道真自治县以外的黔北大地，留下了丰富的红色文化资源。遵义十分注重红色文化资源的挖掘保护利用，深入推动红色基因代代相传。一是注重文旅融合，深入推进长征国家文化公园建设。2020年以来，遵义市根据中央和省委的安排部署，坚持红色传承、绿色发展、文旅融合，以长征国家文化公园建设为契机，以遵义会议会址为轴心，以3条红色精品旅游线路为主轴，积极整合资源，丰富红色文化内涵，植入红色元素，打造集旅游、观光、休闲、赛事、研学、培训等于一体的长征历史文化精品线路，串联起132个3A级以上景区，全力创建国家全域旅游示范市。二是注重功能发挥，深入推进爱国主义教育基地建设。持续申报全国和省级爱国主义教育基地，延伸拓展遵义会议纪念体系，适时推动改陈布展，强化爱国主义教育示范基地功能，充分发挥教育引领作用。截至2021年，全市共有遵义会议纪念馆、四渡赤水纪念馆、娄山关战斗遗址陈列馆、苟坝会议陈列馆、红军山烈士陵园等全国爱国主义教育示范基地5个，省、市、县级爱国主义教育基地分别有28个、21个、55个。三是注重守正创新，在“行进”中播种红色基因。突破“请进来”观展览的思维定式，利用遵义会议陈列馆的展陈资源主动“走出去”办展览，让固定的爱国主义教育基地在大江南北“行进起来”，在行进中凝聚思想共识、推动立德树人。2016年7月以来，已先后在全国十几个省市的数十家高等院校、纪念馆、博物馆举办了巡展活动，观展人数超过300万。

❖ 桐梓县“红色遵义”宣讲团进农村宣讲会

突出红色宣讲，强化凝心铸魂。充分依托丰富的红色资源，创新打造红色宣讲、先进典型选树和红色思政课品牌，在弘扬红色精神中推动凝心铸魂。一是策划推动宣讲品牌“树”起来。结合党史学习教育和“永远跟党走”群众性主题宣传教育活动，策划开展“六个红”“六个一”系列活动，深入开展“红色遵义”宣讲，激励和动员全市党员干部群众不忘初心、牢记使命。持续开展“云上”宣讲，其经验做法被中央网信办主办的《网络传播》杂志专题报道。二是广泛动员先进典型“讲”起来。持续开展“醉美遵义城　最美遵义人”宣传选树活动，成功举办“最美教师”“最美政法干警”等发布活动，营造了学习先进、崇尚先进的良好氛围。广泛动员组织先进典型人物参与红色宣讲活动，营造了“红色故事人人讲”的良好氛围。已故老红军李光，“七一勋章”获得者、“时代楷模”黄大发被评为全国基层理论宣讲先进个人，遵义市委宣传部、遵义市委网信办、遵义会议纪念馆被评为全国基层理论宣讲先进集体。“排雷英雄战士”“时代楷模”杜富国开通“播音员杜富国”系列节目，用无悔的选择诠释“四有”新时代革命军人的精神担当。三是深入推动凝心铸魂“强”起来。举办

❖ 2021 遵义市“最美教师”发布活动

"铸魂育人·立德树人"思政大课堂电视公开课，持续推进遵义市大中小学思政课一体化建设。积极推进"思政课+长征文化+遵义精神"创新工作，建成红色元素渗透教学科研、学科建设、课程设置、学生培养等全员全程全方位"三全"育人红色体系，形成了学校、家庭、社会协同推进思政课建设的良好局面。持续推动"长征故事"进校园，在中小学校培养一批"小小红色义务宣讲员"，小小宣讲员张瑞凝获"全国新时代好少年"荣誉称号。遵义市委党校（遵义干部学院）打造以"遵义会议精神"为主体的特色培训课程，围绕"四条精品线路"开发红色培训系列精品课程教材，教育引导党员干部坚定理想信念、忠诚干净担当。

突出红色宣传，强化形象打造。牢记习近平总书记"传承红色基因，讲好遵义故事"殷切嘱托，通过开展红色主题宣传、红色教育活动和拍摄红色影视剧等形式，深化打造红色圣地城市形象。一是注重筹备谋划，拍摄影视精品。抢抓重要历史关键点，超前谋划，注重把握时、度、效，以红军长征在遵义期间的重大历史事件为主线，聚合全国优秀作家、编剧等影视工作者挖掘提炼红色故事，先后拍摄播出上映《伟大的转折》《遵义会议》《领袖1935》等多部红色影视作品，诠释长征精神和遵义会议精神的深刻内涵和时代价值，在央视黄金时段播出或全国院线上映后产生良好反响，多部影视剧获专业奖项，成就了独具特色的"遵义影视现象"。二是紧扣重要节点，强化主题宣传。以庆祝建党百年为契机，进一步拓展媒体融合教育功能，全力打造线上线下"红色课堂"。2021年3月，遵义市第五中学和上海市卢湾高级中学通过新媒体技术进行"云连线"，两地学生同上一堂思政课，通过重温遵义会议历史，共同领悟长征精神，学习中共党史。结合党史学习、弘扬遵义会议精神策划“开学第一课”新闻选题，引发中央、省级媒体持续聚焦报道。三是喜迎建党百年，深化主题活动。紧扣庆祝中国共产党成立100周年这条主线，广泛开展宣传教育活动，营造了“知党恩、感党恩、听党话、跟党走”的浓厚氛围。遵义市作为中央明确的6个以省级党委名义举办庆祝大会的城市之一，以最高标准、最严要求、最硬措施、最强作风确保全省庆祝大会安全、圆满、精彩召开，彰显了红色圣地的英雄本色。认真开展“永远跟党走”群众性主题宣传教育活动，完成主题采访、大型合唱、全民阅读、灯光秀表演、文艺演出、书画展等各类庆祝建党100周年主题活动300余场，进一步凝聚了党心民心。

案例分析

用好用活红色资源，传承弘扬红色文化，赓续精神谱系，确保红色江山永不变色，是宣传思想战线重要的使命任务。北京市、辽宁省丹东市、重庆市北碚区、贵州省遵义市在红色资源整合、红色故事挖掘、红色基因传承、红色资源利用等方面进行积极有益探索，努力做到传播方式出新出彩、故事讲述有声有色、领域融合多元多样，推动红色文化既“活”又“火”，掀起了全民接受红色文化洗礼的热潮。

创新红色资源整合，变“独角戏”为“大合唱”。100年来，在我们党领导人民进行革命、建设和改革过程中，留下了丰富的历史遗存和精神印记。加大红色资源整合，将单一红色资源串珠成链、连线成片，才能更好发挥红色资源优势，进一步擦亮红色文化品牌。北京市将香山革命纪念地作为推进全国文化中心建设的重要内容，突出革命文物集中连片主题保护，统筹规划革命旧址与精品展览、革命历史与文化创作、红色旅游与文创开发，集聚相关文物、史料、文艺作品、旅游资源、体验场景等，建设建立新中国红色文化主题片区，成为首都红色文化新地标。辽宁省丹东市整体推进抗美援朝纪念馆改扩建、志愿军公园改建、鸭绿江沿岸主题雕塑群建设，以及鸭绿江断桥、抗美援朝烈士陵园等纪念设施提档升级，整合拓展红色文化阵地，充分展现伟大的抗美援朝精神。重庆市北碚区在保护好王朴烈士陵园文物本体基础上，建设红色美丽村庄，建立开放式红色文化主题公园，拓展王朴烈士陵园展示空间。贵州省遵义市积极整合资源，推进以遵义会议会址为轴心的长征国家文化公园建设，统筹用好爱国主义教育基地，进一步延伸拓展遵义会议纪念体系。

创新红色故事挖掘，变“脸谱化”为“个性化”。在观众的审美经验和媒介接触日臻成熟的当下，“脸谱化”的故事无法深入打动观众。红色故事挖掘，必须更加注重鲜活生动，赋予革命英烈鲜活的生命质感，让英雄形象更加立体丰满，从而更好地吸引观众、抓住观众、打动观众。北京市规划建设香山革命纪念地，新建设的香山革命纪念馆与双清别墅、来青轩等革命旧址古今呼应、有机融合，不仅在整体设计上突出简朴厚重的文化审美，而且雨棚“四梁八柱”的结构、28 根的廊柱数量、19.49 米的旗杆高度都蕴含着独特的革命历史文化寓意，既是“知识点”也是“故事核”，使中共中央在香山这段波澜壮阔的历史恢宏之中有细节，见物见事见精神。辽宁省丹东市以寻找、讲述、学习“最可爱的人”为主线，宣传抗美援朝老英雄等先进典型，通过英雄人物的传奇故事，真实地再现了抗美援朝的光辉历史。重庆市北碚区围绕王朴烈士生平事迹，深入挖掘王朴烈士“坚贞不屈、永不叛党”的精神内涵，生动展现了王朴烈士面对敌人、爱妻、幼子和困难学生时的高贵品质，让革命英烈形象“活起来”。贵州省遵义市以红军长征在遵义期间的重大历史事件为主线，挖掘提炼红色故事，拍摄红色影视作品，形成了独具特色的“遵义影视现象”，深刻诠释了长征精神和遵义会议精神。

创新红色基因传承，变“一锅煮”为“分餐制”。面对不同受众群体，开展“分餐制”红色教育，打破过去“内容一锅煮、对象一勺烩”模式，有效提升红色文化传播的针对性、实效性。香山革命纪念地针对受众，突破地域和场馆限制，让全国各地群众足不出户实现“云参观”，打造传播香山革命历史的新示范。辽宁省丹东市策划推出音乐剧、情景剧等文艺精品，开展优秀影片进农村、进社区展映活动，以多种文艺题材满足不同受众群体的需求。重庆市北碚区注重对象化、差异化、分众化开展红色教育，让红色文化传播更加有朝气、接地气、聚人气。贵州省遵义市针对基层群众、青少年、领导干部等不同群体，实施各具特色的培训课程，在弘扬红色精神中推动凝心铸魂。

创新红色文化开发，变“老套路”为“新花样”。坚持创造性转化、创新性发展，积极推动“红色文化+”，深度融合乡村振兴、家风建设、旅游发展、文创设计等，探索红色文化传播的新业态、新路径、新模式，不断增强红色文化的生命力、感染力和影响力。香山革命纪念地与出版、发行、文创等行业跨界合作，设置“文创样板间”“赶考书吧”，定制开发“开国”“赶考”“人民英雄”等主题文创产品，成为红色文化传播的助推器。辽宁省丹东市精心设计“抗美援朝联线”旅游线路，开发独具特色的文旅项目和文创产品、旅游商品，擦亮“英雄城市”红色文化品牌，进一步提升城市知名度和美誉度。重庆市北碚区强化“跨界”思维，将红色文化融入主题活动、家风建设、旅游发展，在重要时间节点开展新党员入党宣誓等活动，以“继志课堂”引领家风建设、社会风尚，积极打造精品旅游线路，进一步彰显红色文化魅力。贵州省遵义市将红色文化传播与先进典型选树结合起来，广泛动员组织先进典型人物参与红色宣讲，营造“红色故事人人讲”的浓厚氛围。

传承弘扬红色文化是一项系统性工程，不可能一蹴而就、一劳永逸，需要水滴石穿、久久为功。以上案例在用好红色资源、讲好红色故事、传承红色基因方面取得了明显成效，积累了一些经验。但是，在挖掘红色文化的丰富内涵和时代价值、深化拓展红色资源的教育功能等方面，还有进一步提升的空间。要坚持不懈地把传承和弘扬红色文化作为一项重大的战略性工程来抓，在红色资源保护、管理、利用上下一番功夫、做一番文章，切实让红色文化绽放出新的时代光彩，激励党员干部继续弘扬光荣传统、赓续红色血脉，不忘初心使命、坚守理想信念，朝着中华民族伟大复兴的目标阔步前进。

启示与思考

红色文化对于坚定理想信念、涵养社会主义核心价值观、培育担当民族复兴大任的时代新人有着重大而深远的意义。以上几个案例的实践充分表明，传承红色文化，必须从巩固党的执政地位、筑牢意识形态阵地、坚定“四个自信”的战略高度，加强红色文化的保护、研究和利用，打造具有鲜明特色的区域红色文化资源品牌，将红色文化可视化呈现、大众化传播，充分发挥红色文化服务大局、资政育人、推动发展的重要作用。

传承红色文化，要坚持保护优先。习近平总书记强调，革命文物承载党和人民英勇奋斗的光荣历史，记载中国革命的伟大历程和感人事迹，是党和国家的宝贵财富，是弘扬革命传统和革命文化、加强社会主义精神文明建设、激发爱国热情、振奋民族精神的生动教材。要充分发挥好这本“教材”的作用，把保护放在首位。各级党委和政府要把革命文物保护列入重要议事日程，制定整体规划、加大保护力度、实施重点项目，统筹推进红色资源的抢救性与预防性保护、文物本体与周边环境保护，确保红色资源有址可寻、有物可看。要加强对革命遗址遗迹和纪念场馆的系统谋划，区分不同历史时期、文物类别、教育意义，开展集中连片整体保护，形成具有更大影响力的红色文化传播矩阵。

传承红色文化，要坚持内涵为要。提高红色教育实效，基础在教育内容，关键在以理服人。要紧紧围绕红色资源，深化研究阐释、梳理历史脉络、挖掘思想内涵，策划推出一批高质量、特色化的陈列展览、人物传记、党史书籍，为党史学习教育、革命传统教育、爱国主义教育提供客观真实、鲜明生动、引人入胜的学习内容，做到有史可讲、有事可说，见人见事见精神，以价值内涵优势赢得教育优势。要采取人们喜闻乐见的形式，创新革命历史“打开方式”，生动传播红色故事，以物思人、以文化人、以情感人，让红色文化更好传承下去、传播开来。

传承红色文化，要坚持群众导向。习近平总书记在基层考察调研时多次指出，共产党做事的一个指导思想就是尊重群众首创精神，群众是真正的英雄。传承红色文化，要以群众为主体，将“我们要提供什么”与“群众想看什么”相结合，不断细化教育对象，精准开展红色教育。要广泛动员群众，把“我们要教育群众怎么做”转变为“群众志愿参与怎么做”，让群众成为红色文化传承的主体，紧紧依靠群众，让群众带动群众、群众影响群众。要坚持传承成果由群众检验，积极吸纳群众的意见建议，凝聚群众的智慧和力量，共同助推红色文化的有效传承。

传承红色文化，要坚持紧跟时代。中国特色社会主义进入了新时代，各领域工作都要坚持与新时代同步伐、为新时代发展服务。传承红色文化，要善于结合时代发展需求，深刻挖掘阐释红色文化的时代内涵，让红色故事常讲常新，不断焕发新的光彩、迸发新的活力。要善于运用新兴技术，融通多媒体资源，对红色文化进行全景式、立体式、延伸式展示宣传，不断创新红色文化的传播方式。要善于活化利用，运用市场机制开发更多红色文化创意产品，积极发展红色文化旅游，推出一批研学旅行和体验旅游精品线路，促进红色资源成为经济社会发展重要引擎。

拓展阅读

1. 程中才:《让红色基因代代相传》,《光明日报》2020 年 12 月 28 日。

2. 刘建平:《弘扬红色文化　建设文化强国》,《红旗文稿》2021 年 1 月 25 日。

思考题

1. 如何用好红色资源打造具有特色的红色文化品牌，对红色资源进行整合形成集聚效应?

2. 如何深入发掘红色文化的思想内涵，更好教育受众?

3. 如何利用云传播等方式传播红色文化?

五

发挥文化涵育功能，提高基本公共文化服务的覆盖面和适用性

发展文化事业是满足人民精神文化需求、保障人民文化权益的基本途径。要坚持为人民服务、为社会主义服务的方向，坚持百花齐放、百家争鸣的方针，全面繁荣新闻出版、广播影视、文学艺术、哲学社会科学事业，着力提升公共文化服务水平，让人民享有更加充实、更为丰富、更高质量的精神文化生活。

——2020 年 9 月 22 日，习近平总书记在教育文化卫生体育领域专家代表座谈会上的讲话

要提倡多读书，建设书香社会，不断提升人民思想境界、增强人民精神力量，中华民族的精神世界就能更加厚重深邃。为人民提供更多优秀精神文化产品，善莫大焉。要牢牢把握正确导向，在坚守主业基础上推动经营多元化，努力实现社会效益和经济效益双丰收。

——2019 年 8 月 19 日至 22 日，习近平总书记在甘肃考察时的讲话

要推动公共文化服务标准化、均等化，坚持政府主导、社会参与、重心下移、共建共享，完善公共文化服务体系，提高基本公共文化服务的覆盖面和适用性。

——2018年8月21日，习近平总书记在全国宣传思想工作会议上的讲话

引言

在物质条件得到极大丰富的同时，人民群众的精神文化需求也在日益增长。近年来，我国公共文化服务迈入新阶段，公共文化财政支出稳步提升，公共文化服务设施逐步完善，公共文化服务的水平和质量都有了较大提高。广东省佛山市、黑龙江省大兴安岭地区、云南省会泽县坚持文化惠民、完善服务体系、激发社会力量，为推动公共文化服务高质量发展，更好满足人民群众对高品质精神文化生活的需要作出了有益的探索和实践。

典型案例

广东省佛山市：邻里图书馆打通公共文化服务“最后一公里”

广东省佛山市以建设“高质量文化导向型名城”为总目标，以激发全社会文化创造活力为中心环节，以群众需求为导向，坚持文化惠民，大力实施“千家万户”阅暖工程——邻里图书馆项目。该项目以家庭为单位，依托公共藏书资源，帮助社会家庭建立家庭阅读空间，丰富家庭阅读资源，充分利用社会家庭的场地和人力资源延伸公共图书馆的服务阵地，让社会家庭成为阅读推广的主体，以邻里关系为纽带输送阅读服务，打通公共文化服务“最后一公里”，丰富了具有佛山特色的公共文化高质量发展的生动实践。

强化顶层设计，将“单打独斗”转变为“协同作战”。一是高位推进项目创建。佛山市高度重视邻里图书馆项目创建工作，将其列入2020年佛山市改革项目，列入《佛山市公共文化服务体系高质量发展行动计划（2019—2022年）》重点实施项目。成立示范项目领导小组，出台《佛山市“千家万户”阅暖工程——邻里图书馆创建广东省公共文化服务体系示范项目工作方案》，为邻里图书馆创建绘制路线图和施工表。二是充分落实资金保障。邻里图书馆示范项目创建专项经费共90万元，其中省财政下达创建专项资金40万元，佛山市财政下达项目配套专项资金50万元。此外，市、区、镇图书馆投入邻里图书馆项目中的资源、活动、服务、技术等方面经费超过220万元。建立项目专项经费管理制度，各项经费支出严格按照项目经费管理制度和有关财务制度执行。三是多方合力开展宣传。佛山市发挥宣传舆论导向作用，形成全方位、持续性的宣传格局，营造浓厚的创建氛围。发布招募通知，发动各级图书馆、妇联和社区支持邻里图书馆宣传、招募工作；深入中小学校进行集体宣传和招募工作，扩大在青少年群体中的影响；依托佛山市联合图书馆和佛山公共文化设施联盟，在全市300多家公共图书馆以及市级文化馆、博物馆、体育馆等场所张贴宣传海报，播放宣传视频；与广佛地铁公司合作，在地铁上播放招募广告；通过市、区、镇街三级图书馆微信公众号、微博、抖音等平台积极开展宣传工作；邀请人民日报、光明日报、环球时报以及中新社等7家国家级媒体组成记者采访团，实地采访了解邻里图书馆的实践，并发表系列报道。

完善服务体系，将“大水漫灌”转变为“精准滴灌”。一是推动服务体系普惠化。依托佛山市联合图书馆体系，建立邻里图书馆多级联动机制。搭建“一五八”（一个中心、五区联动、八大小组）邻里图书馆运营管理体系。成立邻里图书馆管理中心，组建“统筹组”“招募组”“流通组”等8个工作小组，负责跟进邻里图书馆项目实施的各个环节，下辖五区各成立相应邻里图书馆工作小组，联合开展工作。将邻里图书馆打造成市、区、镇、社区4级公共图书馆服务网络的重要补充，将公共文化资源和服务直接输送到社区、家庭，拓展了公共图书馆服务体系的范围和领域，延伸了公共图书馆服务体系发展的末梢，有效促进了公共文化服务的均等化、普惠化。二是促进服务平台数字化。为提高邻里图书馆建设成效，为群众提供更精细化、人性化和便捷化的服务，大力开展数字化建设。研发邻里图书馆智慧运营服务系统，提供办证、借阅、微社交等功能，打造“信息与资源汇聚、管理与服务融合、线上与线下互通”的特色公共文化服务新模式的平台；同时，研发基于区块链技术的家藏图书共享的P2P网络平台——“易本书”，是国内首个实现家藏图书、公共图书馆馆藏全社会流通的公益性、综合性资源共享平台，进一步盘活民间藏书资源，增加社会可用公共文化资源的总量，精准对接群众阅读需求。三是推动服务方式多样化。面向邻里图书馆家庭提供“馆藏定制服务”，编制家庭阅读推荐书目，开展“你选书，我埋单”现场选书大会；定期开展面向邻里图书馆家庭系列专题阅读推广活动，包括绘本剧表演、故事会、音乐会等专场活动；开展童书爸妈培训班、文化志愿者培训、阅读推广人培

❖ 邻里图书馆新春剪纸活动

训等专业培训课，满足群众多种文化需求；加强邻里图书馆馆长专业化培训，为邻里图书馆的科学运作提供高素质的人才储备。

搭建交流平台，将“互不相识”转变为“邻里互通”。一是以社区平台为切入点，促进藏书资源共享。邻里图书馆以家庭为单位，由公共图书馆供给文献资源、提供服务支撑，以邻里关系为纽带输送阅读服务，成为深入社区的图书馆服务点。通过建立家庭阅读空间，在服务左邻右舍、组织阅读分享活动、转借图书的过程中，盘活家庭藏书资源，已将超过 45.86 万册公共藏书资源下沉到家庭末梢，为群众提供就近就便的公共阅读服务。二是以活动平台为发力点，拉近邻里社交距离。打造邻里图书馆“邻里图书馆嘉年华”“家庭阅读季”“‘邻’距离微电台”“阅文化创意活动”四大品牌活动，扶持 10 个邻里图书馆民间阅读品牌活动建设；启动“书香千家‘智’造创意”邻里图书馆阅文化创意征集品牌活动，鼓励邻里图书馆成员立足本馆的办馆理

❖“邻里图书馆之夜”帐篷读书会

念、服务特色与文化内涵，对本馆品牌形象进行个性化 VI 设计，评选出 12 款创意设计并统一制作成文化创意产品，用作文化交流及品牌宣传。在活动中打破邻里社交壁垒，增进邻里感情，营造浓厚阅读氛围，提升文化活动质量与水平。三是以馆建平台为立足点，形成示范带动效应。建设"邻里图书馆体验空间"，备有家庭教育、亲子阅读、个人提升等近 800 册图书，成为邻里图书馆展示、交流、活动开展的重要平台；根据"个性化、系统性、推广性"原则，培育 10 个典型邻里图书馆示范点，打造亲子教育、创意艺术、传统文化、旅行文化、生活美学五大特色阅读圈，形成良好的示范带动效应。

激发社会力量，将"被动接受"转变为"自主参与"。一是制定系列制度机制，推动图书馆自我管理。以制度设计方式，把实践中取得的新鲜经验转化为制度成果，形成支撑邻里图书馆建设工作的制度政策、工作标准和工作机制，成立佛山市邻里图书馆管理委员会，制定《邻里图书馆管理委员会章程》《邻里图书馆建设及服务规范》《邻里图书馆绩效管理办法》等制度章程，促进邻里图书馆标准化和规范化发展。截至 2021 年 11 月 30 日，邻里图书馆已发展至 1322 家，馆长累计从图书馆借书 36.1 万册次。二是开展品牌阅读活动，吸引家庭主动参与。邻里图书馆自发策划、组织、开展阅读活动 1697 场次，累计服务读者 5.3 万人次，逐步形成永无岛邻里图书馆"云朵姐姐故事会"、小橘灯下邻里图书馆"童读书绘"、好友营邻里图书馆"快乐的海洋环游"等独具特色的品牌活动。部分有相近阅读理念和办馆特色的邻里图书馆成员以结对的形式合作举办活动，例如，永无岛邻里图书馆与海·邻里图书馆联合举办"佛图之夜"亲子绘本故事暨旅行阅读分享活动，小橘灯下邻里图书馆携手书香邻里图书馆举办新春故事会，以《闹元宵》等绘本故事为切入点，与家长共同学习如何对孩子进行有效的财商培养。社会、家庭从公共文化服务的享受者转变为参与者、提供者和创造者。三是创新志愿服务形式，鼓励全民参与阅读推广。邻里图书馆创新文化志愿服务形式，让家庭和个人有机会参与到公益阅读推广实践中。成立佛山市邻里图书馆文化志愿者服务队，并开展志愿服务专题培训，进一步提高邻里图书馆志愿服务水平。截至 2021 年，全市共有文化志愿队伍 82 支，登记在册的文化志愿者达 28916 人。依托邻里图书馆项目，超过 1000 个家庭、3000 人成为阅读推广的使者，通过邻里图书馆的志愿者服务，共有 13.1 万册图书转借到其他读者手上，超过 5 万人次受益。

黑龙江省大兴安岭地区："兴安万里·阅读有你"全民阅读活动品牌的实践探索

近年来，黑龙江省大兴安岭地区把推进全民阅读活动作为促进林区文化繁荣发展的重要支撑，以着力提高人民群众精神文化素质为目标，不断实践摸索倾力打造了"兴安万里·阅读有你"全民阅读活动品牌，以品牌活动统领带动各类阅读活动，探索走出一条全民阅读新路子，推动全民阅读活动常态化、长效化，让琅琅读书声成为八万里兴安最美最动听的声音。

强化组织领导，统筹推进全民阅读。自新冠肺炎疫情发生后，户外活动受限，大兴安岭地区充分挖掘居家战“疫”新方式，“兴安万里·阅读有你”全民阅读活动品牌由此应运而生。一是高位推动。地委、行署高度重视全民阅读工作，始终将其作为丰富林区百姓精神文化生活、建设学习型城市的重要手段，地区两会对全民阅读活动提出新的要求，特别强调要倾力打造“兴安万里·阅读有你”全民阅读活动品牌，加快文化强区建设。各级领导带头参加活动，带头读书、荐书、赠书成为风尚，产生了积极的示范效应和强大推动力。二是打造品牌。大兴安岭地区把“兴安万里·阅读有你”全民阅读活动品牌作为主题主线，以活动促阅读，以阅读促发展，推动全民阅读活动落地生根。制定《全民阅读活动实施方案》，明确领导小组成员单位职责分工，形成了党委政府领导、有关单位主导、社会各界参与的“阅读大格局”，对全民荐书、经验交流、成果展示、激励机制等多个方面提出要求，推动全民阅读活动走深走实。三是叫响品牌。以“4·23 世界读书日”为起点，拉开“兴安万里·阅读有你”全民阅读活动序幕。围绕总品牌，各县（市、区）、林业局结合实际创建“书润呼玛·阅读有你”“极光伴书香·诗性最北方”等一系列独具特色的阅读子品牌，以品牌之力点燃全民阅读热情。四是精准保障。全民阅读活动受到地委、行署高度重视，在财政经费紧张的情况下，每年拨付 40 万元作为专项引领资金，进而带领二县一市四区全面落实专项资金，用于全民阅读基础设施、文化服务体系建设、社会宣传、优秀表彰等各方面。同时吸引和鼓励社会力量参与全民阅读活动推广，通过社会资助、公益捐赠、图书漂流等形式凝聚社会合力，不断焕发“书香兴安”的精神活力。

发挥品牌优势，精品活动层出不穷。充分发挥“兴安万里·阅读有你”全民阅读文化品牌的“主阵地”作用，不断创新内容形式，实现阅读活动全域覆盖、全民参与。一是示范引领。以好书推荐为突破口，强化示范引领。领导同志亲自荐书，并录制“好书推荐”视频，身体力行推动全民阅读，率先垂范引导机关、媒体、企业及社会组织参与读书活动，激发了大兴安岭地区干部群众的读书热情。二是多方联动。大兴安岭地区各单位、部门带头参加阅读活动，产生积极的示范效应和强大推动力。共青团组织深入抓好广大青年、团员阅读推广工作；各级关工委组织开展“中华魂”主题教育读书活动；妇联组织深入开展“颂百年风华·传红色基因”家庭亲子阅读活动；教育部门组织开展“书香校园行·悦读助成长”主题读书活动，各战线充分发挥职能作用，在重点人群、重要节点深入推进全民阅读，阅读活动在兴安大地蔚然成风、遍地开花。三是全域覆盖。大兴安岭全民阅读领导小组办公室向全区发出活动倡议书、荐书单和全年活动安排表，举办了“大岭之冬阅读季”“冬日书香满兴安”阅读季等系列活动；打造了“乡里红”书吧、“鄂乡文苑”书屋等农村特色阅读示范点；开展了“书香溢北极·悦读润前哨”等阅读活动。通过一系列活动开展，宣传引导力越来越大，读书环境越来越好，扎实推动全民阅读进企业、进农村、进机关、进学校、进家庭、进社区、进军警营、进防火一线，推动全区读书如火如荼。

加强舆论引导，立体宣传形成声势。大兴安岭地区新闻媒体充分发挥新闻报道的合力作用，形成媒体间协作配合、传统媒体与新兴媒

❖ 大兴安岭地区首家读书协会——加格达奇读书协会成立仪式

体融合互动的良好宣传局面。一是宣传引导。充分利用电视节目具有较强冲击力和感染力这一特点，及时、全面、深入报道和推广全民阅读活动，增强活动知名度和影响力，引导广大林区群众参与到读书活动录制，增加阅读黏性。二是全媒参战。采取“传统媒体 + 新媒体”“线上 + 线下”的宣传方式，通过开设专题专栏，重磅推出《习近平的七年知青岁月》《额尔古纳河右岸》《文献中的百年党史》等一大批阅读研讨精品力作，深受林区干部群众的喜爱，中央广播电视总台《新闻和报纸摘要》节目对大兴安岭地区全民阅读活动与党史学习教育创新结合的做法进行深度报道。截至 2021 年，在各大平台大篇幅刊（播）发“好书推荐”“好书分享”“我读给你听”等音视频 450 余期，各县（市、区）刊播发全民阅读相关音视频 3000 余个，新媒体平台总点击量达 160 余万次，全民阅读活动群众知晓率近 70%，不断掀起全民阅读的滚滚热潮。三是顺应时势。将全民阅读与党的主旋律相结合，让主流声音更响亮。在建党百年之际，大兴安岭地区组织全区朗读爱好者和媒体传播矩阵全力聚焦党史学习教育和党的十九届六中全会，开设“百年党史大家读”“全会精神在兴安”全新栏目，持续掀起“读党史、学党史、悟党史”热潮。

健全服务体系，充实百姓“精神粮仓”。让全民阅读深入人心，增强公共文化服务阵地建设是打造“书香兴安”、推动文化强区建设的关键。一是共建共享。2021 年大兴安岭地区全面启动“星级书屋”建设活动，将地、县、乡各级职工书屋、农家书屋、社区书屋等纳入建设范围，通过“评星、授星、奖星”的特殊形式，创新完善书屋服务效能，加强书屋规范管理，推动书屋优化升级，为大兴安岭地区“兴安万里・阅读有你”全民阅读活动增添新活力。二是优化环境。大兴安岭地区将书屋建设的重点转向存量提质改造，把美学创意理念和愿景融入空间设计中，特别是农家书屋改革创新工作，全力打造小而美、品质化、舒适化的空间，让村民可以从中获得人文温度、良好的文化体验和情感共鸣。以亲子阅读、阅读与观影、阅读与电子商务为主元素营造公共文化服务氛围，极大改善了阅读环境，树立了与公众需求相适应的新型公共文化空间样板，成为“文化兴安”的一抹亮色。三是个性服务。针对不同读者需求，提供特色服务。在新时代文明实践中心（所站）、商场、影院等公共场所建立阅读角，在农家书屋为留守儿童、寒暑假期返乡的学生们开设阅读讲堂，大力发展数字阅读，积极举行线上阅读活动，为居民提供更便捷、更高效的阅读服务，通过各项服务功能的不断发展和延伸，助力“书香兴安”建设，借文化之力，让越来越多的群众感受到诗和远方。

云南省会泽县：提升搬迁群众自立自强精神，巩固文化扶贫攻坚成果

脱贫摘帽不是终点，而是新生活、新奋斗的起点。习近平总书记指出："扶贫必扶智，治贫先治愚。贫穷并不可怕，怕的是智力不足、头脑空空，怕的是知识匮乏、精神委顿。脱贫致富不仅要注意富口袋，更要注意富脑袋。"为解决好易地扶贫搬迁新城区近10万搬迁群众后续社会治理和管理难题，会泽县提出"一同步、三破解"（脱贫攻坚与精神文明建设同步，破解贫困群众自立自强精神塑造难题、破解搬迁群众融入发展难题、破解社会和谐稳定治理难题）的工作思路，并在易地扶贫搬迁县城集中安置点进行实践探索，以新时代文明实践中心为平台，扎实推进文化扶贫攻坚，让贫困群众在搬出大山"富口袋"的同时"富脑袋"，走出一条搬迁群众经济和精神"双脱贫"的新路子。

"小广播"育民扶志。会泽县新时代文明实践中心整合应急广播系统、乡村大喇叭等资源，开设新思想小广播，定期用通俗易懂的语言，深度解读党的新思想、新理论，宣传党的惠民政策，播放文明行为规范、移风易俗、健康文明习惯等内容，通报群众先进典型，让群众听得懂、记得住、用得上、能遵守，架起新时代文明实践"空中连心桥"。通过向群众输入新思想、知识和价值观念，增强搬迁群众的文

化自信与脱贫信心，实现文化育民。开播以来，全县 568 个广播点位共播出各类信息 8000 余条，受益群众达 23.6 万余人。同时，充分发挥贫困大学生励志宣讲团、百姓宣讲团、文艺骨干、帮扶干部的重要作用，深入易地搬迁社区群众中间，利用理论微宣讲、身边好人微访谈、“新城”故事会、入户访谈等载体，以快板、歌舞、微情景剧等群众喜闻乐见的形式，唱响共产党好、唱响祖国好，把党的好声音、好政策传递到千家万户，让广大搬迁群众“知政策、懂政策、用政策”，转变观念、自力更生。截至 2021 年，共开展“自强诚信感恩”主题宣讲 1430 场次，覆盖群众 14 万余人次。

“小水滴”惠民添智。会泽县在易地扶贫搬迁安置区建设街道综合文化服务中心 2 个、社区综合文化活动室 7 个、文化小广场 21 个，组建群众性业余文艺演出队 15 支，骨干队员人数达 630 余人，充分发挥公共文化服务阵地宣教功能，把文化阵地建在群众身边。深入开展群众性文化活动，实施“戏曲进乡村”、“文化进万家”、“文化大篷车”进社区活动，把巩固拓展脱贫攻坚成果接续推进乡村振兴中的新人新事，创作编排成群众喜闻乐见的文艺作品，深入街道社区开展巡回演出，让群众在家门口就能享受到“文化大餐”。开展“迎新春送祝福”文化志愿服务活动，为搬迁群众拍全家福、写春联；开展广场舞培训、举办广场舞大赛，文艺志愿者带领群众跳起了广场舞；开展“看红色电影，学百年党史”活动，在易地搬迁安置点和 25 个乡（镇、街道）放映经典红色电影，进行革命传统和爱国主义教育。组织文艺志愿者，利用周末和寒暑假举办“快乐周末·快乐假期大本营”免费公益培训，开设少儿书法、美术、舞蹈、手工、小主持人和追梦合唱团等培训，

❖ 为易地扶贫搬迁县城安置点学龄儿童开办追梦合唱团培训班

将公益艺术送到群众家门口，丰富搬迁学生课余生活，培养青少年儿童兴趣爱好。树立“融合从孩子做起”的理念，组织城区学校学生与易地搬迁学生开展“同心童梦结对子”活动，通过联合开展文艺演出、结对交流活动，从孩子做起，促进易地搬迁人口与老城区居民融合。整合“云上乡愁书院”“四点半课堂”等阵地资源，开展“诵国学经典”“学传统文化”等读书活动，引导搬迁学生在经典诵读中学习传统文化，传承中华文明，弘扬传统美德；开展新生活习惯养成、移风易俗、文明交通劝导等教育实践活动，引导搬迁学生、群众养成诚实守信、孝敬感恩、团结友善、文明礼貌的行为习惯。开展“最美新城人”评比表彰，7 个搬迁安置社区全部创建为“市级文明社区”。通过延伸公共文化服务触角，组织文化惠民演出、农村电影放映、全民阅读和全民健身，开展丰富多彩、积极健康的文体活动，实现文化惠民。

“小积分”富民聚力。会泽县探索导入银行管理理念，开设“文明银行”，激发群众“靠行动获积分、用文明换商品”，通过文明积分储蓄文明新风，引导搬迁群众养成良好卫生习惯，把遵规守法等思维观念和行为方式融入日常生活。文明行为“兑”积分。制定《“文明银行”积分评定细则》，围绕人居环境、政策知晓、崇德有礼、感恩自强制定 27 项评分标准，将群众的文明行为数据化，群众主动清理垃圾、爱护公共环境卫生、不乱涂乱画、不随地吐痰、不乱丢纸屑、红白喜事不铺张浪费都可以积分。文明积分“存”银行。为每户搬迁群众建立 1 个“文明账户”、发放 1 本“文明银行”积分存折，定期开展文明楼宇、文明家庭、好婆婆、好媳妇等评比；由街道、社区、楼栋长、志愿者组成考评小组，以户为单位，正向、反向评定相结合，定期评定、按次计分，以小区为单位进行公示。文明积分“换”新风。积分可到新时代文明实践超市、爱心超市兑换相应的生活物资，文明账户还可以作为评选文明家庭、好婆婆、好儿媳、好少年的重要参考数据，对于“等、靠、要思想严重”“拒不履行赡养父母、抚养子女义务教育”“有违纪违法及其他严重违规行为”等行为，实行一票否决，当月所得积分“清零”。“文明银行”像一面镜子，规范和引导着搬迁群众的行为，调动和发挥了群众主体作用，引导搬迁群众自我管理、自我服务，对提升人居环境、促进乡风文明和巩固脱贫成果，提升搬迁安置点社会治理水平起到了重要的激励作用。

“红马甲”乐民赋能。会泽县汇聚志愿者的点滴文明实践力量，引导搬迁群众开展安全过马路、安全乘电梯、文明进超市、乘坐公交车、使用马桶等活动，帮助搬迁群众快速适应并融入城市生活。面向群众开展“手把手”服务，做到“16 个教会”，即教会搬迁群众管理家庭卫生，使用家电、马桶、电梯、手机，过马路、文明乘坐公交车和出租车，进超市购物、进政务大厅办证、进银行存取款、进医院看病，维护公共环境、爱护公共设施，正确防震、防火。组织志愿者带着群众学习实践，实现“10个熟悉”，即熟悉县城主要街道、小区道路、客运站、学校、农贸市场，熟悉交通标志、交通规则、办事流程、法律常识、文明公约，将服务送到群众家门口、心坎上，让群众从最基本的需求开始适应新的生活环境。2019年以来，在县城安置点开展志愿服务活动2100余场次，服务群众27万余人次。组织开展“双报到、双服务”，县级相关部门、各级文明单位结对帮扶街道、社区，志愿者帮扶到户，以培养农民群众健康文明生活习惯为抓手，开展“从点滴做起，养成健康文明生活习惯”主题宣讲，用通俗易懂的语言和身边事例，从思想观念、言行举止、行为习惯等方面，引导搬迁群众养成良好的个人卫生、家庭卫生、公共卫生、饮食卫生和遵纪守法行为习

❖ 开展“迎新春送祝福”志愿服务活动，文艺志愿者为搬迁群众免费写春联

惯。同时，围绕思想培训引导、人居环境提升、生活技能提升和关爱，在开展集中主题宣讲的同时，不定期组织志愿者走进搬迁群众家中，开展个人卫生、家庭卫生、公共卫生、饮食卫生习惯养成现场培训志愿服务活动，引导搬迁群众共建美丽社区、共享宜居家园，养成健康文明生活方式。县城安置点共 19298 户 81257 人，由 618 个挂包帮单位、6369 名志愿者结对帮扶。随着关爱孤寡老人及留守儿童、助残助学、弘扬文明新风、人居环境整治等志愿服务活动的深入开展，易地扶贫搬迁让“西部新城”面貌焕然一新，文明和谐蔚然成风，也让“志愿红”成为最流行的颜色。

案例分析

推动公共文化服务高质量发展，是进一步深化文化体制改革，发展社会主义先进文化的重要任务，也是让人民享有更加充实、更为丰富、更高质量的精神文化生活，保障人民群众基本文化权益，满足对美好生活新期待的必然要求。在新的历史起点上推动公共文化服务高质量发展，已经成为各级宣传思想文化部门必须破解的一个重大现实课题。

广东省佛山市、黑龙江省大兴安岭地区、云南省会泽县三地从本地实际出发，对发挥文化涵育功能，推动公共文化服务高质量发展作了有益探索。佛山市以实施邻里图书馆项目为牵引，充分利用佛山市现有图书馆资源，建立邻里图书馆多级联动机制，打通公共文化服务

"最后一公里"，极大丰富了公共文化高质量发展实践。大兴安岭地区把推进全民阅读活动作为促进林区文化繁荣、推动文化创新的重要支撑，以满足人民对美好生活的向往为目标，高标准打造全民阅读活动品牌，以品牌活动统领带动阅读活动，推动全民阅读活动经常化、常态化、长效化。会泽县充分发挥公共文化服务阵地的宣教功能，以新时代文明实践中心为平台，把文化阵地建在群众身边，走出一条搬迁群众经济增收和精神提振双管齐下的新路子。这几个案例，虽然路径不同，但都体现了一些共性特点，主要表现为"三个坚持"。

一是坚持精神领航，塑造文明之魂。人无精神不立，国无精神不强。坚持精神文明建设和物质文明建设"两手抓，两手都要硬"，是统筹推进物质文明和精神文明全面发展、实现城市软实力和核心竞争力同步提升的过程。佛山市聚焦提升全市群众精神文化生活水平，以激发全社会文化创造活力为中心环节，以群众需求为导向，坚持文化惠民理念，将公共文化资源和服务直接输送到最前沿，拓展公共图书馆服务体系的范围和领域，延伸了公共图书馆服务体系发展的末梢，有效促进了公共文化服务的均等化、普惠化。大兴安岭地区始终将全民阅读作为丰富林区百姓精神文化生活、建设学习型城市的重要手段，把全民阅读活动品牌作为开展各类阅读活动的主题主线，推动全民阅读活动在林区落地生根。会泽县聚焦易地扶贫搬迁群众后续社会治理和管理难题，提出了"一同步三破解"的工作思路，丰富载体手段，在宣讲党中央惠民利民政策的同时，潜移默化融入文明行为规范、移风易俗、健康文明习惯等内容，播撒文明种子，倡树文明新风，让群众在润物无声中接受教育，得到熏陶。

二是坚持示范引带，汇聚文明之力。“见贤思齐焉，见不贤而内自省也。”发挥身边典型的示范引导作用，营造“比、学、赶、帮、超”的良好氛围是我们党的优良传统，是开展活动一个行之有效的方法。身边典型的优秀行为能够让人们产生心灵的震撼，激励人们追随和效仿，从而引领社会的主流价值观。佛山市加强邻里图书馆文化志愿者服务建设，充分发挥邻里图书馆项目作用，广泛动员家庭、公民积极参与阅读推广活动，促进图书资源最大限度分享、流转，真正让阅读从“单向流动”变为“多向互动”。大兴安岭地区以好书推荐为突破口，领导干部带头读书、荐书，有效发挥了示范引领作用。同时积极动员全区党政机关、企事业单位在职、离退休干部参与阅读，形成了爱读书、读好书的健康读书之风。会泽县以群众性业余文艺演出为依托，结合新时代文明实践中心（所、站）文化阵地资源，组织开展了一大批新式新颖、内容丰富、群众喜爱的文艺活动，让百姓成为主角，打造出家门口的文化盛宴。

三是坚持共建共享，点亮文明之光。完善公共文化产品供给体系是构建现代公共文化服务体系的重中之重，只有着力增强公共文化产品供给能力，努力实现多元化的生产供给方式，加快形成现代公共文化产品供给体系，才能不断满足人民群众日益多元的精神文化需求。佛山市着眼推动服务体系普惠化，将邻里图书馆打造成基层公共图书馆服务网络的重要补充，将公共文化资源和服务直接输送到社区、家庭，拓展了公共图书馆服务体系的范围和领域。大兴安岭地区坚持高标准建设各类书屋，统筹规划、分类施策，创新完善书屋服务效能，加强书屋规范管理，聚焦不同读者需求提供特色服务，推动书屋优化升级。会泽县将资金向街道、社区基层文化服务场所倾斜，不断增加面向易地搬迁群众的文化产品供应，通过延伸公共文化服务触角实现文化惠民。

这几个案例在发挥文化涵育功能，推动公共文化服务高质量发展方面，取得了一些成绩，积累了宝贵经验。但是对照经济社会不断发展和人民生活水平不断提高的现实情况，文化供给水平还不够高，公共文化基础设施建设还有不达标不完善的地方，与群众新期待尚有差距。着眼新时代新要求，必须坚持以人民为中心的工作导向，对照群众差异化、精细化的文化需求，对文化惠民作出系统性谋划和前瞻性布局；必须强化文化供需精准对接，提升文化产品供给的能力、质量和效率；必须加强文艺精品创作，推动“种文化”与“送文化”相得益彰，让群众文化获得感、幸福感更加充实、更有保障、更可持续。

启示与思考

文化兴则国家兴，文化强则民族强。实现中华民族伟大复兴，需要物质文明极大发展，也需要精神文明极大发展。习近平总书记指出：“没有文化的繁荣发展，就没有社会主义现代化。”“中国共产党从成立之日起就把建设民族的科学的大众的中华民族新文化作为自己的使命，积极推动文化建设和文艺繁荣发展。”这几个案例充分证明，推动公共文化服务高质量发展，必须以社会主义核心价值观为引领，以人民为中心，坚持以文弘业、以文培元，以文立心、以文铸魂，为人民群众提供更高质量、更有效率、更加公平、更可持续的公共文化服务，让人民享有更加充实、更为丰富、更高质量的精神文化生活。

公众参与是发展之基。公共文化服务具有非营利性、非垄断性、公益性、公共性，其本质在于以公共行政带动公益方式确保人民群众文化共享。推动公共文化服务高质量发展，要结合公共文化服务的公益性与民众喜闻乐见的生活化，丰富公众的文化生活，促使其文化素养在共享中不断得到熏陶、进步和升华，从而有效增强凝聚力、向心力、亲和力。三地的实践证明，只有通过行之有效的公共参与，努力形成公共文化服务投入多元、参与多元的良好局面，才能彰显公共文化为民、惠民、育民的服务效能和价值导向。这启示我们，要积极探索社会力量多元参与模式，制定志愿服务规范，最大限度调动公众广泛参与，按“行政区域 + 服务距离 + 人口规模”的布局方式构筑公共文化服务圈，多样化、多层次、全链条着力优化公共文化供给，破解公共文化阵地“供不应求”、公共文化活动“供不适求”的突出问题，全方位、多层面地确保人人都能享受到均等、优质的文化服务，普遍关照社会民众的基本文化权益。

价值引领是核心之要。向上向善的文化是一个国家、一个民族休戚与共、血脉相连的重要纽带。意识形态决定文化前进方向和发展道路。推动公共文化服务高质量发展，要强化政治引领，坚持立德树人、以文化人，建设社会主义精神文明、培育和践行社会主义核心价值观，提高人民思想觉悟、道德水准、文明素养，培养能够担当民族复兴大任的时代新人。这启示我们，必须坚持以社会主义核心价值观为引领，大力宣传贯彻习近平新时代中国特色社会主义思想，建设具有强大凝聚力和引领力的社会主义意识形态，才能牢牢把握社会主义先进文化前进方向，实现文化振兴和乡村振兴互助共推。

人民至上是关键之举。文化直接关系民生福祉、关系人的全面发展。习近平总书记指出，“江山就是人民、人民就是江山”，深刻阐释了中国共产党根基在人民、血脉在人民、力量在人民的重大命题，也为发展什么样的公共文化、怎样推动公共文化服务高质量发展提供了最好的答案。推动公共文化服务高质量发展，要牢固树立“以人民为中心”发展思想，坚持文化为民惠民，加强文化基础设施建设，完善公共文化服务设施，提供开放多元、充满活力的公共文化服务，满足人民群众基本精神文化需求。这启示我们，必须把发展文化事业放到“满足人民过上美好生活的新期待”高度，创新拓展公共文化空间，扩大公共文化服务覆盖面，健全公共文化服务体系，提高公共文化服务适用性和便利性，培育新市民，树立新风尚，建设新文化，依托基层文化阵地，开展多层次、有针对性、有特色、个性化的文化服务，丰富基层群众文化活动，保障人民基本文化权益，满足人民基本精神文化需求。

共建共享是固本之策。公共文化服务与人们的生活、工作息息相关，根基在基层，活力在基层，重点和难点也在基层。推动公共文化服务高质量发展，要立足县域实际，鼓励和支持共建共享，创新建立机关、企业、学校、社区、农村等领域的文化阵地，不断拓展公共文化服务半径，探索“广覆盖、高效能、快发展”的公共文化服务新模式，实现城乡联动、共享共建。这启示我们，要统筹考虑群众的基本文化需求和多样化文化需求，发挥市场和社会力量的作用，促进公共文化服务与互联网、科技、旅游等相融合，延伸服务体系，拓展服务内涵，创新服务路径，丰富文化供给，推动公共文化服务向优质服务转变，实现标准化、均等化、数字化、智慧化、普惠化，满足群众多元文化需求。

拓展阅读

1. 余潜飞:《全民阅读：从理论到实践的反思》,《中华读书报》2021年4月28日。

2. 徐元锋:《"小水滴"滋润新市民》,《人民日报》2020年9月24日。

思考题

1. 如何因地制宜开展公共文化服务，确保推出的项目更符合当地群众的精神文化需求？

2. 如何汇聚更多有能力、有热情、有创意的社会力量参与到公共文化服务体系建设中来？

3. 如何更加精准地向群众提供公共文化服务，进一步提升公共文化设施利用率？

六

坚持文艺为民、文艺惠民、文艺乐民，推动文艺事业繁荣发展

衡量一个时代的文艺成就最终要看作品，衡量文学家、艺术家的人生价值也要看作品。广大文艺工作者要精益求精、勇于创新，努力创作无愧于我们这个伟大民族、伟大时代的优秀作品。

——2021 年 12 月 14 日，习近平总书记在中国文联十一大、中国作协十大开幕式上的讲话

今天，各种艺术门类互融互通，各种表现形式交叉融合，互联网、大数据、人工智能等催生了文艺形式创新，拓宽了文艺空间。我们必须明白一个道理，一切创作技巧和手段都是为内容服务的。科技发展、技术革新可以带来新的艺术表达和渲染方式，但艺术的丰盈始终有赖于生活。要正确运用新的技术、新的手段，激发创意灵感、丰富文化内涵、表达思想情感，使文艺创作呈现更有内涵、更有潜力的新境界。

——2021 年 12 月 14 日，习近平总书记在中国文联十一大、中国作协十大开幕式上的讲话

要繁荣文艺创作，坚持思想精深、艺术精湛、制作精良相统一，加强现实题材创作，不断推出讴歌党、讴歌祖国、讴歌人民、讴歌英雄的精品力作。

——2017 年 10 月 18 日，习近平总书记在中国共产党第十九次全国代表大会上的报告

引言

文艺是时代前进的号角，最能代表一个时代的风貌，最能引领一个时代的风气，优秀文艺作品反映着一个国家、一个民族的文化创造力和水平。党的十八大以来，广大文艺工作者始终把握正确政治方向、坚持以人民为中心，真情把握时代发展的连绵脉搏，生动讴歌改革创新的火热实践，在文艺创作、文艺活动、文艺惠民等方面作出了积极贡献、取得了丰硕成果、积累了宝贵经验。其中，有的以街头表演为突破口，有的以文艺精品创作为发力点，有的以打造特色文化品牌为主阵地，立足地域文化，善于传承创新，谱写了社会主义文艺事业的新篇章。

典型案例

河南省郑州市金水区：展现新“夜”态、树立“夜”标识，推动街头艺术表演健康有序发展

面对新冠肺炎疫情对文化事业繁荣发展带来的不利影响，河南省郑州市金水区创新思维、另辟蹊径，秉持文化可以驱动经济社会复苏、文化将会重建生机勃勃的城市理念，将街头艺术作为城市繁荣与成熟的标志、增添城市文化气息的有效方法、继承传统弘扬民间艺术的重要途径，并以此为突破口推动辖区“夜”经济复苏，着力在展现城市新“夜”态、树立金水“夜”标识上下功夫，积极探索适合金水的街头艺术表演管理和服务长效机制，培育具有金水品位的街头文化，推动街头艺术表演在金水落地生根，打造具有烟火气、时尚潮流的“夜金水”新形象。

选精品、定点位，打造浓厚的街头艺术氛围。金水区整合辖区的文艺人才，搭建长期稳定的报名通道，充实街头艺人表演队伍。筛选表演点位，借助商业地标的东风，助力辖区街头艺术表演的发展。将文化渗透与市民的休闲娱乐融为一体，将金水打造成一个绚丽多彩、具有浓厚艺术氛围的现代城区。一是吸纳文艺人才，充实街头表演队伍。在深入摸底辖区现有街头艺术人才的基础上，动员各街道文艺类团体、社团、演艺机构、酒吧以及文艺类培训机构广泛参与到街头艺

术表演中来。创建“金水区街头艺术表演网络报名”客户端，面向社会公开招募街头艺人。夯实街头艺人选拔机制，吸引各种文艺人才加入，规范节目门类和内容，要求参报艺人在线上传视频进行初审，再由郑州电视台街头艺术活动组进行复审，并发放演出证件。截至2021年，全区共有83组艺人获得演出资格，其中包括在校大学生，IT、教育等领域的音乐人才，以及一批在抖音上有较好社会影响的“网红”，其中包括粉丝22万、累计点赞量307.4万次的“蒙面歌手”黎骆，粉丝40万、累计点赞量508万次的“蔡思少儿舞蹈”等。各行各业的文艺人才加入，为金水区街头艺术表演工作的开展打下了良好的基础。二是筛选表演点位，培养文化新地标。通过实地勘察研判区域优势和地标特点，以人群聚集的商圈经济为主阵地，选出8处表演区域14个

❖ 金水区街头的乐队表演

表演点位供街头艺人进行表演。借助商业地标的人气，助力街头艺术表演迅速发展，让市民在街头巷尾受到艺术熏陶，形成城市新的文化景观和文化资源，提升城市品位，培养新的文化地标。三是运用新媒体，营造浓厚氛围。借助传统媒体和新媒体对辖区街头艺术表演进行集中宣传，向辖区居民精准推送消息，提高活动参与度、知名度。挖掘街头艺人背后的故事，持续推出新话题，提高活动曝光度、关注度。利用“金水发布”微信公众号发布全区各点位的街头艺术表演的具体时间和节目安排，利用抖音进行演出直播，节选优秀作品制作小视频，在深化艺术交流、互动的同时，扩大街头艺术表演知晓率，营造浓厚的街头艺术表演氛围。

探路子、建机制，保障街头表演可持续发展。金水区探索健康发展街头艺术的新路子，改进街头艺术管理模式，推广街头艺术规范化管理，为街头艺术制定“规矩”，提供“保护”。一是探索管理模式，推动街头艺人“自治”。按照“边摸索、边总结、边改进”的工作理念，探索出“政府、商场、点位长”共同管理的“三级管理”模式。金水区委宣传部作为主管部门负责统筹协调，规范街头艺术表演健康发展。各表演区域的商场负责对街头艺人的督导巡查、考核等工作。选派街头艺人为点位长，统筹各自点位的人员安排、演出次序、设备支持等，实施街头艺人“自治”。二是加强服务保障，促进街头艺术可持续发展。研究制定《金水区街头艺人自律公约》《金水区街头艺人管理须知》《金水区街头艺人考核办法》《金水区街头艺人抽签排号规则》等制度，编制《郑州街头艺术表演金水区工作手册（暂行）》印发街头艺人，规范街头艺术日常管理，保障街头表演正常有序进行。三是建立考核机制，提升街头艺人整体素质。针对街头艺人组织松散、管理分散，开展有效考核困难较多的现状，金水区采取宽容型考核的管理模式，由商场、执法中队、点位负责人三方出具平时考核成绩，对街头艺人进行绩效考核。考核分值过低的艺人待岗，待重新接受培训后方可继续上岗。并对考核分值进行排位，排位靠前的街头艺人可以获得优先派位的权利。同时政府则做好培训服务工作，提供更多专业化的培训和指导，提升街头艺人整体素质。

强推广、巧融合，提升全民融入度关注度。金水区积极推广街头艺术表演，让更多居民关注并融入街头艺术表演活动，繁荣辖区文化事业，丰富群众文化生活，提高辖区居民的艺术素养。一是引入智能管理，助力街头表演良性发展。开发“街头艺人演出派位”微信小程序，破解热门点位与其他点位艺人分配不均衡的现状，给街头艺人创造公平展示才艺的机会。每个月街头艺人通过手机抽签抽得演出点位，推动街头艺术表演良性发展。定期发布调查问卷，了解辖区居民的文化需求和满意程度；定期召集街头艺人进行线上会议，了解街头艺人的基本诉求。二是引导居民参与，提升全民融入度。街头艺术启动以来，得到了广大市民特别是年轻人的好评，大批“粉丝”不断通过微信、微博、抖音等平台点赞、转发、评论。从2020年9月至2021年12月，金水区共开展街头艺术表演3000余场，吸引观众约50万人次。其中小提琴独奏、古筝齐奏、变脸、街舞等多元化的艺术表演形式，吸引了越来越多年轻观众围观、打卡，营造了浓厚的街头艺术氛围，也为郑州街头增添了别样的色彩。

甘肃省张掖市：打好“四张牌”，助推文艺精品创作生产繁荣发展

文运同国运相牵，文脉同国脉相连。甘肃省张掖市作为河西走廊重镇，以其优越的地理条件、丰富的自然景观、厚重的历史文化和独特的民族风情，成为文艺精品创作生产的沃土和摇篮。近年来，张掖市积极探索文艺精品创作生产新路径，注重打好环境优化、红色文化、民族风情、人才资源“四张牌”，取得了明显成效，影视剧作、文旅剧目从无到有、由少到多，多部舞台剧从连获全省全国大奖到赴海内外交流巡演，全市文艺精品创作生产呈现出蓬勃发展的良好态势。

打好“筑巢引凤”牌，着力优化创作环境。张掖市把提供优质创作环境作为开展文艺精品创作生产的着力点，充分调动一切积极因素，努力为文艺精品创作生产提供丰润沃土。一是强化政策资金“扶”。市、县（区）配套出台《关于加快文化大市建设的意见》《张掖市重点文化项目扶持暂行办法》《甘州区文艺精品创作奖励办法》等10多个政策性文件，每年通过以奖代补的方式投入千万元以上用于支持文艺精品创作生产，集中创作了电视连续剧《一个都不能少》、秦腔现代戏《民乐情》《肝胆祁连》、电影《爱在夏日塔拉》《浴血誓言》、纪录片《静静的湿地》等现实题材作品。二是强化对外宣传“推”。市委、市政府敏锐捕捉国内各影视公司、剧组相关信息和拍摄意向，及时做好

张掖历史文化、人文景观、自然风光等拍摄资源的对外宣传推介，吸引了国内外众多影视公司来张拍摄。电影《花木兰》《三枪拍案惊奇》《长城》《太阳照常升起》，电视连续剧《神探狄仁杰（第三部）》《一个都不能少》均将得天独厚的丹霞地貌作为剧目创拍的最亮“底色”，引起了国内外媒体和文艺界的广泛关注。三是强化服务保障“助”。以提供最大便利、最优服务、最强保障为原则，举全市之力为影视剧目拍摄做好演出场地提供、群众演员组织、后勤保障协调等各项服务保障工作。成立张掖市影视协会，建立影视信息资源库，为各影视公司和剧组创拍提供了便利。在拍摄电视连续剧《一个都不能少》期间，市委、市政府统一调度、统筹安排各相关部门和县区全程参与配合，主动做好协调服务，七彩丹霞、平山湖大峡谷、速展村、梨园新村等一些特色鲜明的“张掖元素”全面真实地展现在了全国广大电视观众面前。

大型秦腔现代戏《民乐情》剧照

打好“红色文化”牌，着力传承红色基因。2019年8月20日，习近平总书记在参观中国工农红军西路军纪念馆时指出，要讲好党的故事，讲好红军的故事，讲好西路军的故事，把红色基因传承好。为此，张掖市委、市政府深入学习贯彻习近平总书记重要指示精神，把红军西路军征战河西的伟大壮举作为文艺精品创作生产的“源头活水”，积极鼓励支持开展红色文艺精品创作，一系列反映红军西路军征战河西的文艺精品陆续呈现。电影《浴血誓言》在京首映、《血战高台》被列入国家电影局重点影片统筹拍摄，秦腔现代戏《肝胆祁连》正式上演并荣获第六届甘肃戏剧红梅奖大赛“剧目奖”第一名，秦腔轻喜剧《香飘百果岭》启动创排，《深切的关怀·巨大的鼓舞》纪念册编辑完成。支持创作《雪域红歌》《白龙驹》《西风烈》等中长篇小说9部，撰写整理《董振堂》《华全双》等红色故事70余篇，拍摄《永远的军魂》《血染的道路》等电视专题片5部，编辑出版《张掖红故事》《西路军革命精神研究》《西路军史料》等书籍20多种。同时，深入挖掘历史文化资源，将其中一些鲜活的历史人物和典型事迹作为基础素材进行创作拍摄。近年来，根据高金城烈士事迹创作的电视连续剧《大营救》、秦腔现代戏《肝胆祁连》，以及根据民乐县原县委书记韩正卿先进事迹改编创作的秦腔现代戏《民乐情》，受到了广大观众的热烈欢迎和一致好评。《民乐情》相继荣获全国“白玉兰奖”、“第十六届文华奖提名剧目奖”和“敦煌文艺奖”等奖项。

打好“裕固风情”牌，着力彰显民族特色。裕固族是甘肃独有的少数民族，有着悠久的历史和古老的文化。张掖市作为裕固族群众的主要聚居区，始终把传承发展裕固族文化作为文艺精品创作的一项重要内容，深入挖掘提炼裕固族特色文化精髓，着力打造全国独有的裕固族风情文艺精品创作生产品牌。深度聚焦祁连山生态环境保护修复与农牧民生产生活方式转变、裕固族文化传承在历经阵痛和冲突后的和谐共生这一素材开展文艺创作，电影《爱在夏日塔拉》作为“伟大的时代”主题电影在CCTV-6电影频道黄金时段播出，《天盖勒》在京召开剧本研讨会。积极开展对外文化交流活动，肃南裕固族自治县歌舞团先后代表省和国家赴德国、突尼斯、以色列、波兰、匈牙利等国开展文化交流演出；歌舞剧《裕固族姑娘就是我》《裕固族盛装舞》等相继在韩国“首尔·中国日”、“埃及·甘肃文化周”、第五届全国少数民族文艺会演、第十一届全国优秀舞蹈节目展演、全国第十七届“群星奖”决赛上展示交流，并在央视《魅力中国城》《春晚倒计时》《黄金100秒》等栏目多次亮相，裕固族文艺精品创作成果已成为张掖市乃至全省、全国开展对外文化交流的一张亮丽名片。

❖ 裕固族歌舞剧《裕固族姑娘就是我》剧照

打好“人才资源”牌，着力强化队伍建设。张掖市委、市政府高度重视文艺人才的“引”和“育”，采取“请进来”与“走出去”相结合的方式，让市域外人才和本地人才皆“为我所用”。在域外人才引进方面，将业内知名人士来张掖创拍作为提升剧目档次、宣传推介张掖的重要途径，先后邀请国内著名导演和表演艺术家等来张掖创拍，有力推动了全市文艺精品创作生产从“高原”向“高峰”迈进。在本土人才培养方面，每年选派100多名文艺骨干和乡土文艺人才参加国家和省市各类培训，业务水平得到有效提升。充分发挥张掖籍著名歌唱家、“全球华人三大男高音”之一丁毅，裕固族“萨尔组合”等地方文化名人的“领头雁”作用，引领带动一批年轻文艺工作者成长成才，并推荐他们加入到各文艺家协会和团体队伍当中，全市文艺人才队伍日益壮大。截至2021年，全市有青年创作人才1176人，取得中级以上职称专业人员130多人，各文艺家协会会员3800多人，其中加入中国书协、中国美协等国家级文艺家协会的有51人。

新疆维吾尔自治区昌吉回族自治州：奏响“四部曲”谱写文艺事业新篇章

文艺是民族精神所发的火光，也是引导民族精神前途的灯火。为进一步贯彻新时代党的治疆方略，深入开展“文化润疆”工程，将文艺工作这首曲子唱得响亮起来，拥有多元文化底蕴的昌吉回族自治州以政策保障、平台搭建、队伍建设和品牌打造4个方面为着力点，全面推进文艺事业繁荣发展。

建强体制机制，谱好政策“主题曲”。党的领导是社会主义文艺发展的根本保证。近年来，昌吉州党委不断加强和改进党对文艺工作的领导，把文艺工作纳入重要议程，健全机制、完善政策，坚持“一手抓激励，一手抓扶持”，主动为文艺创作“铺桥架路”。一是顶层设计“有高度”。制定实施《昌吉州文艺创作三年行动计划（2019—2021年）》《昌吉州文艺创作行动计划（2022—2025年）》，从选题立项、过程监管、成果认定3个阶段对创作项目进行系统规划、动态管理，从导向上解决了“创作什么”的问题。二是把握主题“有深度”。坚持以人民为中心的创作导向，紧紧围绕新中国成立70周年、中国共产党成立100周年等主题主线，定期召集文艺创作相关单位协商确定阶段性重点选题，不断完善题材规划和选题策划制度，对极具潜力的作品从选题、策划阶段开始积极参与、校正打磨，确保了创作成果的精品率。三是项目扶持“有力度”。通过“以奖代补、购买服务、项目资助”等形式，不断加大资金扶持力度。制定实施《昌吉州文学艺术创作扶持办法》《昌吉州文艺扶持奖励项目管理办法》，累计划拨专项资金3000余万元，用于支持原创性作品、重大现实题材创作。州级层面设立文艺“奋飞奖”，各县市分别设立“瑶池奖”“飞马奖”“北庭奖”“金凤奖”等多个文艺评选奖项，政策的创新产生了“井喷”效应，300余部优秀文艺精品创作在评选表彰中脱颖而出，极大激发了本土文艺工作者的创作热情。

搭建文艺平台，弹好交流“奏鸣曲”。交流展示是文艺作品实现影响和价值最大化的重要手段，昌吉州不断开辟渠道和载体，全方位搭建文艺交流展示平台。一是文化活动精彩纷呈。整合多方资源，推出大型音乐史诗“壮丽 70 年　奋斗新时代”“前进吧　中国共产党”等主题文艺晚会，打造大型实景音乐剧《别失八里》《千回西域》等经典剧目，为本土文艺团队和原创文艺作品提供展示平台。每年组织开展春节联欢晚会、新年音乐会、农牧区文艺会演等各类文化活动 2000 场次以上，推动基层文艺创作事业蓬勃发展。二是文化交流互融互通。充分发挥援疆文化资源优势，大力引进精品舞台剧目来昌交流演出；积极开展经典剧目巡演、参与“全国基层院团戏曲会演”等文化交流活动，通过互鉴互赏、互学互促，不断提升本土文艺创排能力和水平。三是文化阵地夯基垒台。全面巩固国家公共文化服务体系示范区创建成果，持续加强“三馆一站”、乡镇、村（社区）综合文化服务中心、乡村文化大舞台、农村文化大院等文化阵地的“建管用”。依托独特的

❖ 昌吉州庆祝中国共产党成立 100 周年“前进吧　中国共产党”晚会

地域资源优势，高标准打造新疆大剧院、文化新区、木垒书院、平山书院、小分子画家村等一批具有鲜明特色的文化阵地，定期举办文化沙龙活动，吸引百余名国内外知名艺术家定期采风写生。

培育文艺队伍，奏好人才“进行曲”。文艺事业的繁荣发展，关键是文艺人才的发掘与培养。昌吉州打破地域和行业限制，通过项目制、聘用制、培训制、合作制等多种形式，吸引各类优秀人才、优质资源向昌吉聚集，打造出一支充满生命力的文艺队伍。一是建强队伍，让文艺战线“站得稳”。突出政治导向，把政治强、有才情、业务精、敢担当的干部放在领导岗位上，选好配强文艺战线领导班子；突出能力导向，增加近300个非固定编制、公益性岗位，选拔一批懂业务、能干事、有想法的骨干力量。二是强化能力，让文艺工作者“立得住”。邀请全国名家大师传经送宝，借助对口援疆资源，与山西戏曲职业技术学院和艺术职业技术学院签订委培合同，定向培养70余名戏曲、舞蹈专业人才，累计选送64名文艺骨干参加“春雨工程”等培训，120多名业务骨干赴援昌省份跟班培训，全面实现“创导排演”的本土一体化运作。三是以点带面，让文艺事业“走得远”。创新实施“庭州文化名家计划”，先后挂牌成立7个高层次人才工作室，以点带面，辐射带动全州文艺人才培养和文艺理论研究工作。出台《昌吉州群众文艺团队奖励扶持办法》《昌吉州文化志愿者管理办法》，每年累计培训文艺人才3000余人次。截至2021年，昌吉州共有国有艺术表演团体5个，群众文艺团队635支，基层文化带头人2300余人，文艺志愿者近万人，逐步形成了老、中、青三代梯次完整、承接有序的人才队伍格局。

打造文化品牌，唱响特色“交响曲”。文艺源于人民、为了人民、属于人民。昌吉州立足本土，深耕精品，构建特色文化品牌矩阵，让文艺创作真正惠及群众，落地到人民中去，为各族人民群众送上品类丰盛的“文化飨宴”。“天山画卷”绘风采。聘请李山、岳敏君、张永和等全国知名画家与本土艺术家组成创作团队，围绕“新中国成立 70 周年”，绘制“天山画卷·丝路昌吉”70 米连续油画长卷，分别在北京、福建、山西等地展出，受到了业内外群众的一致好评。围绕“建党 100 周年”，2021 年推出“天山画卷”系列“时代昌吉”百米油画长卷、“史话昌吉”系列连环画、“遇见昌吉”摄影作品展和“全景昌吉”数据工程 4 个项目，多视角展示昌吉州的历史沿革、人文景观，累计观展人数达 3 万余人次。“丝路丛书”彰底蕴。以项目化运作的方式，邀请刘亮程、巫新华等全国知名专家学者组成创作团队，倾心打造《丝绸之路文化丛书》，用文学笔触刻画昌吉州各时期、各地域独特的历史文化风貌，其中 4 本纳入新疆维吾尔自治区“东风工程”，配送至全疆各村（社区）。新疆曲子唱新篇。2006 年新疆曲子被列入首批国家级非物质文化遗产保护名录，昌吉州充分发挥新疆唯一的汉语系地方剧种优势，大力融合多民族文化艺术特色，新疆曲子已成为新疆各族群众文化生活中的重要组成部分。近年来创编的《哈哈泉子的户儿家》《戈壁花开》《金子般的心》等多部优秀剧目获国家艺术基金创作资助项目，并入选“全国基层院团戏曲会演”。2014 年，昌吉州新疆曲子剧团被国家文化部确定为“全国地方戏创作演出重点院团”。从微光凝聚成火炬，从溪流汇集成大海。近年来，昌吉州充分发挥文艺立心铸魂的重要作用，大力推动文艺事业蓬勃发展，相继推出了一大

❖ 新疆曲子剧《戈壁花开》剧照

批反映中华优秀传统文化、人文精神、人民生活的文艺精品，极大满足了各族人民群众的精神文化需求。

案例分析

文章合为时而著，歌诗合为事而作。在新时代新征程上，推动社会主义文艺事业繁荣发展，必须紧跟时代步伐，以充沛的激情、生动的笔触、优美的旋律、感人的形象创作生产出更多更好的优秀作品，充分发挥文艺工作以文化人、以文育人、以文培元的重要作用。河南省郑州市金水区、甘肃省张掖市、新疆维吾尔自治区昌吉回族自治州深入学习贯彻习近平总书记关于文化文艺工作的重要讲话和指示批示精神，结合各自实际，扎根生活沃土，立足群众需求，积极创新载体，在推动文艺事业繁荣发展方面作了许多有意义、有亮点、有成效的实践与探索，总结了一套可借鉴、可复制、可推广的典型经验和做法。

注重强化政策扶持保障。积极的政策扶持是提升文艺创作活力、繁荣发展文艺事业的重要推手。进入新发展阶段，要通过灵活多样的政策扶持措施，激发各文艺团体和广大文艺工作者开展文艺精品创作的内生动力。河南省郑州市金水区建立考核机制，出台细化考核办法，最大限度调动街头艺人的积极性、主动性。同时合理配置各方资源，提供更多专业培训指导，有效提升了服务保障质量。甘肃省张掖市配套出台政策文件，设立表彰奖项，加大资金扶持力度，通过以奖代补的方式支持文艺精品创作生产，扩大张掖市在影视行业的吸引力、影响力。新疆维吾尔自治区昌吉州注重文艺创作中的长远规划和政策扶持，设置具有地方特色的文艺奖项，为文艺事业繁荣发展提供了重要保障。

注重深化文旅融合发展。宜融则融、能融尽融，以文促旅、以旅彰文，是文化旅游融合的精髓所在。三地均把文化作为推动本地旅游产业发展的重要引擎，找准文化旅游的切入点、交汇点，以开展各具特色的文化旅游品牌活动为载体，着力提升公众文化旅游品位，实现文旅事业互促双赢、共同发展。河南省郑州市金水区把街头艺术表演作为展现城市新标识的重要方式，推动形成了新的文化景观和文化资源，打造了新的文化品牌和文化地标。甘肃省张掖市以电影、电视剧等形式将本地得天独厚的自然景观和独特的民族风情展现在全国观众面前，“圈粉”无数，近年来游客接待量、旅游综合收入呈快速增长态势。新疆维吾尔自治区昌吉回族自治州以打造文化村落、举办文化沙龙活动为重要引擎，有效提升自身知名度，吸引了一大批文艺名家来昌吉采风写生，为昌吉文艺事业发展注入了源头活水。

注重优化人才队伍建设。人才是推动文艺事业繁荣发展的第一资源，也是推进文艺文化改革创新的关键因素。能不能生产出好的文艺产品，重点看创作团队。开阔用人视野，运用市场机制，不求所有，但求所用，聚天下之才而用之，是各地各部门加强人才队伍建设的必要手段。河南省郑州市金水区深入融合互联网信息平台，建立科学合理的艺人选拔管理机制，不拘一格降人才，在全社会范围吸引了大批文艺人才各展其能。甘肃省张掖市通过“请进来”与“走出去”相结合的方式，让市域外人才和本地人才皆“为我所用”，着力壮大文艺人才队伍。新疆维吾尔自治区昌吉回族自治州创新人才管理机制，打破地域限制和行业限制，吸引各类优秀人才、优质资源聚集。

综合以上3个案例，有共性特点，但也各具特色、有其独到之处。盛世兴文，文兴伟业。置身新的时代舞台，文艺事业大有可为、前景广阔，在推进文艺事业繁荣发展的新征程上，我们还需极力破解文艺领域价值扭曲、浮躁粗俗、娱乐至上、唯市场化，文艺创作生产有数量缺质量、有“高原”缺“高峰”，新的文艺组织和文艺群体引导、管理、服务体制机制、手段方法改革创新不够等问题。为此，各文艺团体和广大文艺工作者必须坚持以习近平新时代中国特色社会主义思想为指导，牢记为时代画像、为时代立传、为时代明德的根本要求，创作推出一批思想精深、艺术精湛、制作精良的优秀文艺作品，在与人民同行、和时代共进中努力开创文艺事业“百花齐放、百家争鸣”的盛世局面。

启示与思考

文化是民族的精神命脉，文艺是时代的号角。人类社会的每一次进步，都表现为文化的进步。而文化的繁荣兴盛，离不开文艺事业的发展推动。优秀的文艺与伟大的时代密切相关，相辅相成。河南省郑州市金水区、甘肃省张掖市、新疆维吾尔自治区昌吉回族自治州的案例，启示我们坚定文化自信，推动文艺事业实现更大发展，要坚持以习近平新时代中国特色社会主义思想为指导，深入学习贯彻习近平总书记关于文化文艺工作的重要论述，牢记职责使命，多出优秀作品，强化文艺精品创作引领，加强文艺为民惠民乐民。

强化政治意识，把牢“定盘星”。党的领导是社会主义文艺发展的根本保障，应该说，当前文艺事业要围绕中心服务大局有站位。我们要始终把新时代新思想的宣传贯彻作为首要政治任务来抓，唱响主旋律，打好主动仗。党的十八大以来，以习近平同志为核心的党中央把文化建设、文艺工作摆在党和国家事业重要位置，深入总结新时代文艺工作面临的新实践、新要求，深刻回答事关社会主义文艺事业发展的方向性、根本性、战略性重大问题，推动中国特色社会主义文艺发展开启了崭新局面。为国家立心、为民族铸魂、为人民立传是文艺工作的神圣职责。要树立高度的文化自信，高扬我们的文化旗帜，坚守我们的文化立场，彰显我们的文化优势，以文化的自信建设自信的文化，凝聚实现中华民族伟大复兴的精神力量。要用社会主义核心价值观引领文艺创作生产，坚持正确的历史观、民族观、国家观、文化观，弘扬中华优秀传统文化、红色文化和社会主义先进文化，引导全社会树立正确的价值追求。要树立以人民为中心的创作导向，唯有坚持为人民服务、为社会主义服务的根本方向，以高水准的作品滋养心灵，用高品质的文化塑造精神，凝聚起全面建成小康社会、实现民族复兴伟业的磅礴力量，文艺才能在服务人民、书写时代中打造精品、创造经典、铸就永恒。

强化精品意识，争当“排头兵”。坚定文化自信，用文艺振奋民族精神，是文艺工作者必须肩负的历史担当。广大文艺工作者，要不断推进文艺创作生产，打造高原高峰。实施文艺精品战略，围绕全面建成小康社会、中国共产党成立 100 周年等重要节点和重大事件，围绕中心工作，规划和扶持一批重大文艺工程、重点文艺创作项目，努力推出一批展现中国精神、中国价值、中国力量，讴歌党、讴歌祖国、讴歌人民、讴歌英雄的精品力作。精心打造品牌文艺活动，要把创作生产优秀作品作为文艺工作的中心环节，提高质量作为文艺作品的生命线。文艺创作方法有一百条、一千条，但最根本、最关键、最牢靠的办法是扎根人民、扎根生活，要坚持以人民为中心的创作导向。要聚力文化精品创作生产，提升文艺创新创造能力，推动实现从“高原”到“高峰”的突破，努力写出中华民族新史诗。

强化责任意识，管好“责任田”。当代中国，江山壮丽，人民豪迈，前程远大。时代为我国文艺繁荣发展提供了前所未有的广阔舞台。推动社会主义文艺繁荣发展、建设社会主义文化强国，广大文艺工作者义不容辞、重任在肩、大有作为。广大文艺工作者只有增强文化自觉、坚定文化自信，以强烈的历史主动精神，积极投身社会主义文化强国建设，坚持为人民服务、为社会主义服务方向，坚持百花齐放、百家争鸣方针，坚持创造性转化、创新性发展，在培根铸魂上展现新担当，在守正创新上实现新作为，在明德修身上焕发新风貌，才能肩负起举旗帜、聚民心、育新人、兴文化、展形象的使命任务，为实现第二个百年奋斗目标、实现中华民族伟大复兴的中国梦提供强大的价值引导力、文化凝聚力、精神推动力。文艺工作者是人类灵魂工程师，以文化人、责任为大。要带头践行社会主义核心价值观，坚守社会责任、注重人格修为、追求德艺双馨。要严肃认真考虑作品社会效果，坚持把社会效益放在首位，讲品位、讲格调、讲操守，敢于向炫富竞奢的浮夸说“不”，向低俗媚俗的炒作说“不”，向见利忘义的陋行说“不”，努力成为良好社会风尚的引领者。同时，必须勇担新使命，创作出满足人民文化需求和增强人民精神力量的文艺作品，触及人的灵魂、引起人的共鸣。不能只追求流量，忽略质量；只有拥有了质量，才能赚得流量。要实现质量与流量的双赢，让新时代文艺作品的百花为人民绽放。

拓展阅读

1. 中国文联党组:《谱写社会主义文艺事业繁荣发展的辉煌篇章》,《求是》2018 年第 19 期。

2. 李屹:《新征程上文艺工作的光辉指南》,《求是》2021 年第 11 期。

思考题

1. 如何更好引导文艺工作者提升自身修养，弘扬行风艺德、树立良好社会形象?

2. 如何充分发挥德艺双馨的文艺工作者引领带头作用，更好培养信念坚定脚踏实地的青年文艺工作者?

3. 在用情用力讲好中国故事及向世界展现可信、可爱、可敬的中国形象方面，怎样发挥文艺工作者的主观能动性?

七

守正创新，做大做强电影产业，推动影视业高质量发展

只有把美的价值注入美的艺术之中，作品才有灵魂，思想和艺术才能相得益彰，作品才能传之久远。要把提高质量作为文艺作品的生命线，内容选材要严、思想开掘要深、艺术创造要精，不断提升作品的精神能量、文化内涵、艺术价值。

——2021 年 12 月 14 日，习近平总书记在中国文联十一大、中国作协十大开幕式上的讲话

文化产业既有意识形态属性，又有市场属性，但意识形态属性是本质属性。一定要牢牢把握正确导向，坚持守正创新，确保文化产业持续健康发展。

——2020 年 9 月 17 日，习近平总书记在湖南考察时的讲话

随着人民生活水平不断提高，人民对包括文艺作品在内的文化产品的质量、品位、风格等的要求也更高了。文学、戏剧、电影、电视、音乐、舞蹈、美术、摄影、书法、曲艺、杂技以及民间文艺、群众文艺等各领域都要跟上时代发展、把握人民需求，以充沛的激情、生动的笔触、优美的旋律、感人的形象创作生产出人民喜闻乐见的优秀作品，让人民精神文化生活不断迈上新台阶。

——2014 年 10 月 15 日，习近平总书记在文艺工作座谈会上的讲话

引言

电影作为综合性视听艺术，是弘扬民族精神、彰显文化自信、推动文化强国建设的重要载体。2021 年中国电影市场涌现出了一大批叫好又叫座的精品力作，票房蝉联全球第一，中国正由电影大国向电影强国迈进。同时也要看到，近些年，受消费结构转变、新冠肺炎疫情蔓延等因素影响，全球电影产业遭遇困境。面对巨大的危机挑战，在我国各项政策红利的积极推动下，一些地区牢牢把握机遇、勇于迎接挑战，持续创新探索电影产业发展新模式新路径。

典型案例

北京市怀柔区："十大聚焦"打造科影融合"中国影都"

北京市怀柔区深入学习贯彻习近平总书记关于宣传思想工作的重要论述，围绕服务首都"四个中心"，聚焦综合性国家科学中心，充分发扬"科学一百年，奋斗每一天"的新时期怀柔精神，以影视文化科技融合为主线，努力建设首都影视产业高地和文化科技融合示范基地。

立足资源优势，注重科学规划强化政策扶持。一是聚焦核心资源，引领影视产业创新发展。2006 年 12 月，中国（怀柔）影视产业示范区被认定为北京市首批 10 个文化创意产业集聚区之一。2014 年 5 月 4 日，原国家新闻出版广电总局批复同意设立示范区。2015 年 4 月 16 日，示范区揭牌成立。规划面积 6.99 平方公里，以中影基地、北京电影学院新校区为核心，吸引中影、博纳、阿里、海润、爱奇艺等 600 多家影视及关联企业集聚。截至 2021 年，核心区已累计完成投资近 80 亿元，投用项目包括中影基地、铜牛影视小镇、百汇演艺学校、老爷车博物馆、国际影人酒店、影创空间、光华视觉园等，累计接待剧组拍摄制作作品 3000 余部，《长津湖》《战狼 2》《流浪地球》《中国机长》等高票房影片在怀柔拍摄或后期制作，被誉为"中国影都"，成为推进全国文化中心建设的重要承载地。二是聚焦空间规划，科学擘画影都城市形态。对标国际一流影视城市设计标准，编制实施具有国际影响、时尚原色的中国影都“十四五”行动计划和杨宋镇“十四五”规划及街区控划。统筹规划功能布局，积极盘活存量、有序开发增量，加速北京电影学院二期、中影二期、阿里文娱等重点项目进度，打造影视文化产业核心区、文旅融合产业区、文化娱乐综合消费服务区、科技创意生产区。规划建设国际学校、高端医疗、保险金融、特色旅游等服务机构，不断提升城市配套服务功能。三是聚焦重点项目，优化中国影都产业布局。北京电影学院新校区一期投入使用，9月，首批9个院系1400名师生入驻。二期工程计划2023年全部建成投入使用。中影基地二期计划建设包括中国剧场、电影主题公园等板块，同时建设高标准影院、商业、餐饮、酒店、停车等配套设施和科技艺术馆群。博纳影业怀柔基地拟建设集总部管理、研发制作、大师团队工作室、会议活动、商务配套功能于一体的产业基地。阿里文娱基地拟建设综合

❖ 中影基地俯瞰图

演出艺术馆及互动艺术中心，打造集后台服务、内容制作、特效服务、产品研发、网络推广、交流展示于一体的多功能产业综合体。制片人总部基地二期开工建设，建成后将成为国内领先的影视文娱 IP 主题商业街区。怀柔南站 TOD 站前广场以电影元素为核心，构建时尚消费、商务服务、泛文创休闲、旅游服务、产业聚落等“五大消费场景”，逐步建成零时差把握国际时尚消费脉络的潮流新地标、消费新高地。

立足产业优势，完善机制建设提升服务质量。一是聚焦数字经济，构建科影融合产业业态。紧盯首都影视文化发展优势和文化产业数字化发展趋势，依托怀柔科学城等头部企业以及华录、楚天云等大数据服务机构，聚焦创新影视、互动演艺、视听传媒、动漫游戏、创意设计、边缘数字等领域，完善产业链，促进新增长，努力构建数字制作、数字传播、数字交易、数字教育的“四新场景”，布局建设新兴产业研发基础平台、高科技拍摄基地、国际数字影视数据中心和版权保护交易中心，高标准建设影视数字产业高地，培育发展新型影视文化业态，全力打造全球数字经济标杆城市战略支点的桥头堡。二是聚焦营商环境，提供量身定制精准服务。坚持以高质量发展为主题，推出跟踪重点企业、亲清管家等一系列政府服务措施，主动上门、定期走访，持续优化营商环境。2016 年 8 月，影视产业示范区 O2O 创新创业服务平台正式运营，突出一站审批、宣传展示和管理服务三大功能，设置综合服务、行政审批、创业指导、项目协调、剧组服务和宣传推广 6 个窗口，建立从企业注册、建设、运营到影视拍摄、制作、发行的全产业链服务体系。三是聚焦“两区”建设，挂牌国际影视摄制服务中心。2018 年 5 月 30 日，政务服务站在 O2O 创新创业服务平台正式运营，集合电影剧本（梗概）备案、国产电影片审查、设立广播电视节目制作经营单位许可等15项影视审批事项，为影视剧组提供“一站式”服务。中国（怀柔）影视产业示范区成立国际影视摄制服务中心，于2021年5月28日挂牌，重点围绕剧组接待、资源对接、政策咨询、手续办理、宣传推介等，梳理五大类、18项重点任务、31项服务事项，为境内外影视摄制项目提供一站式、高品质服务。四是聚焦国际消费，打造中心城市“微中心”。全面培育影视文化+现代服务体系，推动科技、艺术、教育、商业、旅游等业态赋能，构建全新业态及商业模式，持续放大影视文化产业价值。聚焦国际交流、人才培养、文旅消费、影视制作等功能，重点打造以京沈客专怀柔南站TOD为核心，中影基地主题乐园、北京电影学院为主要商圈，香水城、制片人总部基地沉浸式商街、鹿世界、老爷车博物馆等为基点的“一核两圈十片区”消费空间，大力发展“首店经济”“影人经济”“网红经济”“夜间经济”和“主题商街”，推动一批文化科技龙头企业和原创文化消费机构聚合发展，全力打造国际消费中心城市“微中心”。

立足区位优势，打造秀美生态提升品牌效应。一是聚焦品牌活动，中国影都影响力不断提升。北京国际电影节七大板块中，开闭幕式、红毯、天坛奖评奖、电影嘉年华4个主板块长期落户怀柔。电影嘉年华自2015年起整体迁入怀柔，2021年以“科创怀柔，逐梦光影”为主题，围绕做足“夜游、夜娱、夜购、夜宴”的夜经济文章，引入46项科影融合体验活动，打造“灯如昼，越夜越精彩；花如潮，越夜越狂欢”的影视文化盛宴。北京电视节目交易会自2009年秋季签约落户怀柔，每季参会的制作播出机构、推介的电视剧目和参会人数均不断扩大，品牌影响力逐年扩大。北京国际文博会自2006年举办以来，怀柔均以“中国影都”为主题亮相，2021年在国际服务贸易交易会上成功召开怀柔专场发布会，签订合作项目12个，年内执行金额预计3亿元。同时，加强与瀚海洛杉矶产业园在论坛、项目和教育培训等方面的合作。首届“竞技世界杯”影视文创大赛于2018年成功举办。深挖“来影都过周末”内涵，打造影都高品质文旅IP消费基地，持续丰富影都文化活动消费供给。打造“世界级影视创意文化及消费力中心，全球沉浸式活力新地标”——北京市怀柔南站TOD项目，弘扬中国文化魅力，发展国际影视及创意文化消费，展示中国影都“永不落幕”的影视文化新场景。二是聚焦空间供给，有效盘活影都闲置资源。2016年，“影创空间”产业孵化平台正式投用，旨在孵化影视企业和影视IP，吸引上下游资源集聚，为影视人才和企业提供创作、创新、创业的优质环境。在加快推进土地开发的同时，对示范区内现有国有用地、农村集体建设用地进行摸底调查，建立资源项目库等服务平台和文化企业准入评估机制，引导区域现有低端低效企业有序盘活。采取分类分期分批逐个推进，盘活杨宋等区域闲置或待转型厂房土地空间资源，向重点影视企业和生产生活配套企业供应。引导制造企业退出和转型，依托现有工业遗存与基础设施，结合影视文化产业发展进行改造利用。三是聚焦生态底色，打造影都秀美生态环境。秉持“影视+城”发展理念，构建产业高质量发展和乡村振兴城乡互补、协调融合的发展格局，打造“潮白水润、茂林修桐、美田弥望、影都雅韵”的秀美生态画卷和宜居生态影都。围绕凤翔公园提升改造，规划建设影都绿芯。推出“影都花海”2.0版本，扮靓怀柔南站、北京电影学院等新地标。结合中影二期项目，提升影都滨水活力。深挖美丽乡村、美丽街巷、美丽庭院内涵，聚焦“一村一策”和影都特色，完成四季屯、西树行等 9 个村美丽乡村建设。引入高端创新要素，以耿辛庄艺术家村为试点，建设一批科影主题小院。发展玫瑰庄园等高端农业，推动休闲观光、农业体验、亲子萌宠等业态融合，全面促进乡村振兴，扮靓影都生态底色。

浙江省东阳市：转危为机、激发动能，加快影视业高质量发展

2020 年以来，面对影视文化产业规范提升和新冠肺炎疫情影响等新要求、新挑战，横店影视文化产业集聚区认真对照习近平总书记赋予浙江“努力成为新时代全面展示中国特色社会主义制度优越性的重要窗口”的新目标新定位，正确认识和准确把握危和机的关系，坚持在扬优势、补短板、促提升中抢占先机、激发动能，寻求和创造新的发展机遇，全力加快构建产业新发展格局，推动产业实现高质量发展，向全国展示横店影视文化产业在面对诸多困难挑战下的强大韧性和弹性。

以“三个率先”打造统筹推进疫情防控和复工复产工作横店样本。一是率先暂停剧组拍摄。自 2020 年 1 月 22 日，湖北启动公共卫生事件二级应急响应后，集聚区敏锐地意识到疫情的严峻性，第一时间成

立疫情防控工作领导小组。在1月23日浙江启动重大公共突发卫生事件一级响应后，集聚区第一时间关闭了横店影视城所有景区并在全国影视拍摄基地中率先宣布所有剧组暂停拍摄。针对剧组人员众多、复杂的情况，开展多轮次、滚动式排查，确保不漏一人、不留死角，最终对留守横店的30余个剧组、6000余名剧组人员全部实行在所住宾馆就地隔离等严格的管控措施，避免因剧组拍摄而引发大规模交叉感染，有效切断了病毒传播途径，最终实现“零感染”“零病例”。二是率先出台帮扶政策。疫情对影视行业造成的影响尤为突出，特别是春节档影片全部撤档，在拍的影视项目全部停工，影视产业链从前端制作、拍摄到终端发行、营销全部停滞。为此，在全面排摸了解影视企业受疫情影响情况的基础上，出台《支持影视企业（剧组）渡过难关的十条措施》等系列扶持政策，从金融、税费、房租、拍摄成本、法

❖ 2020年3月，复工复产后首个在横店影视城开机拍摄的剧组《妈妈在等你》

律服务等10个方面为影视企业纾困解难，在此基础上又动员横店50余家影视配套服务公司主动让利，联名承诺以市场最低价向剧组提供灯光道具、器材租赁等服务，已累计发放帮扶资金超6000万元。三是率先实现复工复产。按照“两手都要硬，两战都要赢”的要求，在坚决抓好疫情防控工作的同时，按照“先试点后复工”和“人员安全、地点安全、全链条闭环管理”等原则，细化复工复产各项工作流程和操作规范，在确保安全可控的前提下，积极稳妥有序推进影视企业和剧组复工。在复工复产过程中，全面建立深化“三服务”、驻企服务员机制，当好防疫指导员、解困协调员、复工服务员、政策宣传员，协调解决影视企业疫情防控和复工复产遇到的困难和问题，推动尽快恢复正常生产秩序。复工复产工作得到了上级领导和新闻媒体的纷纷点赞，创造了一天五上央视，两天三场央视直播的“奇迹”。

以“懂影视的政府”打造影视业综合改革新高地。一是强化市场主体政治引领。疫情防控期间，集聚区主动引导影视企业为湖北捐款捐物，并通过捐赠影视作品播出版权形式，发挥影视作品温暖人心、凝聚力量的作用，展现了影视企业高度的社会责任感和文化使命感。全面实施“横店出品”战略，健全完善优秀作品奖励激励机制，加强内容原创能力建设，提高创作组织化水平，增强精品剧目持续供给能力，对获得“五个一”工程优秀作品奖、华表奖、金鸡奖等奖项的作品给予扶持奖励，引导鼓励影视企业千方百计抓创作，集中精力搞创作，把握中国共产党成立100周年等重要时间节点，提前做好谋划，创作出一批内容有厚度、思想有深度、情感有浓度的主旋律精品力作，以高质量的影视内容供给满足人民的精神文化需求。2020年，全国票房排名前十的影片中有6部为集聚区入区企业出品。二是发挥重大项目带动作用。全面谋划梳理集聚区“十四五”时期重点项目，建立总投资1250亿元的“521”项目库（54个产业发展类项目、20个集聚区能级提升类项目、14个软环境改善类项目），积极培育新业态、新模式，抢占发展制高点，并在此基础上实现项目动态管理。2021年，围绕推进产业支撑、招引强链补链、提升传统基地能级、产业数字化赋能、补齐产业配套短板5个方面，重点实施“65432+1”项目攻坚计划（6个产业支撑项目、5个强链补链招引项目、4个传统基地能级提升项目、3个产业数字化赋能项目、2个产业基础补短板项目和1个人才集聚项目），项目总投资达380亿元。2021年1—11月，已完成年度投资约18亿元，同比增长150%。三是创新影视内容创作与拍摄服务。专门针对电影及现代、当代、科幻题材类型的影视剧组出台摄影棚免场租费政策，同时围绕建党百年，全力保障献礼剧拍摄，专门开发升级电影级的梦外滩影视主题公园、年代景基地等270余个革命题材所需的拍摄场景，专门成立特别服务小组，优先满足献礼剧拍摄需求，吸引了《觉醒年代》《光荣与梦想》《大浪淘沙》等90余部重大献礼剧在横店拍摄，入区企业出品电影《长津湖》《你好，李焕英》分别排名2021年票房第一、第二，电视剧《山海情》揽获白玉兰奖最佳中国电视剧等4个奖项。四是强化数字创新驱动。充分运用浙江数字经济的领先优势，全面建设横店影视文化产业大脑，构建以“影视文化产业大脑+未来影视工厂”为核心、以“1+8+N”为整体框架的数字化改革体系，为产业高质量发展提供集公平有序、高效便捷、精准服务、科学决策、风险防控等于一体的综合应用平台，有效赋能决策科

❖ 2021 年 12 月 22 日，“光影耀百年　数智聚星辉”中国（横店）影视文化产业发展大会

学化、服务精准化、产业现代化。

以“一节两会”打造常态化疫情防控下中国影视行业复苏的标志。以“民营主体、市场运作、政府支持”为办节办会原则，统筹组织策划举办横店影视节、中国（横店）影视文化产业发展大会、横店影视文化产业博览会等系列活动。一是产业发展导向鲜明。2021 中国（横店）影视文化产业发展大会以“光影耀百年　数智聚星辉”为主题，旨在表达影视行业献礼建党百年、以数字化推动产业高质量发展，向社会各界尤其是影视企业传递横店将围绕共同富裕，通过数字化改革，进一步破解制约产业发展的深层次体制机制障碍，实现产业流程再造和制度重塑，再创产业发展新优势的信心和决心。二是活动内容首创首成。2020 年，首次举办横店影视文化产业博览会，是全国唯一的影视文化全产业链博览会。2021 年横店影视文化产业博览会整体招商以影视企业全产业链交流交易为内核，共吸引 200 多家国内外优

质影视企业、影视基地参展，展品数量超 5000 件，特装展位与标准展位比例达到 5∶6，特装展位面积占比 85%，现场意向成交额达 1.96 亿元，比 2020 年博览会增长 38.02%，参观人数超过 5 万人次，是 2020 年的 3.3 倍。2021 中国影视文化人才交流大会上，博纳影业、正午阳光等 70 多家影视企业提供了 1600 多个影视相关就业岗位，吸引了浙江大学、上海戏剧学院、武汉大学等高校的毕业生和影视中高端人才共 2000 多人参加。三是节展成效亮点纷呈。大会发布了《横店倡议书》，邀请陶玉玲、于冬、侯鸿亮等 8 名文艺工作者代表向全行业发出“做新时代爱党爱国崇德尚艺的文艺工作者”的倡议，《横店倡议书》得到了各大主流媒体的广泛转载，展现了横店在当前文娱领域综合治理中的责任担当。大会还发布了《2021 年中国影视文化产业人才发展报告》《横店影视文化产业指数》和横店影视文化产业大脑，进一步打造与国内其他影视节展差异化、特色化的开放平台，强化横店影视的行业影响力。

江苏省无锡市：敢为人先、同向发力，打造数字影视文化产业高地

无锡市积极顺应全球电影产业发展趋势，植根自身产业特色和资源禀赋，依托省、部共建的国家数字电影产业园，围绕“电影 + 数字技术”厚培优势，通过强化政策引领、加强平台载体建

设、深化行业交流等举措，在数字电影工业布局、产业链整合建设等方面取得明显成效，走出了一条电影产业发展的创新之路。

找准特色定位，走出“四个一”创新路径。近年来，无锡国家数字电影产业园坚持数字影视科技定位，重点发展以数字技术为代表的现代电影科技拍摄和后期加工产业，发展经验可以用“四个一”来概括：一是形成了一条完整产业链。产业园以数字影视制作为核心，现已建成15座国内领先、国际标准的专业影棚，具备虚拟拍摄、3D拍摄、水下特效、同期录音等功能，能够满足高科技影片拍摄需求。产业领域覆盖影视项目申报、剧本开发交易、影视金融投资保险、拍摄制作、出品发行、影视科技体验等各关键环节，构建起一整套现代影视工业体系，每年承接立项影视剧300余部，承接影视剧拍摄制作200部以上，电影产业产值近70亿元，税收近6.5亿元。二是集聚了一批知名影视企业。注重孵化和引进规模型、领军型、潜力型企业，截至2020年6月，园区注册企业超过1500家，涵盖维塔、倍飞视、诺华视创等国际顶尖的后期制作团队和灵动力量、天工异彩、亿和科技、星皓影业等知名影视企业。极具潜力的发展前景，吸引了更多社会资本前来投资，华贸集团、中科云网、恒信东方等企业对园区投资总计约50亿元。三是推出了一批高质量作品。先后拍摄出品《捉妖记》《西游记》《中国机长》等一批票房和口碑俱佳的影视作品，完成了《流浪地球》《夺冠》《金刚川》《变形金刚》等影视作品的后期制作，录制了《幻乐之城》《中国新说唱》《明日之子》等一批热播综艺栏目，一批影片还分别获得华表奖、金鸡奖等重要奖项，“无锡出品”成为众多优秀影视作品的鲜明标签。四是打造了一批重大品牌活动。无锡市把打造品牌作为增强影视产业聚集力的重要举措，承接或主办了中国国际智能传播论坛、苏港影视交流活动系列特色影视产业活动，其中，自 2017 年起，依托产业园连续举办了五届中国 · 江苏太湖影视文化产业投资峰会，以“新融合 · 新引擎”“5G 时代数字影视的发展未来”等为主题，为管理部门、行业协会、投资机构、影视公司搭建对接洽谈平台，为投资人、制片人、编剧、导演、演员、影评人创造互动交流机会，进一步吸引更多影视剧项目落地无锡，为本地影视产业长期健康发展营造良好环境。

❖ 无锡国家数字电影产业园科技摄影棚俯瞰

着眼发展大势，立足“五个看”深度赋能。无锡市始终坚持正确方向，紧跟文化产业发展“风向标”，主动承接国家和省电影产业改革任务，在推动电影产业高质量发展中探索无锡方案、贡献无锡力量。

一是看政策导向。近年来，《中华人民共和国电影产业促进法》《关于加快电影院建设促进电影市场繁荣发展的意见》等法律政策的颁布实施，促进了电影产业持续繁荣发展，也为无锡电影产业转型升级提供了坚实政策支撑。2020年，新冠肺炎疫情发生后，中央和各省为积极应对疫情对影视行业产生的负面影响，先后出台一系列扶持政策。2020年2月，江苏省委宣传部、江苏省电影局等8个部门联合发布了“苏影十条”政策，无锡国家数字电影产业园顺势出台了五大举措，在全国范围内率先出手助力影视行业提心振气、共渡难关。二是看价值引领。影视作为大众喜闻乐见的文艺形式，通过内容潜移默化地影响民众的价值观，是宣传思想文化工作必须牢牢占领的重要阵地。近年来，《战狼2》《我和我的祖国》等一系列作品实现了“主旋律 + 艺术审美”的完美结合，重塑了院线电影的魅力，也是产业园的发力点所在。三是看发展基础。影视产业能够辐射带动整个文化产业的发展壮大，提升城市影响力和文化竞争力。早在1987年，无锡就成为中国首批影视外景拍摄城市之一，每年都有五六十部影视作品在“唐城”“三国城”“水浒城”取景拍摄，开创了中国影视和旅游业的多个“第一”；这一过程中所形成的“影视 + 文旅”模式，对经济增长具有重要拉动作用，辐射效应与高附加值属性让影视产业成为无锡文化产业新的经济增长点。四是看自身优势。无锡位于沪宁杭大三角区的中心、苏南几何中心和沪宁中心节点，区位优势明显；拥有5A级景区4处、4A级景区30余处，吴文化、江南文化、运河文化、工商文化、山水园林文化交相辉映。目前共有各类国家级省级影视基地7个，基地之间形成了拍摄与制作、古典与现代、写实与写意错位互补的格局。五是看示范效应。充分发扬主动精神，积极抢抓发展机遇，2014 年，园区获评“国家级文化和科技融合示范基地”；2015 年，被评为“国家 4A 级景区”；2017 年，入选江苏首批特色小镇；2019 年，获批“江苏省版权贸易基地”“江苏省影视游戏版权贸易（无锡）基地”“江苏省电影产业创新实验区”。

擦亮文化品牌，依托“园区 +”开创新局。争创国家电影产业创新示范园区，是推动无锡宣传思想文化工作守正创新发展的务实之举。无锡市将以敢为人先的勇气和魄力，奋力推动影视文化产业迈上新台阶，以崭新文化品牌彰显城市文化软实力。一是探索“一条路径”：2020 年 12 月，无锡成立建设国家电影产业创新实验区工作领导小组，系统推进国家电影产业创新实验区建设工作，并完成《无锡市建设国家电影产业创新实验区工作方案》《无锡国家电影产业创新实验区发展规划（框架）（2020—2025 年）》。在国家电影局、省委宣传部的关心和指导下，有序推进建设工作，推动中国电影产业工业化体系向更高端迈进。二是聚焦“一个目标”：力争到 2035 年，集聚电影制作及相关企业 5000 家、头部企业 10 家，年产电影 500 部、电视剧 5000 集，实现影视剧及其他各类视听节目年产值 500 亿元以上，衍生品年产值 1500 亿元以上，成为千亿级数字影视产业高地，建设成为工业体系完整、数字技术领先、产业集群显著、市场交易规范、电影精品迭出、高端人才集聚、国际交流活跃、机制灵活高效的国内领先、国际一流的电影产业示范区。三是深化“两大建设”：建设电影制作工业化体系，探索形成作品类型化、制作标准化、管理现代化和创新规模化的现代电影工业化体系，建立一套以电影项目为核心，以财务、税务、法务、金融等方面的专业服务为支撑的标准化管理体系，并通过合规管理、完片管理、市场管理等方式共同推进中国电影的工业化发展；建设国家电影产业5G云平台，利用5G网络“高带宽、低延迟”特性和远程交互式操作技术，为影视企业提供异地多人实时远程协同的涵盖剧本创作、影视拍摄、DIT流程管理、云端剪辑等成整业务流程的云服务。四是实现“五大任务”：探索创新电影产业金融服务体系、电影版权服务中心、电影产业中介服务体系和规范标准，探索实施电影人才引进和培育工程，探索建设“电影文化公园”，展现无锡积极投身电影强国建设的使命担当。

案例分析

2020年9月17日，习近平总书记在长沙马栏山视频文创产业园考察时指出：“文化和科技融合，既催生了新的文化业态、延伸了文化产业链，又集聚了大量创新人才，是朝阳产业，大有前途。”“十四五”规划和2035年远景目标纲要明确提出，要实施文化产业数字化战略，加快发展新型文化企业、文化业态、文化消费模式。回顾新冠肺炎疫情防控期间，数字文化产业异军突起、逆势上扬，在疫情防控和经济社会发展中发挥了积极作用，展现出强大的成长潜力。本案例中北京市怀柔区、浙江省东阳市、江苏省无锡市深刻把握文化产业数字化趋势，走出了影视文化科技深度融合的示范发展之路。

引领风气之先，抢抓产业发展风口。宣传思想工作创新，重点要抓好理念创新、手段创新、基层工作创新。3个案例分别立足自身良好的影视产业发展基础，主动把握文化科技发展新趋势，瞄准国际科技前沿，选准主攻方向和突破口，打通了文化和科技融合的“最后一公里”，进一步激发了各类主体创新活力，为电影市场高质量供给提供了强有力的支撑。北京市怀柔区全面实施文化产业数字化战略，高标准规划建设中国影都，打造文化与科技融合发展示范基地，运用虚拟现实、增强现实等新技术，推动文化旅游产品向沉浸式体验转化，在影视科技创新发展上取得新突破。东阳市横店影视文化产业集聚区抢抓疫情催生的新发展机遇，充分依托浙江数字经济的领先优势，构建数字化改革体系，着力营造产业良好发展生态，提升产业核心竞争力。无锡市抓住国际电影数字化转型契机，指导国家数字电影产业园区以产业趋势为指引，以市场需求为导向，避开了传统影视基地的建设路径，避免了同质化竞争，走出了一条专业化、国际化、数字化的现代影视产业发展之路。

加强政策扶持，打造优质营商环境。习近平总书记强调，政府是市场规则的制定者，也是市场公平的维护者，要更多提供优质公共服务。宣传文化等部门要充分发挥自身职能，在政策引导、项目建设、融资服务、人才引进、宣传推广、培训指导等方面进行重点扶持，多措并举助力文化产业可持续发展。北京市怀柔区聚焦精准招商，出台完善招商激励政策，创新线上服务方式，完善中国影都功能，为企业提供精准、便利服务，建立健全全产业链服务体系。东阳市提出“最懂影视的政府”的鲜明口号，构建重大项目库并实施项目攻坚计划，多措并举为因疫情受困的企业纾困解难、提振信心、化危为机，安全有序推进企业复工复产，打造了“横店样本”的成功范例。无锡市持续优化对无锡国家数字电影产业园的扶持机制，积极构建服务平台，为入园企业提供全方位专业服务，创新影视剧行政受理机制，最大限度帮企业降低资金和人力成本，搭建起影视企业和政府之间的桥梁。

塑造鲜明品牌，持续放大溢出效应。文化品牌是一座城市的金字招牌和重要标志，是增强城市文化软实力的重要依托。怀柔区、东阳市、无锡市均在全国范围内最早对标国际通行方式，高标准打造可持续、常态化运营的影视活动品牌，助力影视产业培育新的增长点，为战略新兴产业和未来产业发展赋能增值。怀柔区积极争取北京国际电影节、北京电视节目交易会等落地，举办招商展会、项目创投、行业对话、签约仪式，借势提升中国影都品牌和影响力；东阳市积极培育壮大系列活动品牌，汇聚国内外知名影视企业、机构和基地等全国影视文化产业资源，进行影视制作、数字内容、拍摄放映设备、影视服化道等全产业链的集中展示；无锡市以举办影视文化产业投资峰会为契机，吸引政府引导基金、社会风投、民营投资等资本不断注入，推动影视与互联网、资本深度融合，带动影视文化全产业链的健康发展。与此同时，三地注重结合自身产业特点和优势，努力走出差异化、特色化、产业化的发展之路，持续放大活动品牌溢出效应。

在新冠肺炎疫情常态化防控背景下，我国影视行业如何在危机中育先机，于变局中开新局，做大做强电影产业，需要各地持续发力探索。要牢牢把握文化产业数字化发展大势，抢抓新一轮技术变革和产业数字化变革机遇，推动影视产业高质量发展。要坚持以人民为中心的导向，持续完善影视产业链，持续生产创作文艺精品，以高质量的文化供给不断丰富人民群众的精神文化生活，增强人民群众的获得感、幸福感。

启示与思考

新冠肺炎疫情作为突发事件，对影视业的影响可能是阶段性的，但由此带来的对影视业发展的启示却是深远的。进入后疫情时代，做大做强电影产业，只有全面准确把握当前电影发展的形势，坚定不移走高质量发展之路，注重在强弱项、补短板上下功夫，在提质量、增效益上求实效，才能在危机中育先机，于变局中开新局，开创影视业发展新的春天。

推动影视业高质量发展，抓好疫情防控是首要前提。随着疫情的暴发，影视产业链上下游遭遇重创，怀柔、横店、无锡等多家影视基地暂时关闭，影视剧组相继停拍，引发资金损失、项目停滞、档期冲突等问题。得益于党中央领导下的坚强有力的疫情防控举措，2020 年中国影视业率先在全球实现复工复产，并首次成为全球第一大票仓，展现出了极大的韧性。随着全球疫情持续演变，国内部分地区聚集性疫情时有发生，必须健全完善常态化疫情防控体系，科学处理常态化疫情防控和产业发展之间的关系，不断适应病毒变异带来的挑战，更好地统筹推进“当下治”与“长久立”。

推动影视业高质量发展，推进数字变革是引擎动力。产业工业化体系建设是实现影视业高质量发展、现代化发展的必由之路。随着工业化进程加速，电影从诞生初期的几个人手工作坊式的创作生产，到现在一部电影甚至需要几千人协作完成。怀柔、横店、无锡等影视基地重视发挥数字变革在影视产业工业化进程中的撬动引领作用，加大在影视拍摄技术、拍摄设备研发和大数据平台、高科技摄影棚建设等方面投入力度，着力提升产业科技创新能力，走出了一条产业数字化转型之路。影视制作基地是衡量电影工业化水平的重要因素，产业数字化转型影视业高质量发展提供了新的动能和机遇。面对新一轮科技革命和产业变革的浪潮，做大做强电影产业，必须把已经具备良好基础的影视基地做大做强，着力提升服务拍摄能力、后期制作能力和配套保障能力，加速缩小与先进国家影视产业之间的差距，最终实现弯道超车。

推动影视业高质量发展，扩大精品供给是源头活水。习近平总书记在文艺工作座谈会上指出，衡量一个时代的文艺成就最终要看作品。影视作品是深受人民群众喜爱的文艺形式，是国家文化软实力的重要标识，不仅对国民经济有着很强的拉动效应，而且在满足人民精神文化需求、传播主流价值观念、增强民族凝聚力等方面具有十分重要的作用。怀柔、横店、无锡等影视基地注重从加强电影创作生产入手，坚持以人民为中心的创作导向，纷纷出台一系列奖励扶持政策，推动创作生产了一大批优质电影作品。这也启示我们，做大做强电影产业，要抓住“出好片子”这个中心任务，聚焦中国精神、中国价值、中国力量，不断推进艺术创新，提高电影创作质量，努力为人民贡献更多思想精深、艺术精湛、制作精良的大片力作。

推动影视业高质量发展，做强国际传播是重大使命。电影是最好的国际语言，是促进人类文明交流互鉴最有效、最生动的载体。随着我国综合国力、国际地位的提升和文化软实力的增强，国际市场对中国影视作品的需求增长趋势显著，越来越多的国产影视作品在海外市场同步播映。怀柔、横店、无锡等影视基地注重融入外交外宣大局，借助国际电影节展等大型活动，加大中国优秀影片推介力度，在推动电影走出去、扩大国际影响力方面作出了积极贡献。这也启示我们，做大做强国内电影市场，必须坚持国际视野，坚守中华文化立场，加快推动观念和手段相结合、内容和形式相融合、艺术要素和技术要素相辉映，推动中华优秀传统文化创造性转化、创新性发展、影视化呈现，努力在世界电影格局中争取更多话语权和市场份额。

拓展阅读

1. 饶曙光、李国聪:《提质增效与升级换代：构建中国电影发展的新格局》,《中国文艺评论》2018 年第 6 期。

2. 焦玲玲、郭丹:《中国影视基地的发展现状与对策研究》,《电影文学》2020 年第 20 期。

3. 胡孝汉、王丹:《风景缘何这边独好？——中国电影在疫情后复苏的经验、价值与启示》,《中国电影报》2021 年 5 月 19 日。

4. 李霆钧:《用镜头书写美好中国　用银幕礼赞伟大时代——党的十八大以来主流电影创作回眸》,《中国电影报》2021 年 6 月 30 日。

思考题

1. 如何坚持社会效益与经济效益相统一，推动影视产业高质量发展？

2. 针对当前影视基地同质化发展、缺乏差异化核心竞争优势，突破难点在哪里？

3. 在当前新媒体迅速发展的背景下，推动电影线上线下相互“赋能”的关键环节是什么，有什么打通关键环节的办法？

八

以文塑旅、以旅彰文，推动文化和旅游融合发展

文化产业和旅游产业密不可分，要坚持以文塑旅、以旅彰文，推动文化和旅游融合发展，让人们在领略自然之美中感悟文化之美、陶冶心灵之美。

——2020 年 9 月 22 日，习近平总书记在教育文化卫生体育领域专家代表座谈会上的讲话

历史文化遗产是不可再生、不可替代的宝贵资源，要始终把保护放在第一位。发展旅游要以保护为前提，不能过度商业化，让旅游成为人们感悟中华文化、增强文化自信的过程。

——2020 年 5 月 11 日，习近平总书记在山西考察时的讲话

一个城市的历史遗迹、文化古迹、人文底蕴，是城市生命的一部分。文化底蕴毁掉了，城市建得再新再好，也是缺乏生命力的。要把老城区改造提升同保护历史遗迹、保存历史文脉统一起来，既要改善人居环境，又要保护历史文化底蕴，让历史文化和现代生活融为一体。老北京的一个显著特色就是胡同，要注意保留胡同特色，让城市留住记忆，让人们记住乡愁。

——2019年2月1日，习近平总书记在北京看望慰问基层干部群众时的讲话

引言

推动文化和旅游融合发展，不只是文化和旅游的简单相加，而是要明确为什么融、融什么、怎么融，充分发挥文化和旅游的各自优势，促成化学反应、形成发展动能，实现文化和旅游相互促进、相辅相成，提高发展质量和效益。北京市东城区、吉林省松原市、山东省枣庄市三地立足新发展阶段，贯彻新发展理念，融入新发展格局，推动文化旅游相伴相生，绘就一幅幅“望得见山、看得见水、记得住乡愁”的城市画卷。

典型案例

北京市东城区：坚持“崇文争先”理念，构建以文化引领城市发展的新范式

文化是北京市东城区的最大特色、最大优势和最宝贵财富。在全区 41.84 平方公里的土地上，7.8 公里长的传统中轴线纵贯南北，北京老城区仅有的三处世界文化遗产——故宫、天坛、大运河遗址（玉河段）都位于东城区域内，历史文化街占全区面积的 1/4。近年来，东城区贯彻落实“崇文争先”理念，最大限度发挥文化引领赋

❖ 中国国际服务贸易交易会文化服务专题展东城展区

能作用，努力构建“文在城中、以文化城、文城一体”的整体城市意象，走出了一条以文化为根基、为底色、为驱动的城市创新发展之路。

深耕文化资源，以新格局推动老城保护与复兴。近年来，东城区对老城文化资源深度梳理，着力构建“一轴、两区、五带、五城”的“一二五五”文化发展新格局，进一步擦亮历史文化名城“金名片”。“一轴”即突出中轴线文化主脉的核心地标。以中轴线申遗为契机，先后实施了34个重点文物的腾退及风貌整治项目，通过对老城形象的整体打造和对历史文化内涵的深入挖掘，展现独特的历史、文化和社会价值。“两区”即发挥“国家公共文化服务体系示范区”与“国家文化与金融合作示范区”双示范叠加优势，推动文化事业、文化产业融合贯通发展，不断释放文化发展新动能。“五带”即建设“北大红楼红色文化传承带”，打造丰富厚重的红色文化弘扬传承重点片区；建设“雍和宫—东四南”老城文化保护带，打造“文风京韵、大市银街”的老城典范文化街区；建设前门京味文化体验带，打造彰显首都文化魅力的“传统文化体验消费街区”；建设王府井商业文化发展带，打造展示新时代首都改革开放成果的窗口、独具人文魅力的国际一流步行商业街区；建设东城园创新文化集聚带，构建实力强劲的高精尖产业集群。“五城”即重点打造“戏剧之城”，联动全区各类剧场、文艺演出团体，构建演艺全产业链生态；打造“书香之城”，推出鲜明的“四进”引导政策体系，形成新型阅读发展模式；打造“博物馆之城”，构建“全域博物馆体系”，赓续古都历史文化根脉；打造“非遗之城”，利用国家级非物质文化遗产生产性保护示范基地等政策优势，形成最“京味”非遗文化休闲地；打造“中医药文化之城”，传承好中医药文化瑰宝。

突出文化赋能，以新模式助力文化建设与城市发展融荣共生。实施文化建设“五大工程”，带动文化在社会生活各个领域实现创造性转化、创新性发展。一是实施文化引领工程。用好红色文化资源“富矿”，对区域内红色文化旧址连片进行保护使用，打造红色文化教育资源带IP，推出红色文化探访路线，大力弘扬丰富厚重的红色文化。二是实施文化传承工程。加强文物活化利用，打造宏恩观、曹雪芹故居等一批文物活化利用示范标杆，推出多条古都文化探访线路，让文物资源逐步活起来、动起来。推动非遗、老字号创新发展，实施“京城非遗人才创新发展联盟”扶持计划，建成全市首家非遗博物馆，推动非遗活态传承。加强老字号原址原貌保护，开发新“国潮”，打造最“京味”非遗文化休闲地。三是实施文化服务工程。将公共文化服务植入百姓生活，结合城市更新，在各类腾退空间引入社会资源，形成了朝阳门社区文化生活馆、史家胡同博物馆、东四胡同博物馆、更读书社、“南阳·共享际”戏剧工厂等各具特色的城市公共文化空间，打造了隆福寺、东四北大街等沉浸式文化社群和网红文化体验街区。四是实施文化创新工程。利用互联网、大数据、区块链、人工智能、5G等新技术，推动对文化内容进行深度创新应用的经济业态发展。开发多位一体的“文商旅智慧云平台”，提升文化消费的便捷性、丰富性、体验性，创新数字文化产品消费新模式。五是实施文化传播工程。坚持以文传声，建成全市首个光明日报“文化强国”协同推广平台，创新推出“文化东城”会客厅，建成“新闻+”新生态东城融媒体发布厅，率先发起“京津冀供给文化服务示范走廊”，努力讲好东城故事、传播首都声音、展示中国形象。与北京广播电视台合作推出《70年，古都新韵》《40年，我和我的东城》《胡同里的幸福》《恰是百年风华》等系列人文专题片，全面展示区域厚重的历史文化。

强化跨界融合，以新品牌擦亮城市文化名片。创建“故宫以东”文商旅融合品牌，着力打造特色鲜明的文化符号、格调雅致的生活方式、促进经济高质量发展的消费平台。一是搭建业态融合平台。联合中国美术馆、北京人艺、嘉德艺术中心等14家优质企业及文化机构，成立“故宫以东”文商旅联盟，涵盖艺术、戏剧、书店、酒店、旅游、金融等行业领域，通过资源共享、整合营销的模式将区域文化资源有机融合，推动区域文商旅品牌全方位升级。二是搭建消费促进平台。推出“故宫以东”四大系列22个主题产品包，先后与多家知名品牌进行战略合作，推出“故宫以东”线上旗舰店，举办“故宫以东过大年”新春系列促消费活动、“故宫以东·向美好出发”十一文旅促消费线上营销活动等，使得文化和旅游资源变成可看、可听、可走、可体验、可回味的生活方式。三是搭建宣传推广平台。举办“故宫以东·指尖阳光”36小时极限短视频创作大赛，在全网打造了百亿流量的城市宣传案例。举办“故宫以东”校园文创大赛，激发青年群体的文化认同感。“故宫以东”品牌塑造与传播获得2020博鳌国际旅游奖年度品牌营销大奖。

推动共享发展，以新路径凝聚文化建设的强大合力。积极构建大文化发展格局，不断为“文化东城”建设提供坚实的组织保障、智库保障、政策保障、资金保障和人才保障。一是筑牢坚实基础。成立北京东城文化发展研究院，为文化建设注入了理论动力、实践活力。建立文化评价指标体系，将文化软要求转化为可量化、可考核的硬指标，推动文化重大决策、重大改革落实落地。完善文化建设一系列专项政策、织补政策，加强人才基金对优秀人才创业支持力度，营造良好的人才创新创业环境。二是共享发展机遇。搭建“文化东城”建设开放共享合作平台，联合中国美术馆，推动“一馆一城”建设，利用重点商圈、特色街区的公共空间设置“公共艺术长廊”，策划发起“美育日”活动，提升城市品位。与中国国家话剧院合作，建设国际戏剧交流中心、中国话剧艺术馆，共建“戏剧文化体验中心”，推进戏剧产业与相关产业的深度融合。三是提升文化获得感。着眼提升群众的文化获得感和幸福感，推动建设角楼图书馆、美后肆时（景山市民文化中心）等一批跨区域服务的“城市活力文化空间”，联合实体书店、剧场、出版社、景区公园等，增设嵌入式公共文化空间，将公共文化贯通融入城市生活服务圈，不断提升人民文化福祉。

吉林省松原市：统筹疫情防控和旅游安全，推进生态旅游振兴发展

新冠肺炎疫情对旅游业发展造成了巨大冲击。吉林省松原市认真贯彻落实习近平总书记保护生态与发展生态旅游相得益彰重要指示精神，贯彻落实吉林省委“一主六双”高质量发展战略，聚焦建设北方生态旅游目标，推进生态旅游振兴发展，松原生态旅游业步

入高质量发展新阶段。2020 年松原市实现旅游接待 652.35 万人次，恢复到疫情发生前（2019 年）的 60.38%；实现旅游综合收入 76.66 亿元，恢复到疫情发生前的 46.39%。2021 年预计全市接待游客 790 万人次，旅游综合收入达到 101 亿元，旅游接待人次和综合收入分别恢复到疫情发生前的 75% 和 95%。

善规划、保安全，为旅游业逆势而上把方向、强基础。先后完成《松原市旅游发展总体规划（2020—2035）》《吉林省西部地区河湖连通（松原段）旅游发展规划（2020—2035）》等规划修编，推进《查干湖景区创建国家 AAAAA 级旅游景区提升规划》《查干湖生态小镇概念规划》等控详规划的编制，指导所属 4 县区完成全域旅游发展规划，为全市生态旅游业贯彻吉林省西部旅游大环线高质量发展战略提供遵循，为“十四五”时期建设中国北方生态旅游名城提供科学指引。坚持把安全工作放在重要位置。成立景区疫情防控领导小组，全面统筹

❖ 吉林松原查干湖生态旅游论坛

景区疫情防控和旅游安全各项工作。组织市县两级文旅部门和相关行业管理部门对市内景区安全隐患进行拉网式排查和督促整改。建立省市县联动、部门联动、综合联动机制，与省文旅厅、各市州文旅局、省内重点旅行社提前进行沟通，掌握各地旅游包车赴松旅游情况，提前选派志愿者在高速出口跟车测温和扫码登记，中间不停车，避免出现车辆拥堵、人员聚集。对景区（景点）内各游乐设施和消费场所进行集中包保，每处均有工作人员进行蹲点服务，协助商户对游客进行测温、扫码、登记，确保疫情防控不留死角、不漏一人。

建平台、常宣传，让丰富旅游资源助力“引进来”与“走出去”。结合“吉林生态日”，以“美好目的地　生态查干湖”为主题，联合吉林省文化和旅游厅共同举办查干湖生态旅游论坛，吸引国内知名专家学者以及生态旅游领域、政府机构、文旅企业代表，围绕“打造生态旅游目的地，推进高质量发展”话题，多维度探讨生态旅游发展的机遇、挑战和热点问题，积极为生态旅游发展建言献策，共同提升生态旅游发展品质和水平，共同谋划“保护生态与发展生态旅游相得益彰”的长远未来。同时，策划发布“湖畔人家”乡村游、“鱼米之乡的秋天”生态游、“西部阳光”摄影游体验、“环湖生态走廊”自驾游体验四大主题生态旅游精品线路，多措并举做好宣传，提升旅游魅力。参加北京服贸会、文化产业博览会、旅游博览会，参加吉林省“趣吉林·滑呗”雪场开板系列活动暨2020—2021吉林省冰雪季启动式（北京）新闻发布会，赴辽冀津京四省（市）开展“坐着高铁去吉林”文旅路演活动。在2020年第六届雪博会上，松原市以“生态松原　渔猎查干湖”为主题，设置六大展示区域，“观冬捕、品鱼宴、赏民俗”集中展现“中国最后的渔猎部落”的独特魅力，“中国查干湖冰雪渔猎文化旅游节”成为中国东北地区冬季旅游标志性节会。

重融合、谋创新，让精彩纷呈项目立得住、叫得响。鼓励非遗开发创新，扶持发展非遗文创产业并进驻景区展示销售，让传统文化迸发新活力。突出做好五一、中秋、国庆等假日旅游市场供给，推出新城戏、马头琴、呼麦、安代舞等传统民族演出节目 40 个，竹筏游、快艇游、慢船游、观鸟游、垂钓游等精品旅游路线 10 条。培育旅游演艺，让经典剧目《盛世契丹春捺钵》《蒙古族歌舞》等进入景区（景点）驻演，丰富沉浸式体验。推出全省首家高空跳伞体验项目，丰富旅游新业态。精心组织开展“查干湖蒙古族民俗文化旅游节”“查干湖春捺钵开湖鱼美食节”“查干湖秋季观鸟文化季”“草原人民那达慕”“哈拉毛都梨花节”“查干湖冰雪渔猎文化旅游节”等系列节庆活动，着力打造“春捺钵、夏赏荷、秋观鸟、冬渔猎”四季查干湖旅游品牌。丰富冬季休闲旅游产品，提升冰雪旅游服务质量，创新推出“冰湖渔猎季”“冰雪嘉年华”等系列主题活动，修建查干湖冰雪欢乐园，亮化场地冰雕、雪雕小品，吸引和满足游客夜间观赏冰灯雪景的需求。拓宽冰雪活动领域，建造冰上滑雪训练场，积极策划冰上滑雪、冬泳表演、雪地足球、查干湖冬钓等比赛。开发历史研学游，利用大金得胜陀颂碑、满蒙文碑、查干湖渔猎博物馆、王爷府等传承经典。发展红色旅游，“5 地、3 线”成功入选吉林省红色旅游精品线路、吉林省百佳红色旅游地。

山东省枣庄市：从“一黑一灰”到“弘文兴旅”

近年来，山东省枣庄市深入学习贯彻习近平总书记关于推动中华优秀传统文化创造性转化、创新性发展的重要论述，抢抓大运河国家文化公园创建机遇和山东省文化强省建设契机，加快构建红色文化、运河文化、历史文化和鲁南民俗保护传承体系，促进文化与旅游深度融合发展，探索了一条以文化旅游融合助推高质量发展的新路径。

复活一座古城，拓展主客共享新空间。明清时期的台儿庄，是运河沿岸的商贸重镇。1938 年春发生的台儿庄大战，使台儿庄古城被夷为废墟。2008 年，枣庄市委、市政府面对资源枯竭型城市转型实际，启动台儿庄古城重建，把它作为撬动文化和旅游产业发展的“领头雁”“发动机”和“起跑器”，引领资源枯竭型城市向文化旅游城市凤凰涅槃般地转变。一是以文塑旅复建运河古城。古城重建不是“寻风”拾人牙慧，也不是“跟风”东施效颦，而是依托历史遗址并根据遗存史料修旧如旧，把台儿庄特有的运河文化、红色文化、鲁南民俗文化等文化基因融入有形建筑之中，遵循“留古、复古、承古、用古”的原则，对被战火毁坏的建筑按照“原空间、原尺度、原风貌、原材料、原工艺、原地工匠”进行复建，让古城在原有面貌、形态、规制等历史基调上复活起来，实现文化的活态传承。重建后的台儿庄古城成为全国首家海峡两岸交流基地、首个国家文化遗产公园、国家 5A 级旅游景区、国家级文明旅游示范单位、山东省历史文化街区。二是以旅彰文激活地域文化。按照"百馆、百庙、百业、百艺"的古城文化空间规划，建设中国运河招幌博物馆、中华珠算博物馆、运河酒文化馆等特色展馆，培育文化创意、休闲体验、研学写生等业态，打造非遗一条街，引入运河大鼓、柳琴戏、鲁南皮影等30余项非物质文化遗产常态化演出，实施非遗数字再现工程，实现了传承、保护、创新一体化发展。围绕台儿庄大战、京杭大运河、鲁南民俗三大文化主题，创立台儿庄古城"梦的礼物"文创品牌，推出近百个系列、数百种文创产品的线下体验和线上销售。大力发展夜间旅游经济，推出"赏夜景、看演出、品美食、坐游船"夜游体验产品。2021年10月，台儿庄古城被评为国家级夜间文旅消费集聚区。三是以点带面发展全域旅游。充分发挥台儿庄古城核心效应，编制《枣庄市全域旅游发展五年行动计划》，按照"全域化布局、差异化定位、特色化发展"的要求，丰富旅游业态，提升服务水平，优化旅游综合环境，加快实现由观光游向休闲度假游转变、由古城游向全域游转变。"十三五"期间，全市累计创建A级旅游景区51家，其中5A级1家、4A级12家，累计接待游客超1亿人次，实现旅游消费总额近1000亿元。

创建一个园区，打造宜游宜业新格局。以台儿庄古城为核心，规划建设18平方公里的台儿庄古城文化产业园，按照"持续壮大传统文旅产业和培育新兴特色产业集群"发展理念，明确了"一园四区六大产业"功能布局和产业定位，成功创建为国家级文化产业示范园区。一是优化布局，让功能拓展景区。坚持高起点、高标准，编制了园区发展规划，打造四大功能分区。古城核心区，占地2平方公里，以文化体验、休闲消费和非遗展示为主，打造中华运河文化传承创新示范区。大战主题，占地1平方公里，集台儿庄大战文化的收藏、研究、纪念和产业开发功能于一体，打造国际知名的中国人民抗日战争暨世界反法西斯战争主题纪念公园。文化产业聚集区，占地5平方公里，重点发展文化创意、教育培训、信息服务等产业，打造文化产业发展高地。湿地休闲度假区，占地10平方公里，规划建设了双龙湖湿地观鸟园、欢乐颂田园综合体等项目，打造高端生态休闲度假基地。二是立足文创，让产业串珠成链。放大园区聚集效应，厚植文化旅游产业“链主”企业发展土壤，培育带动会议会展、影视传媒、文化创意、版权贸易、信息技术等新业态集群式发展。园区现已吸纳150家文创企业入驻，连续四年举办文化创意产品设计大赛，累计开发产品400余种，形成了研发、展示、销售相互促进的产业链条。截至2021年，园区入驻企业600余家，其中文化类企业400余家，占比66%；园区建

❖ 京杭大运河“黄金水道”畔的江北水乡台儿庄

筑面积86万平方米，其中文化产业建筑面积70.5万平方米，占比82%；实现营业收入8.3亿元。“1+N”产业融合发展，既使主产业培大育强，又带动链内其他产业互促共生。三是和合共生，让业态形成生态。以文旅产业为龙头带动，园区内其他优势产业、新兴文化产业相互配套、业态互补。会议会展产业方面，先后引进赛事、会议1100余个，培育文博会、贺年会等特色展会品牌20余个。影视产业方面，园区入驻影视演艺公司20余家。信息技术产业方面，建成“创客空间”文化产业园创业孵化器，入驻27家信息服务与软件外包企业；研发智慧旅游大数据平台，吸引400余家电商加盟。教育培训产业方面，建成枣庄职业（技师）学院古城校区（兰陵书院），古城园区与山东大学、中国美术学院等70多所院校达成合作实训协议，开发多条精品研学路线，被命名为全国中小学生研学实践教育基地。

围绕一条运河，擦亮文旅交融新品牌。近年来，中央印发《大运河文化保护传承利用规划纲要》和《长城、大运河、长征国家文化公园建设方案》，对大运河文化带和国家文化公园建设作出战略部署。枣庄市抢抓机遇，以大运河国家文化公园建设为着力点，构建文旅融合新发展格局。一是坚持规划引领，构建发展新格局。枣庄市作为沿运重要节点城市，运河文化底蕴深厚，具备建设国家文化公园的天然条件。枣庄市围绕“中华运河文化传承核心区、国际知名旅游目的地、世界文化遗产”三大定位，制定出台《枣庄市“十四五”时期文化和旅游发展规划》，编制大运河国家文化公园（枣庄段）规划，以大运河文化带建设为总抓手，明确了“一带、三区、三园”发展布局。台儿庄区完成了《台儿庄大运河国家文化公园策划及概念性规划》编制工作，着力构建“台儿庄古城—大运河—国家可持续发展议程创新示范区—大运河文旅小镇—微山湖”区域联动的“一城一河一区一镇一湖”发展格局，有效促进“薛微台峄”区域文旅一体化发展。二是加大区域协作，融入发展新框架。作为山东的“南大门”，近年来，枣庄市以开放合作、融合发展的姿态积极融入淮海经济区一体化建设，同时与鲁南经济带的兄弟地市开展合作，重点围绕区域旅游同城化，联手推介周边各地市精品旅游线路，推动客源互换和市场互动，持续推进京杭大运河城市联盟、京沪高铁旅游城市联盟等区域旅游合作，实现互惠共赢、共同发展。三是强化项目支撑，激活发展新动力。谋划了一批大运河国家文化公园标志性工程，推进运河印象文旅小镇、台儿庄梦幻冰雪世界等项目建设，实施台儿庄大战纪念馆馆藏文物数字化保护、台儿庄大战旧址修缮保护工程，积极筹建八路军115师运河支队抗战纪念馆、中兴文化展馆，打造历史文化、红色文化、运河文化保护传承展示窗口。加快京台高速台儿庄大运河服务区、大运河风景旅游大道等项目建设，构建现代化文旅交通体系。四是注重宣传营销，打造品牌新高度。树立品牌引领发展理念，借助“好客山东”“鲁风运河”等省级旅游品牌营销经验，在央视多个频道黄金时段及全国百家地方电视台进行文化旅游形象广告投放，同时探索建立台儿庄古城自媒体矩阵平台，“寻梦台儿庄”微博和抖音话题，阅读量和播放量分别达到1.2亿次和2.2亿次，形成了强大传播力，成功叫响台儿庄古城文旅品牌。制定投资20亿元的大运河超级IP战略规划，启动《运河护航队·欢聚古城》动漫剧暨动漫衍生产业项目，打造大运河IP动漫文创产业园、体验园，进一步推动大运河文化实现创造性转化、创新性发展。

案例分析

推进文旅融合是一个长期攻坚克难的探索实践过程，需要我们在政策扶持、品牌创建、资源开发、市场推广等方面不断整合资源要素、推动升级发展。近年来，围绕文旅融合发展，全国各地都做了有益探索，取得了一系列可供借鉴参考的经验总结。北京市东城区、吉林省松原市、山东省枣庄市深入挖掘自身丰富的文旅资源，不断提升文旅产品供给能力，持续优化文旅品牌知名度和核心竞争力，文旅融合蹄疾步稳，取得了良好的效果。

强化政府引导，坚持规划引领。文旅融合发展工作离不开各级地方政府在规划引领、政策帮扶、环境配套、人才支持等方面扶持措施的落实，要用活用好政府“有形之手”。东城区按照“崇文争先”的总体要求，突出中轴线文化主脉的核心地位，以中轴线申遗为契机推动重点文物腾退及风貌整治项目，全面呈现城市历史、文化和社会价值。松原市科学制定全域旅游发展规划，统筹推进重点文旅项目开发利用，完善体系引领，为文旅融合高质量发展明确了前进方向。枣庄市坚持合理布局，以大运河文化带建设为总抓手，明确了既符合城市定位、又有机融入地方文化资源的发展格局。

深挖地域资源，传承优秀传统文化。文化是旅游的灵魂，旅游是文化的载体。在推进文旅融合过程中，要注重挖掘本土特色文化资源禀赋，凝练文化精神内核，推动优秀传统文化创造性转化、创新性发展，实现文化内涵和旅游载体有机统一，用独特的文化风貌诠释旅游魅力，凸显文旅产品特色。东城区组织力量对老城丰富的文化资源进行深度梳理，着力构建文化发展新格局，全方位立体式呈现城市历史文化底蕴。松原市综合利用名胜古迹、博物馆等人文历史资源开发历史研学游，传承经典文化记忆。枣庄市遵循“留古、复古、承古、用古”的原则进行台儿庄古城重建，将台儿庄特有的运河文化、红色文化、鲁南民俗文化等文化基因融入有形建筑之中，实现文化的活态传承。

培塑文旅品牌，提升核心竞争力。通过塑造特色文旅品牌，提升文化和旅游业知名度和影响力，增强对游客的吸引力，树立良好的服务形象，形成“口碑”传播效应。东城区积极发挥历史文化名城效应，依托新春庙会、文化节等标志性文化活动，深入开展品牌宣传活动。松原市认真贯彻落实习近平总书记保护生态与发展生态旅游相得益彰重要指示精神，进一步擦亮查干湖生态旅游的“金字招牌”，以举办查干湖冬捕节庆为重点提升城市吸引力、影响力。枣庄市树立品牌引领发展理念，借助既有省级旅游品牌营销经验，扎实做好文化旅游形象广告投放工作，形成了强大传播力，成功叫响台儿庄古城文旅品牌。

丰富文旅产品供给，改善群众生活品质。文旅领域供给侧结构性改革需要通过提升文旅产品供给能力来推动，实现文旅消费升级需要优质产品供给来支撑。只有开发优质文旅产品，丰富产品供给内容，优化供给结构，才能不断满足人民群众对美好生活的需要。东城区不断加大文化领域供给侧结构性改革，推动公共文化社会服务演进升级，引入社会资源，形成了各具特色的城市公共文化空间，提升了群众的文化获得感、幸福感。松原市着力在丰富冰雪旅游产品供给上下功夫，创新推出冰雪系列主题活动，努力提升服务质量，不断满足游客对冰雪运动、冬季休闲旅游的需求。枣庄市发挥台儿庄古城国家级文化产业园集聚引领作用，催生了一批重点产业项目和新兴特色产业集群，走出了一条“政府撬动市场、市场培育消费、消费吸引投资、投资带动转型”的新旧动能转换新路径。

文旅融合发展是新时代推动文旅高质量发展、促进产业转型升级的必然选择。站在新的历史起点上，做好文旅融合发展工作，要在丰富文化内涵、拓展融合发展空间、优化供给体系结构、提升品牌影响力方面做好文章，增强各地交流互动、区域协同发展，奋力谱写新时代文旅融合的精彩华章。

启示与思考

推动文化和旅游深度融合发展，要立足新发展阶段、贯彻新发展理念、融入新发展格局，以满足人民群众对美好生活的向往和追求为工作方向，顺应文旅消费升级趋势，持续在拓展推广平台、探索融合路径、激发市场活力等方面下功夫，丰富提升融合内涵，推动文旅融合提质增效、高质量发展。

推进文旅融合高质量发展，要拓展融合平台和载体。平台和载体是展示文化和旅游内涵的外在依托。完善平台和载体建设，不断丰富平台功能，提升承载能力，才能更好发挥其主窗口、主渠道作用，推动培育文旅发展新动能，形成产业核心竞争力。坚持做大平台、做强载体，依托文化产业园区、基地、景区等，进一步完善基础配套服务设施，集聚产业发展要素资源，提升平台综合服务功能，打造高质量发展新引擎。广泛开展区域文旅交流互动，设立文旅交流中心，组织开办高层次论坛峰会、会展节庆等特色文旅品牌活动，搭建各种交流合作平台，集中宣传推介文旅优势资源，提升城市知名度和美誉度。重视发挥博物馆、非遗传习所、文化展馆等文化场所集中展示功能，通过丰富文旅产品供给、创新展陈内容和展览展示手段，推动成为传播优秀文化的有效平台，实现传统文化创造性转化、创新性发展。积极打造智慧文旅综合服务平台，推广应用大数据、5G、区块链等先进信息技术在商务文旅融合领域应用创新，拓宽智慧文旅服务范围，构建智慧文旅生态服务新体系。

推进文旅融合高质量发展，要积极探索融合发展新路径。文旅融合发展路径各不相同，要将传统产业、优势产业、新兴产业与本土历史文化有机结合起来，充分激活根植于产业肌理的文化基因，以融合路径为依循，打造真正具有地方特色的大“IP”。要以更宽的视野、更广的领域谋划文旅融合高质量发展，大力实施“文旅 +”融合发展战略，结合发展现状，推动文旅与康养、体育、农业、中医药、科技等领域融合发展，扩展文旅融合覆盖面、辐射范围，打造文旅融合业态新体系。坚持规划引领，加强顶层设计，科学编制融合发展规划，明确实施步骤、目标任务，为文旅融合工作绘好时间表和路线图。加强融合要素保障，促进资金、土地、人才等发展要素集聚，加快培育一批辐射带动能力强的文化企业、旅游企业，加速推进文旅融合升级发展。创新融合业态形式，推出系列新颖多样的创新产品，满足公众购买需求。大力推进文旅融合区域开放合作，整合区域文旅资源，凝聚协同发展合力，打造区域文旅合作品牌。

推进文旅融合高质量发展，要充分激发市场活力。顺应消费升级趋势，持续优化营商环境，推进供给侧结构性改革，持续激发市场主体的创新活力。实施文旅消费升级提升行动，健全多元投入机制，推动文旅惠民消费活动，拓展文旅消费空间。推动旅游星级酒店发展，引导特色旅游民宿发展，推广旅游美食产品文化，丰富夜间休闲体验业态，助推消费供给升级。深化文旅市场综合监管机制体制改革，持续开展旅游市场秩序专项整治行动，营造诚实守信的消费环境。加强社会诚信体系建设，健全投诉受理、反馈机制，擦亮志愿服务品牌，不断提升游客旅游满意度。推动景区升级改造，推进游客服务中心、停车场、厕所、房车营地等配套服务设施建设，优化交通线路组织，完善旅游指引标识，提升城市环境风貌。探索国有景区体制机制改革，完善集团公司法人治理结构，拓宽融资渠道，提升运营质效，激发市场主体竞争活力，打造现代文旅强企。

拓展阅读

1. 吴丽云:《文旅深度融合为高质量发展注入强劲动力》,《中国旅游报》2020 年 10 月 15 日。

2. 王文华、付华:《走出文旅融合守正创新之路》,《中国旅游报》2020 年 5 月 15 日。

思考题

1. 文化和旅游具有天然的融合性，在旅游发展中，如何将文化更好地以民俗、故事、文创等不同形式融入旅游产品中？

2. 在文旅融合发展中，如何更好地处理文化遗产保护和旅游业发展的关系？

3. 如何充分发掘文化的思想价值内涵，更好地促进文化和旅游高质量发展？

九

深入实施公民道德建设工程，努力培育崇德向善的社会风尚

要加强农村思想道德建设，弘扬和践行社会主义核心价值观，要普及科学知识，推进农村移风易俗，推动形成文明乡风、良好家风、淳朴民风。

——2020 年 12 月 28 日，习近平总书记在中央农村工作会议上的讲话

要培育和践行社会主义核心价值观，推进社会公德、职业道德、家庭美德、个人品德建设，深化群众性精神文明创建活动，着力培养担当民族复兴大任的时代新人，让社会主义道德的阳光温暖人间，让文明的雨露滋润社会，为奋进新时代、共筑中国梦提供强大精神力量和道德支撑。

——2019 年 9 月，习近平总书记对全国道德模范表彰活动作出的重要指示

要在加强品德修养上下功夫，教育引导学生培育和践行社会主义核心价值观，踏踏实实修好品德，成为有大爱大德大情怀的人。

——2018 年 9 月 10 日，习近平总书记在全国教育大会上的讲话

引言

国无德不兴，人无德不立。进入新时代，人们的思想观念、精神面貌、文明风尚、行为习惯都发生了新的变化，也给精神文明建设带来了新课题。奋进新征程、建设现代化，更加需要价值的引领、文明的力量。如何持续深化公民道德建设，统筹推进文明创建工程，推动新时代精神文明建设高质量发展，促进全体人民在理想信念、价值理念、道德观念上紧紧团结在一起，为开启全面建设社会主义现代化国家新征程凝聚强大精神力量，成为各级党委宣传部门特别是文明办亟待解决的问题。

典型案例

湖北省宜昌市：创新开展社区“德育加油站”建设

2011年，宜昌市成功创建成为湖北省第一个全国文明城市。近年来，湖北省宜昌市以文明城市创建为龙头，积极推进社区“德育加油站”建设，建强德育阵地、优化德育环境、丰富德育实践、完善德育体系，打造政府、学校、家庭、社会“四位一体”的社区未成年人思想道德建设工作平台，探索出了新时代加强和改进未成年人思想道德建设的新途径。先后涌现出全国新时代好少年1人、湖北省新时代好少年4人、宜昌市新时代好少年40人。

强化资源整合，把德育阵地“统起来”。宜昌市委把加强和改进未成年人思想道德建设作为一项事关全局的战略任务，精心安排部署，强化工作措施，狠抓阵地建设。一是多方联动聚合力。市文明委牵头抓总，统筹协调市文明办、市教育局、团市委、市妇联、市关工委等部门，将涉及未成年人思想道德建设的工作职能“合并同类项”，联合出台《宜昌市社区“德育加油站”建设实施方案》，采取“城乡同步、试点引路、因地制宜”的工作思路，有序推进、全面展开，形成党政群齐抓共管、全社会积极参与的工作格局，打造未成年人德育教育“同心圆”。二是结对共建添动力。充分调动各级文明单位、文明校园的积极性，将社区“德育加油站”建设作为一项重要内容纳入文明单位、文明校园建设工作中，组织城区120多家省级以上文明单位、文明校园与61个社区共建结对，加强阵地联建、活动联办、服务联动、管理联为，帮助未成年人树立优良道德品质。2021年7月，紧密结合“双减”政策落实，全覆盖推进“德育加油站”进校园，进一步做实课后服务平台，拓展德育教育渠道。三是盘活资源增活力。坚持“建立一个德育加油站、覆盖多个阵地平台、涵盖多个活动品牌”，推动新时代文明实践所（站）、学雷锋志愿服务站和社区“德育加油站”三站资源合一，盘活文化馆、图书馆、博物馆、展览馆、少年宫等各类场馆资源，规范建立家长学校、希望家园、少儿阅览室、“好人工作室”等活动场所，在群众家门口搭建起一个“没有围墙的德育实践活动平台”。

强化志愿服务，把德育队伍“强起来”。社区“德育加油站”建设，单靠社区工作人员力量是远远不够的。宜昌抢抓“志愿之城”建

❖ 望江社区“德育加油站”开展“听爷爷讲那过去的故事，增强爱国主义教育”活动

设契机，着力构建以志愿者为主体，社区“格格”、社会公益组织为辅助的未成年人德育工作队伍。一是招募专业志愿者。市文明办向全社会发出社区德育志愿者“招募令”，召集了150名涵盖公、检、法、医、教、文等方面政治素质高、专业技能好、奉献精神强的志愿者，成立全市第一支专业化德育志愿者队伍，并进行分类培训、科学搭配、统一服装。2019年以来，累计服务时长超过1万小时，服务次数7000余次，覆盖青少年近10万人。二是整合部门志愿者。充分发挥各部门和群团组织职能优势，推动志愿服务与社区“德育加油站”有效衔接、深度融合。市教育局选派60余名“德育导师”驻点服务。团市委依托“希望家园”志愿服务，组织大学生志愿者走进社区，开展政治启蒙、思想引领、家乡教育等专题辅导。市妇联着力建强“爱心妈妈”服务团队，开展“护蕾行动”“保贝童行”等活动近500场。市关工委组织1046名五老宣讲员，组建84支志愿宣讲队伍，开展各类宣讲活动1200余场次，受教育青少年学生达20多万人次。三是发动社区志愿者。动员社区“格格”、劳模标兵、专业能人、身边好人等组建“社区德育校外辅导员”志愿服务队伍。全国道德模范提名奖、“中国好人”薛家清，全国劳动模范杨自会，“中国好人”、全国未成年思想道德建设先进个人孙万清等带头参与，“三峡蚁工”“稻草圈圈”“宜昌心理疏导服务队”等社会志愿服务组织也纷纷加入其中，组织未成年人开展各种德育活动，让志愿服务成为社区“德育加油站”的有效助推力。航运社区的“航运妈妈”和社区10名单亲家庭孩子结成对子，陪伴他们阅读、看电影、参加趣味运动会，带来“妈妈般”的温暖。

强化寓教于乐，把德育形式“活起来”。围绕让孩子们进得来、留得住、受教育，改变传统的说教方式，着力丰富形式、创新载体，推动德育工作寓教于乐、寓学于趣。一是精心设计德育主题。聚焦未成年人德智体美劳全面发展，重点设计推出牵手红色场馆、培树爱国情怀，牵手家长学校、培树远大理想，牵手道德典型、培树优良品质，牵手咨询热线、培树健康心智，牵手模拟法庭、培树法治思维，牵手志愿组织、培树实践能力的“六牵六树”德育主题，为孩子们提供更加多元化、个性化的德育服务。二是创新打造德育课堂。注重示范引领、全域开花，打造“红色”爱国主义课堂、“绿色”生态环保课堂、“紫色”法治护蕾课堂、“蓝色”心理健康课堂、“金色”家风培育课堂等“五大课堂”和社区特色“自选动作”互促共进的“5+N”德育体系，让青少年在社区的广阔舞台上放飞童真、茁壮成长。全国最美中学生、宜昌“生态小公民”志愿者刘沅鹭在参加了“德育加油站”生态环保活动后，自学成了环保“小专家”，还在央视学雷锋纪念日特别节目《大手牵小手——我是小小志愿者》上把宜昌生态小公民的故事讲给鞠萍姐姐听，把“红领巾课堂”的故事讲给全国热心观众听。三是着力丰富德育实践。采用请进来与走出去相结合、讲故事与微实践相结合等方式，广泛开展“我是社区小主人”“红领巾课堂”“爱心小课桌”等系列实践活动，不断增强德育工作的“磁性”，帮助未成年人修德提能。李家湖社区创新建立微型实践场，通过“小小党史讲解员”“小小民事调解员”等妙趣横生的活动引导学生体验生活、服务社会、温润心灵。

强化制度保障，把德育效果“实起来”。着眼常态、注重长效，不断建立健全社区“德育加油站”工作机制，推动各项工作落实落地、落细落小。一是落实联席会议制度。建立由 15 个未成年人思想道德建设成员单位参与的社区“德育加油站”联席会议制度，每年召开1—2次联席工作会议，集中听取汇报、查找问题、收集资源、分配任务，分析未成年人思想道德建设动态，研究加强和改进社区“德育加油站”建设的措施，推动德育工作长期坚持、稳步提升。二是实施经费帮扶制度。确立“四个一”帮扶思路，即“文明办援建一些、点上单位项目支持一些、文明单位帮扶一些、社会资源援助一些”的帮扶机制，多种渠道筹措资金，为社区“德育加油站”建设和运维提供保障。市文明办为每个社区补助建站资金5万元，市总工会、市新闻出版局等单位分别从志愿服务装备、优秀少儿读物等方面给予资金支持和物资捐赠。三是建立考评督查制度。将建、管、用、评4个环节纳入常态化、规范化管理，制定社区“德育加油站”检查考评方案。注重未成年人体验和家庭社会评价，在年度验收时，引入“入户调查”板块，对家长孩子评价高、日常活动开展好的加大项目和资金支持力度，对搞形式主义、群众反映差的及时亮牌提醒、督查督办，强力推动社区“德育加油站”建设走深走实。

宁夏回族自治区平罗县：善行平罗，道德模范的延续从盆景走向风景

2005年，宁夏回族自治区平罗县推出了“六百工程”评选活动，一个个身边典型的感人事迹成为平罗县街头巷尾热议的话题。2014年，平罗县

又推出了道德模范评选表彰活动，全县涌现出许多县级以上道德模范、最美人物。这些“平民偶像”遍布城乡各个层面，高扬道德旗帜，成为向上向善路上的“领跑者”，他们的嘉言善行浸润着平罗大地，滋润着平罗人的心田，推动着社会主义核心价值观在平罗落地生根。

多措并举激发道德力量。一是坚持常抓不懈夯实工作基础。价值观决定着人们的生活方式，如何引导广大干部群众树立正确的价值观，追求健康向上的生活，是德治工程的重要课题。早在2005年，就开启了在全县各行各业推荐“礼德之星”“诚德之星”“孝德之星”“敬业之星”“爱德之星”和“和谐之星”的“六百工程”活动。“六百工程”，即在全县范围内评选100个孝子、100个好媳妇、100个好青年、100个好学生、100个能人、100个守法户。目的是通过600个榜样的力量，将“可触摸”的道德传递到街头巷尾、厂矿车间、田间地头等每一个角落，进而感染万千人的心田，构建和谐社会。2014年，平罗县推出了道德模范评选活动，并持续不断开展了6届评选活动。通过评树活动，在全县上下形成了学习模范、尊崇模范的良好氛围，为道德模范的评树工作奠定了坚实的基础。二是坚持与时俱进注重工作接续。“六百工程”活动的推荐评选经历了一个不断强化和完善的过程，曾有人质疑，这种大规模的评选活动能否持久地开展下去，会不会中途夭折？为打消这种疑虑，使这项深入人心的活动常态化、制度化，让平罗层出不穷的“榜样”能够在引领公众向上向善上延续下去，发挥最大效应。平罗县适时调整工作部署，创新评选方向，为适应工作发展需要，在连续3届“六百工程”评选活动的基础上，推出了“道德模范”评选，在评选制度和机制上更加完善，在数量和质量上更加优化，道德模范已成为城市文明的新风尚和精神名片。三是坚持培育优先铸就道德品牌。平罗县高度重视模范的挖掘和培养工作。对于群众认可度高、社会反响好，真正能发挥示范效应的模范，平罗县建立文明委成员单位包抓机制，坚持一人一册，从思想引导、活动指导、精神褒奖等方面进行培育，为道德模范的成长进步铺就了“绿色通道”，铸就了一批叫得响的道德品牌。在平罗这片沃土上，一场由道德模范引领的社会新风已悄然落地、生根、发芽和成长，正以“随风潜入夜，润物细无声”的潜移默化方式铸就不朽的精神丰碑。白琴，平罗县陶乐镇施家台子村村民，第六届孝老爱亲全国道德模范，21 年前，她承诺要嫁就必须带着爷爷奶奶，21 年来，她用浓浓亲情温暖着这个“四姓之家”，用满满爱心诠释了“鳏寡孤独皆有所养”的真谛。周志民，“最美宁夏人”，从部队复员后，为了不给政府增加负担，自谋职业干起了

❖ 全国道德模范白琴（中）参加电视访谈节目

钟表维修，几十年来始终恪守“顾客至上，信誉第一”的宗旨，尽心尽力，为顾客提供优质优价服务，曾将业主维修的一块手表保管了10年并交还给本人，15次为灾区捐助现金11万多元，他以诚实守信和助人为乐的善行义举，赢得了社会各界的赞誉。2019年全国最美家庭周志远家庭，周志远是有着58户180多人的周氏大家族的带头人，父母早年去世，在他的带领下兄弟5人相依为命，艰苦拼搏，相互支持，团结和睦，成为家庭和睦的表率和教育子女的典范。从2016年春节开始，在周志远的倡议和组织下，已经连续自编自导自演了4届“家庭春晚”，每次都是举家同台，上至80多岁的老人、下到三四岁的孩童争相献艺，通过举办家庭春晚，传播积极正能量，让亲人间的联系更加紧密，家庭责任、家庭凝聚力更加浓厚。

“三严机制”完善评选体系。一是严格制度落实。高度重视制度落实，每次评选活动都认真调研，制定符合中央及上级党委精神、符合县情的工作方案，严格工作落实。为了让这项工作有声有色、有始有终、有型有效，先后制定出台了《平罗县帮扶礼遇道德模范、“身边好人”实施办法》《平罗县道德模范荣誉称号管理暂行办法》等文件，为道德模范的评选和嘉许提供强有力的制度支撑。二是严把评选标准。把好“组织关”。成立道德模范评选表彰活动组委会，及时协调出现的各类问题，研究制定评选办法，确定推荐类型、标准、程序等内容，按照宣传发动、推荐上报、筛选审核、走访考察、网络投票、征求意见、会议研究、社会公示、总结表彰等9个阶段，有序开展道德模范评选表彰。把好“推荐关”。注重面向社区、企业、村镇、机关、学校等基层单位，挖掘人们身边看得见、摸得着、学得到的典型，对乡镇、部门推荐的道德模范候选人，文明办对照评选资格条件严格核查，确保模范具有可学性、可树性、可育性。把好“评审关”。在道德模范候选人评审期间，按照事迹感人、择优筛选及适当考虑地区、类别、行业平衡的原则，对各乡镇、各部门推荐的候选人进行综合评审，并征求卫健、纪检、组织、人社、市场监管、银行等相关部门意见，确保推荐人员质量，增强评选活动的权威性和公信力。三是严守关键环节。发动群众，提高参与度。在道德模范评选中始终坚持树立群众观点、走群众路线，通过群众评、群众议，切实组织好基层推荐、群众投票等环节，科学设置推荐、投票、评审、宣传、学习节点，真正挖掘群众看得见、摸得着、信得过、学得到的道德典型，把评选活动作为群众自我教育、自我提高、自我激励的过程，使人民群众在参与中受到教育，思想上得到提升。抓好宣传，营造浓厚氛围。充分利用电视、广播、网站、宣传栏等平台，宣传道德模范评选活动，使评选活动家喻户晓，吸引群众广泛参与、体验学习、亲身实践。抓好机制建设，发挥模范作用。平罗县着眼长远，坚持以凡人善举为道德模范评选主体，建立健全长效机制，鼓励“道德模范”“最美人物”“积小为大”，展现“最美精神”。鼓励广大市民从道德模范身上汲取精神力量，学习模范、争做模范，从我做起、从现在做起、从本职做起、从身边小事做起，崇尚道德，追求文明，以群众汇聚的道德力量，激励人们向上向善、孝老爱亲、爱国爱家。

注重实效铸就善行平罗。一是注重做好结合文章。把道德模范评选同文明县城、文明单位、文明村镇、文明家庭、文明校园创建活动结合起来，同“我推荐我评议身边好人”评选活动结合起来，同“道德讲堂”结合起来，同“新时代文明实践活动”结合起来，深化道德模范评选活动，避免了评选活动的单一性，增强了评选活动的针对性和实效性。同时，还将道德模范评选与各种学习实践活动紧密结合，开展集中式的宣传教育，把学习宣传道德模范融入各个方面，在全社会形成学习、关爱、争当道德模范的浓厚氛围，使道德模范评选深入人心。通过广泛发动群众推荐评选身边好人，为全社会树立了一批道德典型，弘扬了社会风尚。二是注重发挥基层作用。除了组织县级以上道德模范评选活动，鼓励各乡镇、各单位根据行业特点不断创新载体，开展形式多样的评树活动。诸如“最美人物”“最美家庭”“最美妻子”“最美丈夫”“最美乡村教师”“最美村官”“最美乡村医生”等评选活动也在平罗县交相辉映。市公安局开展了“我最喜爱的人民警察”、妇联开展了“最美家庭”、退役军人事务局开展了“最美退役军人”、市场监管等部门开展了“诚信商户（企业）”等评选活动。通过开展多种形式的道德模范评选表彰活动，让各行各业的模范呈现在世人面前，把道德的力量传递给更多的人，让道德光芒照耀平罗大地。三是注重释放模范效应。坚持每年组织对贫困道德模范进行慰问和褒奖，形成“德者有得”的鲜明导向；坚持定期组织开展道德模范与身边好人交流活动，让身边好人的事迹和精神传遍城乡大地；采取座谈会、报告会、巡回演讲等形式，大力宣传道德模范的感人事迹和崇高品质，积极开展向道德模范学习活动，使道德模范的典型带动和示范引领效应不断显现，有力地推动了全县公民道德素质不断提升。

青海省西宁市湟中区：移风易俗为脱贫攻坚和乡村振兴凝聚精神合力

青海省西宁市湟中区位于青海省东部，是古代“丝绸之路”南道、“唐蕃古道”的必经之地，全区总面积2444平方公里，常住人口39.5万人。作为全省农业大区、人口大区，湟中农村尤其是脑山地区存在天价彩礼“娶不起”、豪华丧葬“死不起”、名目繁多的人情礼金“还不起”及农村老人“老无所养”等问题。

纵观全区“红白喜事”陈规陋习的背后，归纳起来有以下几个方面的原因：一是陈规陋习“无人管”。2017年、2018年湟中城镇、农村居民人均可支配收入分别为27685元、9824元和29825元、10762元，百姓物质生活条件得到了极大改善，红白喜事大操大办，铺张浪费，互相攀比风非常严重。二是礼俗标准“欠规范”。湟中同宗同族的思想是构成社会关系的重要方面，注重人情来往。“先是礼后是账”，收过礼金的，一定要送回去，甚至要添一点回去，这样酒席标准、人情随礼也越来越高，成了百姓“甜蜜的负担”。三是宣传引导“跟不上”。在如何推动群众转变思想观念上方法还不够多，对移风易俗相关政策宣传还不够到位，运用新媒体宣传的方式还不够广泛，群众对移风易俗的知晓率低，参与的积极性不高。

近年来，西宁市湟中区把培育和践行社会主义核心价值观作为农村精神文明建设的重中之重，把乡风文明作为乡村全面振兴的重要标志和保障，持续推进移风易俗、遏制陈规陋习，大力培育文明乡风、良好家风、淳朴民风，不断提升农民精神面貌，持续提高乡村文明程度，取得了一定的成效。

突出建章立制，强化约束力。在推动移风易俗中坚持倡导和约束并举，在倡导的同时出台相关规章制度，充分发挥制度的刚性约束和引领作用，突出实践操作性。一是注重顶层设计。自2018年以来，区委常委会议多次专题研究移风易俗工作，先后制定出台了《关于开展移风易俗推进脱贫攻坚乡村振兴的实施方案》《湟中区农村红白喜事礼俗参照标准》《给全区广大党员干部、教师、学生及家长的倡议书》等文件，为移风易俗立规矩，引导广大群众养成勤俭节约、文明高尚的生活方式。二是探索群众自治。各乡镇（街道）党（工）委督促指导全区380个村按照村民自治、民主管理的原则，因地制宜制定村规民约，把婚事新办、喜事俭办、丧事简办，弘扬孝道、尊老爱幼、扶残助困、邻里守望等内容纳入村规民约。同时发动各村党员、乡贤人才积极带头组建红白理事会、村民议事会、道德评议会、禁毒禁赌会等"四会"组织，制定"四会"章程和理事流程。全区村规民约修订率达到100%、"四会"组织机构设置率达到100%，从而实现了群众自我引导和约束。三是发挥党员引领。区委制定《湟中区党员干部带头开展移风易俗培育文明新风的若干规定》《关于严禁党员干部和公职人员违规操办或参加"升学宴""谢师宴"的通知》，开创了"风成于上，俗化于下"的新局面。各级党员干部签订文明节俭操办婚丧事宜承诺书，落实红白喜事申报备案审核制度，自觉接受组织监督，带头推动移风易俗，2020年全区累计申报备案4000余次。广大党员干部在自身做好移风易俗的同时，主动引导亲属、朋友和周围群众积极参与，广大农村群众在潜移默化中受到感染，自觉参与到移风易俗工作当中，抵制大操大办、攀比浪费、高价彩礼等陈规陋习，文明乡风在农村落地生根。

突出示范引领，激发内生力。以抓好试点村先行实践为重要突破口，通过试点先行打开工作局面，以成功案例作为推广样板，由点及面纵深推进，全力助推全区移风易俗工作有序开展。一是坚持试点先行。2018年区委按照各乡镇的风俗习惯、文化差异、地域位置等条件，从现有的文明村镇中选取3个乡镇和30个村开展移风易俗试点工作，实施的两年里，成效日益明显，受到群众的赞誉和欢迎。2020年区委常委会专题研究印发了《湟中区2020年推进移风易俗工作方案》，各乡镇（街道）迅速在全区内开展移风易俗的宣传和倡导工作，引起了广大农村群众的积极响应，经过一年的实施，逐步实现了移风易俗经常化、婚丧事务规范化、民间习俗文明化。二是重视典型引路。试点乡镇（街道）通过开展“五星级文明户”“模范村民”“好婆婆 好媳妇”等评选活动，发挥先进典型引领作用，用身边榜样来影响群众、带动群众参与移风易俗。还将乡村励志爱心超市作为助推乡风文明的新引擎，以积分兑换励志爱心超市中的商品这一方式，来扩大移风易俗影响面。试点乡镇（村）这些多元措施，大大调动了当地群众主动参与的劲头，移风易俗逐渐被群众接受和推广，为其他乡镇（村）开展移风易俗工作奠定了实践基础。三是发挥榜样示范。随着移风易俗试点工作的稳步推进，区委挖掘宣传了一批有影响力的身边人、身边事，通过对榜样的宣传造势，鼓励广大群众积极参与到移风易俗工作当中，实现了广大群众由最初的“观望”到“支持”再到后期的“全员参与”。例如，田家寨镇毛二村首次以村委会的名义对即将步入大学的学子们举办集体升学庆祝仪式，通过集体披红戴花表达祝贺，避免了各家举办谢师宴，成为当地移风易俗的榜样。

❖ 湟中区开展移风易俗曲艺宣讲

突出宣传引导，增强感染力。湟中区在推进移风易俗工作中，意识到除了政策约束外，关键还要打好“宣传牌”，通过宣传教化，让广大群众从心底里接受移风易俗新气象，才能达到治标治本的作用。一是善用宣传阵地。充分利用村文化广场、新时代文明实践所（站）等活动阵地，发挥志愿者在宣传移风易俗、树立文明新风中的作用，通过开展形式多样的新时代文明实践活动，发动村民积极参与移风易俗，争当新时代文明实践的宣传员和实践者。通过“大喇叭”、宣传栏、文化墙宣传村规民约，让群众抬头低头皆可见，从而潜移默化引导群众养成健康文明的行为习惯，使得陈规陋习的破除成为广大群众的认知与诉求，有效引领文明乡风。二是调动舆论力量。湟中区积极探索建立道德正向激励和反向约束机制，通过设立移风易俗“红黑榜”，创新对教育引导和道德惩戒模式。各村每月经村红白理事会评议，把关心集体、孝敬父母、文明诚信、庭院整洁等正面事例列入“红榜”；把破坏公共财物、不孝敬父母、游手好闲、不务正业等不文明行为列入“黑榜”。通过借助社会舆论的影响来鞭策破除陈规陋习、弘扬文明新风，大家通过“红黑榜”，对什么是应该提倡的，什么是应该摒弃的，一目了然。三是做强主题宣传。依托“互联网 +”优势，大力宣传政策制度，《湟中区红白喜事参照标准》在“微湟中”微信公众平台发布仅 3 天，阅读量就达 10 万 +，区文明委制作的 10 部移风易俗短视频总播放量也达到 10 万次以上。区文联发挥湟中民间文化艺术感染力，编写了一批围绕厚养薄葬、婚事新办、喜事俭办、丧事简办等内容脍炙人口、易于接受的移风易俗三句半、方言快板等，利用节庆活动展示给群众，使群众在潜移默化中提高认识，达成共识。

案例分析

加强公民道德建设是一项长期而紧迫、艰巨而复杂的任务，如何加强和改进新时代公民道德建设，让崇尚英雄、尊重模范、学习先进成为风尚，不断推动人民在理想信念、价值理念、道德观念上紧紧团结在一起，是我们当前着重解决的重大课题。上述 3 个案例结合实际，坚持目标导向和问题导向相统一，把握规律、积极创新，通过有声有色的活动载体，富有实效的工作举措，全民道德素质和社会文明程度达到一个新高度。

注重制度建设，强化制度保障。新时代公民道德建设的稳步推进需要完善的制度作保障，其中体制是基础、是前提，机制是关键、是保障。湖北省宜昌市着眼常态长效，建立健全联席会议、经费帮扶、考评督查等工作机制，分析未成年人思想道德建设动态，多种渠道筹措资金，注重未成年人体验和家庭社会评价，推动各项工作落实落地、落细落小。宁夏回族自治区平罗县就关心关爱先进典型、规范各类荣誉称号管理出台了专门文件，为道德模范的评选和嘉许提供强有力的制度支撑。青海省西宁市湟中区将推进移风易俗工作纳入年度绩效考核，制定以移风易俗推进脱贫攻坚乡村振兴的实施方案，明确农村红白喜事礼俗参照标准，为移风易俗提供了制度保障。

注重典型引领，树立价值标杆。道德境界是国家、社会、民族的软实力。以道德境界涵养人，就要深入实施公民道德建设工程，以道德境界的提升汇聚社会文明的力量。宜昌市设计推出丰富多样的德育主题，打造互促共进的德育体系，着力丰富德育实践，为孩子们提供更加多元化、个性化的德育服务。平罗县坚持开展百姓身边的模范评选，将可亲、可敬、可学的模范精神传递到最基层、最前沿，取得了良好社会效果。湟中区发挥文明村镇和乡贤示范引领作用，选树移风易俗带头人、好媳妇、好婆婆、好儿女，编印推动移风易俗、提升乡风文明等先进事迹材料，让广大群众学有标杆、行有示范、赶有目标。

注重依靠群众，做到共治共享。只有坚持向人民群众靠拢，紧紧依靠人民群众，才能把力量汇聚到刀刃上。宜昌市以文明城市创建引领“志愿之城”建设，向全社会发出社区德育志愿者招募令，聚集了一大批政治素质高、专业技能好、奉献精神强的志愿者，在提升志愿服务广度和深度上发挥了重要作用。平罗县在道德模范评选中始终坚持走群众路线，动员群众参与评议，鼓励他们积极参与道德模范、最美人物的推荐评选，真正做到为了群众、根植群众、教育群众。湟中区在群策群力上下功夫，发挥规范约束作用，广泛发动群众开展全区村规民约“大体检”，激励各行政村制定完善村规民约，建立理事、议事、道德评议等群众组织，有效履行议事协商功能。

注重结合融入，凝聚工作合力。公民道德建设是一项长期性、系统性、艰巨性的复杂工程，需要多方参与、协同推进、久久为功，在“融”字上下功夫，统筹各方力量，推动有机融入经济社会发展全局，在各行各业中充分体现道德要求。宜昌市多方联动，以文明城市创建为有效载体，将涉及未成年人思想道德建设的工作职能整合优化，组织城区省级以上文明单位（校园）与社区共建结对，加强阵地联建、活动联办、服务联动、管理联为，帮助未成年人树立优良道德品质。平罗县把道德模范评选同文明创建活动、“道德讲堂”、“新时代文明实践活动”有机结合，增强了评选活动的针对性和实效性。湟中区将移风易俗与新时代文明实践中心（所、站）建设深度结合，组建志愿服务队，以群众喜闻乐见、接地气的文艺宣传方式，广泛开展移风易俗宣传动员活动，营造了浓厚文明乡风民风。以上 3 个案例在公民道德建设方面取得了一些成绩，积累了一些经验，但是新时代公民道德建设是精神文明建设的基础工程，也是精神文明建设的灵魂，如何在新形势下适应新时代新要求，还有很多问题需要进一步加以研究解决。加强新时代公民道德建设，要始终坚持以人民为中心的发展思想，突出人民群众的主体地位，贴近群众需求，在服务群众中凝聚和引领群众，持续强化教育引导、实践养成、制度保障，培养和造就担当民族复兴大任的时代新人，推动全民道德素质和社会文明程度全面提升。

启示与思考

我国现代化是物质文明和精神文明相协调的现代化，共同富裕是人民群众物质生活和精神生活都富裕。立足百年大党新起点，开启全面建设社会主义现代化国家新征程，必须把公民道德建设摆在更加突出的位置，努力培养一批在思想水平、政治觉悟、道德品质、文化素养、精神状态等方面与时代要求相符合的时代新人。宜昌市、平罗县、湟中区的案例启示我们：加强新时代公民道德建设，必须聚焦深入学习贯彻习近平新时代中国特色社会主义思想这个首要任务，锚定促进人民精神生活共同富裕这个奋斗目标，把握“塑造什么样的未来人”这个根本要求，坚定不移地推动社会主义核心价值观有机融入社会生活、社会治理，使之转化为全体人民的精神追求和自觉行动，凝聚起奋进新征程的强大精神力量。

要坚持思想引领，筑牢精神信仰之基。培育时代新人，重中之重是要以坚定的理想信念筑牢精神之基。理想信念的坚定，源自思想理论上的清醒，建立在对马克思主义的深刻理解基础上。习近平新时代中国特色社会主义思想是马克思主义中国化最新成果，是引领中国、影响世界的当代中国马克思主义、21世纪马克思主义。要健全用党的创新理论武装全党、教育人民工作体系，组织各级党委宣讲团和个性化宣讲队，开展分众化、对象化理论宣讲，推动党的创新理论“飞入寻常百姓家”。要统筹开展好党史学习教育和“四史”宣传教育，上好抗疫“大思政课”，引导全体人民在感悟党的百年辉煌和新时代的原创性思想、变革性实践、突破性进展、标志性成果中，增强“四个意识”，坚定“四个自信”，坚定不移地把“两个确立”转化为做到“两个维护”的思想自觉、政治自觉、行动自觉，转化为全面建设社会主义现代化国家的强大奋进力量。

要坚持群众主体，激发文明实践之源。加强新时代公民道德建设，群众动力是基础，必须通过整合各方力量资源，深化群众性精神文明创建，充分激发群众内生动力。要线上线下相融合，继续统筹推进“两个中心”建设，用好“学习强国”学习平台，在县级融媒体中心搭建文明实践云平台，广泛收集需求、智能分发派单、互动反馈评价，不断满足人民群众个性化精神需求。要力量资源相贯通，组织各级文明单位与新时代文明实践所（站）、社区“德育加油站”等结对帮扶，推动各类资源下沉，在服务群众中教育引导群众。要主导主体相结合，健全中央和省市县四级志愿服务激励嘉许体系，推广“乡村励志爱心超市”“文明储蓄银行”“爱心支付宝”等基层探索，激发“移风易俗”“人情新风”“十星级文明户”等品牌新活力，广泛组织“红色文艺轻骑兵”等文体活动，引导群众潜移默化地参与文明实践。要统筹分类相兼顾，既要加强全体人民的道德建设，更要紧抓领导干部这个“关键少数”、突出青少年这个“重点人群”、面向文化娱乐这个“特殊领域”、深耕农村社区这个“广袤区域”，坚持分类指导，区分不同对象、不同层次深入开展道德实践活动。

要坚持典型示范，倡树立德修身之风。道德模范等先进典型都是来自人民、植根人民，集中体现了中华民族精神和社会主义核心价值观，具有强大的精神感召力。要将先进典型学习宣传实践活动作为培育和践行社会主义核心价值观的重要载体，持之以恒打造道德高地。要全覆盖选树，加强和改进典型选树工作，变随机发现为主动发掘，纵向上建立中央和省、市、县、乡、村六级常态化联动选树工作机制，横向上与公安、卫健、退役军人事务、工会、共青团、妇联等部门联动互动，分层分类开展道德模范、时代楷模、“中国好人”、“最美系列”和行业标兵、先进人物等选树活动。要立体式宣传，统筹运用新闻宣传、社会宣传、文艺宣传等形式，多形态呈现、多途径传播，让典型模范的感人事迹、崇高精神广泛传播、德润中华。要多方位践行，建立关爱礼遇工作机制，广泛开展道德实践活动，将道德模范等重大先进典型纳入党员教育学习内容，组建一批以全国道德模范名字命名的公益组织，充分发挥榜样引领作用，激励人民群众崇德向善、见贤思齐。

要坚持制度保障，夯实道德建设之本。制度是管根本、管长远的，是道德建设的保障和前提。要构建责任落实体系，推动各级党委和政府切实担负公民道德建设的领导责任，把公民道德建设摆上重要议事日程，纳入全局工作谋划推进和同级财政预算支持，着力构建齐抓共管、共同参与的工作大格局。要强化法治保障建设，发挥法治对道德建设的保障和促进作用，把道德导向贯穿立法、执法、司法、守法等法治建设全过程。要完善政策体系支撑，在公共政策的制定实施中体现道德要求，并把实践中广泛认同、较为熟悉、操作性强的道德要求转化为法律规范，推动完善文明行为、社会诚信、见义勇为等方面的法规规章。要健全社会规范约束，推动各地各行业健全完善市民公约、村规民约、学生守则、行业规范、职业规则、团体章程等，推广“红黑榜”“曝光台”等经验做法，有效规范人们言行举止，努力涵养社会文明新风尚。

拓展阅读

1. 人民日报评论员：《加强农村精神文明建设——论学习贯彻中央农村工作会议精神》，《人民日报》2021 年 1 月 4 日。

2. 王子铭、王琦、孙少龙、任沁沁：《凝聚奋进新时代的精神力量——党的十九大以来精神文明建设成就综述》，《人民日报》2020 年 11 月 19 日。

思考题

1. 如何做好全媒体时代未成年人思想道德建设工作？

2. 如何在新时代推动“道德模范”等典型人物评选常态化、制度化？

3. 在乡村振兴的实践中，如何发挥村规民约、“四会”组织在乡村治理中的作用？

十

推进思想政治理论课改革创新，构建协同育人“大思政”

要抓好青少年学习教育，着力讲好党的故事、革命的故事、英雄的故事，厚植爱党、爱国、爱社会主义的情感，让红色基因、革命薪火代代传承。

——2021 年 2 月 20 日，习近平总书记在党史学习教育动员大会上的讲话

办好思政课，最根本的是要全面贯彻党的教育方针，解决好培养什么人、怎样培养人、为谁培养人这个根本问题。

——2019 年 3 月 18 日，习近平总书记在学校思想政治理论课教师座谈会上的讲话

让学生深刻感悟马克思主义真理力量，为学生成长成才打下科学思想基础。要坚持不懈培育和弘扬社会主义核心价值观，引导广大师生做社会主义核心价值观的坚定信仰者、积极传播者、模范践行者。

——2018 年 5 月 2 日，习近平总书记在北京大学师生座谈会上的讲话

引言

思想政治理论课是落实立德树人根本任务的关键课程，是对广大学生进行思想教育和价值引领的主渠道和主阵地，直接影响着学生理想信念的形成、价值理念的确立和道德观念的传承。加强思政课建设，要坚持用习近平新时代中国特色社会主义思想铸魂育人，牢牢抓住立德树人这个根本任务，努力做到守正与创新相统一，不断推动学校思政课提质增效。四川省成都市金牛区、青海省西宁市两地积极探索思政教育新路径，推进思政课改革创新，努力构建协同育人的思政大课堂。

典型案例

四川省成都市金牛区：校地联动，构建大中小学思政教育“一体化”新格局

青少年是祖国的未来、民族的希望。在大中小学循序渐进、螺旋上升地开设思政课非常必要，是培养一代又一代社会主义建设者和接班人的重要保障。四川省成都市金牛区坚持以习近平新时代中国特色社会主义思想为指导，深入学习贯彻习近平总书记关于教育的系列重要论述，充分发挥属地高校密集、科教资源聚集的优势，成立区委主导、区委教育工委牵头、高校协同的大中小学思政教育联盟，在建体系、搭平台、理机制上下功夫，着力构建大中小学思政教育“一体化”新格局，创新走出一条大中小学思政课资源共享、协同推进、融合发展的新路子。

打造共融平台，构建“一中心三制度”联盟组织架构。充分发挥地方党委政府的指导和监督作用，搭建管理共融平台，建立金牛区学校思政中心和联席会议制度、联盟教研制度、信息共享制度，形成“一中心三制度”联盟组织架构。一是建立金牛区学校思政中心。依托金牛区教育系统党校平台，成立“金牛区学校思政中心”，牵头推进思政联盟工作，着力从组织管理、师资队伍建设、课程教材开发、教研与评价等方面统筹施策，积极发挥大中小学思政教育一体化的“动

力引擎”作用。二是建立联席会议制度。金牛区委教育工委与高校签署《金牛区大中小学思政教育联盟合作备忘录》，建立由区委教育工委担任总召集人、8所联盟高校担任副召集人的思政教育联盟联席会议制度，健全联盟定期互访、常态互动、专业互助等制度，强化组织沟通机制的方向引领、学术沟通机制的理论指导、区块沟通机制的实践作为。三是建立联盟教研制度。按照“大学引导中学，中学指导小学”的原则，以片区为单位，建立6个1所高校+N所中小学的“1+N”片区联盟教研网格单元，由组长学校牵头，开展理论学习、教学观摩、集体备课等教学活动。四是建立信息共享制度。各联盟成员单位遴选1名信息联络员，负责信息搜集、整理、报送、传递等工作，健全联盟思政教育信息资源共享和联动机制，增强对思政教育热点和意识形态重点的敏感性，及时准确研判分析，打通信息壁垒、畅通共享渠道，建立高效、精准、开放的信息资源共享生态。

打造共建平台，构建“三全育人”大思政教育生态圈。坚持师资队伍联建、课程资源联享、实践活动联办，推动联盟成员单位共建“全员育人、全程育人、全方位育人”的大思政教育生态圈。一是师资队伍联建，推动全员育人。建立常态化教学互动机制，开展大中小学思政教师“手拉手”活动，打造大中小学思政教师专业发展共同体。鼓励高校思政教师下沉到中小学“送教走课”，把高校的研究思想、理念、方法推广到中小学，帮助中小学思政教师提高专业发展和科研水平。定期组织中小学思政教师到高校研修培训，提升马克思主义哲学思维和政治理论水平。二是课程资源联享，推动全程育人。打破大中小学思政教育资源“孤岛现象”，编制区域“思政教育资源地图”，通过教师互派、地方劳模进高校、共建志愿者团队、开展科研及课程指导等方式，共建大中小学一体化思政教育实践基地，联合进行思政课程开发、教学研究，构建“必修课＋选修课”课程体系。采用“校际行走课堂”“区域巡回讲堂”“全域云端思政课”等形式，广泛开展大中小学“同上一节思政课”“全德育·思政大课堂”等活动。推动“三个一百”思政教育工程，在两年内打造100节精品思政课和示范微思政课，培育100名优秀思政教师和宣讲导师，开展100项思政教育专题研究。三是实践活动联办，推动全方位育人。鼓励高校学生到中小学开展社会实践、志愿服务、实习实训等活动，组织中小学生到高校开展研学旅行，利用入党入团仪式、传统节日、重要节庆日等，协同开展思政教育活动，丰富思政教育形式和内涵。推动大中小学生携手“进街道、进社区、进企业、进产业功能区”，让学生在实践中学习辛勤劳动、诚实劳动、创造性劳动的典型人物和先进事迹，亲身感知产

❖ 金牛区大中小学思政教育联盟

业升级、生态发展和社区治理等经济社会发展现状与成就。

打造共育平台，构建“三位一体”育人体系。抓好思政课这个“关键课程”，增强思政教育的价值引领功能，坚持价值培育与知识传授、能力培养一体化推进，构建“三位一体”的高水平人才培养体系。一是方向上同向同行。坚持为党育人、为国育才，把握青少年“拔节孕穗期”，全面落实立德树人根本任务，推动理想信念教育、爱党教育和爱国主义教育、社会主义核心价值观教育、公民和法制教育、品德与行为规范教育等贯穿大中小各学段，凸显大中小学思政教育“守好一段渠、种好责任田”的整体效益。二是目标上衔接链接。促进思政教育纵向有序衔接、横向有机贯通，统筹好思政教育总目标和学段目标的关系、培养目标一致性和内容梯度衔接性的关系、教育整体性和学段特殊性的关系、统一标准和因材施教的关系，准确把握“小学启蒙道德情感、初中打牢思想基础、高中提升政治素养、大学增强使命担当”的阶段目标，凸显思政教育的递进性、层次性、差异性，强化思政教育的整体性、连贯性、系统性。三是学段上互联互通。打破学段阻隔，加强大中小学不同学段思政课教学的衔接，立足思政第一课堂、开发第二课堂、用好网络课堂。广泛开展主题教育、社会实践、志愿服务等活动，促使中小学思政教师“顾后”衔接高学段、高校思政教师“瞻前”链接低学段，形成“循序渐进、由浅入深、由此及彼、由表及里”的思政教育路径。

打造共进平台，构建“校地协同”发展共同体。坚持党委政府主导、学校主体、家庭配合、社会参与，发挥多元主体作用，高品质构建“高校 + 地方”校地协同发展共同体，在互利共赢中携手共进、联动提升。一是构建多主体参与治理共同体。加强党委政府、学校、家庭、社会的联动，金牛区委、区政府坚持为学校办学安全托底，解决学校后顾之忧。区教育等部门以及工会、共青团、妇联等群团组织统筹协调各方面资源支持服务学校发展。引导家庭为学生讲好“人生第一课”，帮助学生扣好人生第一粒扣子，促进全社会共同担负好青少年成长成才的责任。二是构建全方位协同培养共同体。高校作为区域治理体系与治理能力现代化的“人才库”“思想库”“资源库”，充分发挥高校与地方各自优势，推动高校与地方治理高质量协同发展、基础教育与高等教育高质量协同发展，彰显“1+1>2”的治理效能。三是构建多渠道成果转化共同体。按照“校地一家亲”理念，依托高校名师名家及学术科研人员等高端人才资源，充分挖掘高校创新创造潜能和智慧优势，推动高校与地方产业、企业精准对接，助推产学研协同创新，打通科研成果转化“最后一公里”，为大中小学思政教育一体化拓展教学资源空间和实践育人平台。

青海省西宁市：创新思政格局　培育时代新人

习近平总书记特别关心青年一代的成长，指出学校教育必须把“培养社会主义建设者和接班人作为根本任务”，“文明其精神、野蛮其体魄”，精准指出“办好思政课，有不少问题需要解决，但最重要的是解决好信心问题”。习近平总书记的这些重要论断为新时代办好思政课点准了“穴位”，为新时代教书育人大计指明了方向。青海省西宁市深入贯彻落实习近平总书记关于教育工作的重要论述，全面落实立德树人根本任务，积极构建大思政格局，力求思政课程与课程思政的同向同行，实现全员全程全方位育人，为培养社会主义建设者和接班人打下坚实的思想基础。

强化思想政治引领。把握好“培养什么样的人，怎样培养人，为谁培养人”这一根本问题，筑牢青少年意识形态和宣传思想阵地，以社会主义核心价值观引领塑造担当民族复兴大任的时代新人。一是强化制度设计。成立全市思政理论课建设领导小组及指导委员会，制定出台《习近平新时代中国特色社会主义思想统领西宁教育工作方案》《加强学校思想政治理论课建设的若干措施》，建立市级领导干部上讲台讲授思想政治理论课制度，各级领导干部上讲台讲授思想政治理论课 142 场次，从整体设计到具体实施一体化统筹，以健全完善的制度保障各项工作落地见效。二是建立完善机制。健全“直属机关党委——学校党组织——党支部（党小组）”三级联抓责任体系，持续开展党支部规范化达标活动，建立中心组学习巡查旁听、“三会一课”记录线上调阅制度和学校党建工作、思想政治工作分组季度抽样交叉检查机制，坚持每月旁听、线上调阅，每季度集中交叉检查，确保工作高效推进。三是细化考核标准。严格落实各级党组织意识形态工作责任制，把思政教育工作纳入年度学校领导班子和领导干部考核体系，建立学校领导班子成员教研活动机制，开展党组织书记带头进思政课堂，班子成员结合分管工作定期深入教研组、班级、课堂、社团参与思政教育教学活动，引导广大师生坚定理想信念。

打造过硬思政铁军。习近平总书记强调，办好思想政治理论课关键在教师，关键在发挥教师的积极性、主动性、创造性，西宁市对标习近平总书记对思政课教师提出的 6 个要求，把思政教师队伍建设纳入教育改革发展和人才队伍建设总体规划，明确了思政课教师队伍建设的方向。一是拓宽师资来源渠道。按照专职为主、专兼结合的原则，通过校内转岗补充专职思政课教师，加强专职辅导员配备，不断建强思政教师队伍，优选组建“思政教育特聘辅导员”队伍 170 余支，进一步增强了为党育人、为国育才的思想自觉和政治自觉。二是增强教师育人本领。把能力建设作为重要内容，瞄准培训内容，丰富培训载体，实施思政队伍专项培训计划，组织开展思政教育实践探索提升专题研讨、思政名师大讲堂等活动 16 场次，举办新时代教师思政和师德提升等各类培训 20 余期，遴选 100 余名中青年思政理论课教师到工作室研修，努力打造一支政治素质过硬、业务能力精湛、育人水平高超

❖ 学生在西宁市中小学思想政治教育馆接受教育

的高素质专业化思政教育队伍。三是打造思政实践阵地。把阵地建设作为开展思想政治教育的重要载体，在全省打造首家思政教育主题馆，在 15 个爱国主义教育基地先后建设思政学科基地，打造思政名师工作室、集团校名师工作坊及国家安全、绿色发展实践等校内外教育场馆 80 余个，建设 57 个中小学生德育实训基地及 151 个社区“未成年人成长驿站”，确保思想政治教育工作落到实处、见到实效。深入开展“我与楷模面对面”、师德师风专项整治等活动，涌现出全国教书育人楷模、“中国好人”等一批立德树人标杆。

持续推动课程创新。思想政治理论课是落实立德树人根本任务的关键课程，在引领学生思想观念方面起到源头活水的作用。西宁市把思想政治理论课建设摆上重要议程，推动思想政治理论课改革创新，聚焦“八个相统一”要求，深挖思政课堂内涵，切实承担好铸魂育人的时代重任。一是抓好学校“第一课堂”。在教学方法、教学手段上下功夫，根据学生的认知特点和审美需要，实施“思政理论课创优行动”，打造以思政课为关键、语文等课程为基础、其他课程为支撑的思政课程体系。创新授课形式，打造学生喜闻乐见的“百年华诞颂党史　砥砺奋进歌盛世”精品音乐党史党课，开展“大中小学思政课一体化建设暨思政专项课题成果”交流展评活动，引导学生树立正确的理想信念。二是建好实践“第二课堂”。充分发挥校外思政阵地各平台的合力，激发学生的自主学习能力与科学探究能力，挖掘站、馆、园、廊资源优势，抓实重要时间节点，广泛开展爱国主义教育研学旅行、学生社会调查、市情调研等校外思政教育活动，学校、社会协同育人体系进一步健全、优势进一步凸显。三是用好网络“第三课堂”。强化“互联网＋思政”，线上线下同频共振，报、刊、屏、台、网共同发力，创新网络思政课堂模式，开展“思政理论课建设优秀成果巡礼”活动，在媒体打造思政教育专栏，推出网络思政优质课程“一人‘疫’故事”“师说”“青听”等，不断提升学校思政课的覆盖面和实效性。

稳步推进融合发展。始终把立德树人的成效作为检验学校一切工作的根本标准，充分发挥校园文化、新时代文明实践中心（所、站）、社会实践等各类思政资源协同发力的作用，推进各类资源整合利用，努力形成校内外互为补充、有机联动，全社会共同推进的工作新局面。一是统筹推进。着力构建集时代性、整体性、实效性、协同性于一体的校园文化建设格局，制定实施加强和改进中小学校园文化建设的工作方案，结合文明校园、绿色校园、先进典型等创建评选，建立校园文化建设长效的自我评价和可持续发展机制，4 所学校荣获全国文明校园称号，19 所学校荣获省级以上文明校园荣誉称号，评选省级绿色学校 171 所，市级绿色学校 268 所，选树“新时代好少年”43 名。二是拓宽载体。依托新时代文明实践中心（所、站）、社区“未成年人驿站”等，组织开展丰富多彩的主题教育和实践体验活动，开展“给国旗敬个礼”“童心向党庆百年　红色基因代代传”等入党、入团、入队宣誓仪式各具特色、主题鲜明的党性教育、红色教育和初心教育，升华对党、对国家、对社会主义的情感。三是丰富实践。充分利用课后托管服务时间，组织开展丰富多彩的经典诵读、戏曲、书法、传统体育进校园活动，体验酥油花制作，传承掐丝唐卡、青绣、河湟剪纸等非遗技艺，不断激发非遗在以文化人、育人中的活力。组建中小学家庭教育讲师团、“夏都之声”百名少年宣讲团等队伍，邀请五老人员、先进模范等进社区、进小区宣讲，教育引导学生传承红色基因、争做时代新人。

案例分析

党的十八大以来，党中央先后召开全国高校思想政治工作会议、全国教育大会、学校思想政治理论课教师座谈会等重要会议，习近平总书记多次强调思政课建设，明确指出："我们党立志于中华民族千秋伟业，必须培养一代又一代拥护中国共产党领导和我国社会主义制度、立志为中国特色社会主义事业奋斗终身的有用人才。"思想政治理论课正是落实立德树人根本任务的关键课程，在大中小学循序渐进、螺旋上升地开设思想政治理论课非常必要，是培养一代又一代社会主义建设者和接班人的重要保障。四川省成都市金牛区、青海省西宁市两个案例为立足新时代、开好思政课，培养德智体美劳全面发展的社会主义建设者和接班人提供了思路方法和实践经验。

一是政治引领践行铸魂育人。"历史是最好的教科书"，"中国革命历史是最好的营养剂"。用思政课培根铸魂，就要擦亮"红"的底色，全面贯彻党的教育方针，解决好培养什么人、怎样培养人、为谁培养人这个根本问题。两个案例均把旗帜鲜明讲政治放在首位，坚持党对思政课建设的领导。四川省成都市金牛区在区委的统一领导下进行大中小学思政教育一体化工作，发挥区委对区域教育"把方向、管大局、保落实"的重要作用，立足于思政课的政治性属性，坚持思政课在课程体系中的政治引领和价值引领作用，引导学生增强中国特色社会主义道路自信、理论自信、制度自信、文化自信，厚植爱国主义情怀，强化学生爱国情、强国志、报国行。青海省西宁市聚焦落实立德树人根本任务，突出政治引领，高站位推动，从整体设计到具体实施一体化统筹，以健全完善的制度保障各项工作落地见效。注重课程内容，将融入课堂教学、整合内外资源、拓宽教育路径作为思政教育的基本着力点，用“年轻人的方式”点燃青少年爱国主义热情，思政大课堂既可感可知又可亲可近，把爱党爱国的种子埋入孩子心灵深处，让爱国主义精神代代相传。

二是建强队伍夯实思政基础。“思政课教师，要给学生心灵埋下真善美的种子，引导学生扣好人生第一粒扣子。”在推进思政课的改革创新中，思政课教师要自觉强化自身业务本领，把准、吃透思政课教材内容，从而实现思政课“教材内容体系”向“教学内容体系”的有效转换。两个案例均抓住教师队伍建设这个关键，从选优配强、专业提升、师德师风多个方面发力，锻造人民满意的“四有”好老师。金牛区建立常态化教学互动机制，打造大中小学思政教师专业发展共同体。鼓励高校思政教师下沉中小学交流研学，推动高水平的研究成果向中小学倾斜，帮助中小学思政教师提高专业能力和科研水平。西宁市持续将思政队伍建设纳入教育改革发展总体规划，实施思想政治理论课教师队伍建设计划，配足配强师资队伍。以赛促能，分学段举办思政教师课堂教学大赛、岗位大练兵等活动，建设覆盖全学段的市级思政课名师工作室。深化师德师风专项整治等活动，定期选树表彰师德先进典型，增强“造血”功能，持续为思政队伍输入新的力量。

三是多方联动构筑育人合力。学校思想政治工作不是单纯一条线的工作，而应该是全方位的。两个案例中，金牛区和西宁市把地方政府和驻地高校结合起来，把基础教育和高等教育结合起来，把思政课程和课程思政结合起来，把思政内涵与学校文化结合起来，把课程资源与地方特色结合起来，把学校思政和家校合作结合起来，发挥了融入式、嵌入式、渗入式的立德树人协同效应。金牛区构建校地协同发展共同体，形成“一中心三制度”联盟组织构架，充分发挥多元主体共同治理优势，推动高校与地方治理高质量协同发展、基础教育与高等教育高质量协同发展，彰显综合治理效能。打破大中小学思政教育资源“孤岛现象”，统筹区域内平台、课程、师资、场馆等思政资源，梳理编制区域思政教育资源，共建大中小学一体化思政教育实践基地，扩大思政教育的时空场域。组织大中小学协同开展思政教育活动，丰富了思政教育形式和内涵。西宁市强化课程建设，充分利用三类课堂的主渠道作用、实践育人功效、网络育人元素，强化阵地建设，充分依托新时代文明实践中心（所、站）及各类社会实践载体，让思想政治教育寓于潜移默化中，形成全社会共同推进的工作新局面。

启示与思考

办好学校思政课意义深远、责任重大。四川省成都市金牛区、青海省西宁市的案例，启示我们思想政治教育既要积极回应当前的现实诉求，又要注意对传统载体的创新发展，还要注意对新兴载体的合理化运用，打破长期以来思想政治教育与专业教育相互隔绝的“孤岛效应”，推动思政课程与课程思政协同前行、相得益彰，犹如《春夜喜雨》，让思想政治教育的“春雨”来得及时、滋润万物，做到“如春在花、如盐化水”。

“好雨知时节，当春乃发生”。2021 年恰逢中国共产党成立 100 周年，同时又是我国实施“十四五”规划、全面建设社会主义现代化国家的开局之年。我们要用好党史这本最生动最有说服力的教科书，更加突出用党的创新理论铸魂育人、凝心聚力，深入推进习近平新时代中国特色社会主义思想进教材、进课堂、进头脑。要发挥高校科教资源优势，因地制宜构建大中小学思政教育联盟，打通区域、学段、校际界限，构建形成开放共融的“大思政”格局。中心城市要积极发挥示范带头作用，积极构建大思政格局，实现全员全程全方位育人，为培养担当民族复兴大任的时代新人打好基础。

“随风潜入夜，润物细无声”。思想政治教育的方式不止一种，不能简单“相加”或“堆砌”，这需要我们坚持灌输性和启发性相统一，注重启发性教育，引导学生发现问题、分析问题、思考问题，在不断启发中让学生水到渠成得出结论，将“读万卷书”与“行万里路”相结合，使“室内课堂”与“室外课堂”有机衔接。要用好“党委政府主导、学校主体、家庭配合、社会参与”的思路，在制度完善、机构设置、队伍建设、支持保障、协同调动多方资源等方面发挥主导作用，学校、家庭、社会明确责任、各司其职，构筑多元主体参与、全面协同培养、推动成果转化的发展共同体，形成思政课建设的整体合力。要坚持党委主要负责同志带头到联点学校讲授思想政治课，明确党委主体责任，创新思政教育学习体系，用故事阐释道理、用细节打动人心，不断提升思政课的亲和力感染力、针对性实效性。

“野径云俱黑，江船火独明”。思想政治教育工作要有亮点，不能平均用力；要有特点，不能随波逐流；要独树一帜，始终高举真理旗帜，坚持原则立场，做到“江船火独明”。这样，才能调动学生的兴趣、坚定学生的信心，发挥引领方向的作用。要因地制宜建设组织架构，推动大中小学的互动交流，完善信息共享制度，打通信息壁垒、畅通共享渠道，建立高效、精准、开放的信息资源共享生态，有效发挥出大中小学思政教育一体化的“动力引擎”作用。要紧贴时代特点，聚焦青少年需求，用“年轻人的方式”点燃青少年爱国主义热情，让爱国主义教育“动”起来、“活”起来，持续为课堂赋能“提质增效”，为队伍输入“新鲜血液”、为阵地注入“源头活水”，不断加强“思政课程＋课程思政”思政体系建设，引导青少年深刻理解中国共产党领导和中国特色社会主义制度优势，增强爱党情、报国行。

“晓看红湿处，花重锦官城”。衡量思想政治教育究竟好不好，最重要的标准还是要看它有没有实效，或者效果是大还是小。就像润物无声的春雨，使万物滋长、繁花盛开那样，真正好的思想政治教育是通过持续而细致的工作替人排忧解难，潜移默化，以达到影响人、改变人、激励人的效果。在构建大中小学思政教育联盟过程中，要聚焦一体化建设的“堵点”，通过理顺机制、搭建平台，促进大中小学之间协同联动，实现资源共用、师资共建、课题共研、成果共享，促进各学段教学优势互补，变“背靠背”为“手拉手”，切实打破隔膜、联通“孤岛”。要充分发挥校园文化、社会实践等各类思政资源同向同行的作用，大力弘扬革命精神，组织青少年学生开展各具特色、主题鲜明的党性教育、红色教育、初心教育，升华对党、对国家、对社会主义的情感，教育引导学生立鸿鹄志、做奋斗者。

拓展阅读

1. 潘云成:《发挥高校思政课教师的积极性主动性创造性研究》,《高教学刊》2021 年第 29 期。

2. 杨增岽、于利花:《新时代中学思政课评价的变化及其特点》,《教学月刊·中学版（教学参考）》2021 年第 2 期。

思考题

1. 如何认识新形势下学校思政工作的重要性?

2. 如何在学生思政教育中更好地形成学校、家庭、社会三方位矩阵合力?

3. 结合您所在地实际，谈谈推进学校思政工作还存在哪些问题？还可以进行哪方面的探索创新?

十一

倡导文明新风，推进诚信建设和志愿服务制度化

各级党组织特别是基层党组织要在联系服务群众上多用情，在宣传教育群众上多用心，在组织凝聚群众上多用力。

——2020 年 3 月 29 日至 4 月 1 日，习近平总书记在浙江考察时的讲话

志愿服务是社会文明进步的重要标志，是广大志愿者奉献爱心的重要渠道。要为志愿服务搭建更多平台，更好发挥志愿服务在社会治理中的积极作用。

——2019 年 1 月 17 日，习近平总书记在天津考察时的讲话

要大力弘扬时代新风，加强思想道德建设，深入实施公民道德建设工程，加强和改进思想政治工作，推进新时代文明实践中心建设，不断提升人民思想觉悟、道德水准、文明素养和全社会文明程度。要弘扬新风正气，推进移风易俗，培育文明乡风、良好家风、淳朴民风，焕发乡村文明新气象。

——2018 年 8 月 21 日至 22 日，习近平总书记在全国宣传思想工作会议上的讲话

引言

建设新时代文明实践中心，是推动习近平新时代中国特色社会主义思想深入人心、落地生根的重大战略抉择，是实施乡村振兴战略、满足基层群众精神文化生活新期待的重要抓手。如何推动新时代文明实践工作走深走实，打通宣传群众、教育群众、引领群众、服务群众的“最后一公里”？重庆市荣昌区、陕西省商南县、内蒙古自治区包头市固阳县、山东省荣成市等地围绕“谁来做”“做什么”“怎么做”“做多久”的问题，走出了一条具有地方特色的文明实践新路径。

典型案例

重庆市荣昌区："小院讲堂"打造群众家门口的新时代文明实践阵地

重庆市荣昌区坚持建好小平台、发挥大作用，用心打造小而精、秀而美的"小院讲堂"，把新时代文明实践阵地建在群众家门口，精心组织开展讲理论、讲政策、讲法律、讲科技、讲健康、讲典型、讲变化"七讲"志愿服务，努力打通凝聚群众、教育群众、服务群众的"最后一米"。

突出实用实效，用心建设"小院讲堂"。聚焦基层实际，深化拓展新时代文明实践阵地，努力将"小院讲堂"建设成为传播科学理论的大众平台、密切干群关系的暖心平台、群众有事就找的服务平台、基层社会治理的创新平台。一是建设四级阵地。将文明实践阵地延伸到城市楼院、农村院坝，设立"小院讲堂"文明实践点，搭建起文明实践中心、所、站、点四级阵地，实现多级联动、同频共振。二是明确建设标准。制定出台"小院讲堂"建设实施方案，按照一个院委会、一支志愿者队伍、一则院规、一处小院标识牌、一面文化墙、一块宣传栏、一个院史馆、一句总书记金句、一个活动场地的"九个一"建设标准，规范建设"小院讲堂"。三是组建两支队伍。组建"小院讲堂"院委会，负责日常管理，推选热心公益、愿意为院落群众服务的优秀党员、致富能人、乡贤人士担任小院院长；组建区、镇（街道）、村（社区）、小院四级志愿服务队伍，会集领导干部、专家学者、理论名嘴、乡贤人士、文艺骨干、致富能人等志愿者，实名注册志愿者达到15.27万人，占常住总人口的16%。

突出常态长效，用力健全运行机制。聚焦可持续、常态化，探索建立推动文明实践落地落实的全链条责任机制，努力实现群众的需求“不出院”就能收集，新政策“不出院”就能听到，身边事“不出院”就能解决。一是建立群众需求收集制度。推行“十指连心”党员干部密切联系服务群众制度，用干部的十指敲开群众家门、叩开群众心门，干部与群众同坐一条凳子，面对面谈心谈话，摸透群众需求，找准“小院讲堂”工作切入点。二是建立群众意见办理制度。按照群众点单小院必接、小院报单实践站必接、实践站报单实践所必接、实践所报单中心必接的“四必接”原则，实行“群众点单—小院收单—所（站）分单—中心派单—志愿者接单—群众评单”闭环管理，实现小院能办事项小院办、一般事项所（站）办、重大事项中心办。三是建立志愿服务项目制度。整合少年宫、学校、便民服务中心等资源，建立志愿服务项目孵化基地、志愿服务培训基地、文明实践教育基地16个，“小院讲堂”现场教学点21个，培育出“巾帼志愿者”“红领巾小海棠”等21个志愿服务组织，孵化出“小威送法”法润棠城、“阿度姐姐”心理服务、“美家美户”家居整理等22个志愿服务项目，培训志愿者队伍21支、4500人。四是建立效果评价制度。从吸引力、满意度、影响力等方面，对志愿服务活动效果进行跟踪评估，持续改进工作方式，确保群众需求得到及时有效回应，增加群众对“小院讲堂”

的黏度。五是建立激励保障制度。坚持物质激励和精神激励相结合，制定实施《志愿服务嘉许激励办法》《文明实践积分兑换制度》等，区财政每年预算工作经费300万元，充分调动志愿者和群众参与志愿服务活动的积极性。

突出主题主线，用情策划特色活动。围绕推动习近平新时代中国特色社会主义思想在基层落地生根这条主线，用群众喜欢的语言、最接地气的方式，开展多姿多彩的文明实践活动，把“小院讲堂”建设成为群众的精神家园。一是开展“七讲”活动。组建讲理论、讲政策、讲法律、讲科技、讲健康、讲典型、讲变化“七讲”专业志愿服务队，依托“小院讲堂”平台，采取快板、小品、情景剧、小故事等群众喜闻乐见的形式，宣讲党的创新理论，解读党中央大政方针、市委决策部署和利民惠民政策，普及法律法规，培训种养技术、手工技艺等，传授婴幼儿抚育、老年人照护、医疗急救、疫情防控等知识，讲述身

❖ 重庆市荣昌区党史地方志研究室志愿者张良安讲抗美援朝

边先进典型故事，畅谈个人、小院、家乡、国家发展变化。二是推动“党史进小院”。组织“六进宣讲队”“新时代党史传承志愿服务队”“五老宣讲队”“红领巾·小海棠宣讲队”，多层次开展“党史进小院”活动，利用“志愿者身边讲”“乡村讲述人”“企业讲堂”宣讲习近平总书记“七一”重要讲话精神和党的十九届六中全会精神，深化拓展党史学习教育。用好融媒体手段，搭建“小院e讲堂”线上平台，开设“党史上的今天”专栏，在线直播，声情并茂地讲述党史事件、党史人物，让党的声音更具时代感、时尚感。三是丰富群众性宣传教育活动。以“小院讲堂”为依托，组织小院群众参与“在希望的田野上——唱支山歌给党听”快闪活动、“棠城儿女永远跟党走”文艺演出，举办优秀影片展映进小院、小院坝坝舞展演、美丽乡村文艺秀等文化活动，推出万人海采“向党说句心里话”全媒体报道、“我和党旗合个影”等主题活动，厚植群众爱党、爱国、爱社会主义情感。

突出民需民盼，用功办好民生实事。按照“找、定、办”的工作方式，深入开展“我进小院办实事”活动，着力解决好“一老一小”“一旧一危”等群众急难愁盼的问题。一是分门别类找。依托“小院讲堂”召开院坝会，与群众面对面交流，点对点听取意见，收集群众操心事、烦心事、揪心事。采取“定向征集”方式，汇集纪检、网信、信访、农业、教育等部门掌握的情况，梳理群众关切的问题。二是两上两下定。上交问题列清单，将找出的问题统一上交区新时代文明实践中心统筹安排，分类整理形成问题清单；下发清单听意见，将问题清单返回至各新时代文明实践所（站），征求群众意见，确保群众需求真实反映，形成准确清单。上报区委审清单，经区委常委会审定，形成“区级重点民生项目”“处级领导干部为民办实事”和“党员办实事”三张特色清单；下发清单干部办，针对清单提出具体实施方案，逐条落实责任人，确保事事有落实、件件有回音。三是三级联动办。书记示范办，区、镇街（部门）、村（社区）三级书记示范带动，开展“三级书记进小院办实事”活动。处级干部认领办，采取自己申报和主动认领的方式，实现副处级以上领导干部“我进小院办实事”全覆盖。党员主动办，采取到小院报到的方式，开展“健康义诊”“法律服务”“帮农助农”等志愿服务活动。截至 2021 年 12 月，“三级书记”已解决群众热点难点问题 325 件，处级以上干部已办结实事 1237 件，党员解决问题 14653 个，惠及群众 30 余万人。

陕西省商南县：“五新助农”行动为乡村振兴助力

陕西省商南县位于陕西东南秦岭腹地，辖 9 个镇、1 个街道办事处、108 个村、18 个社区，总面积 2307 平方公里，总人口 24.9 万。曾经是秦巴山集中连片贫困地区，国家级贫困县，2020 年 2 月顺利实现脱贫摘帽。自脱贫攻坚实施以来，实施易地扶贫搬迁 3879 户 15706 人、建成搬迁小区 16 个，让大山的群众渐渐从深山里搬出来，走进集镇和县城，成为城镇市民。

为了认真抓好易地扶贫搬迁小区管理和服务工作，县委专门成立以县委常委、宣传部部长为组长的调研组，组织镇村干部、人大代表、政协委员入户调研，发现有的搬迁群众存在“等靠要”思想，有的不愿意接受新事物，有的轻诺寡信、贪图小利，还有的自由散漫、游手好闲，等等。针对这些问题，县委常委会议议定，县委宣传部牵头，组织调动宣传、组织、党校、发改、人社、民政、教育、乡村振兴等部门，在全县搬迁小区建设新时代文明实践点，以“爱敬诚善·文明商南”为主题，以“讲评兑帮践乐”为载体，以搬迁群众为主体，开展新市民学堂、新市民实践基地、新市民榜样、新市民爱心团、新市民大舞台“五新助农”行动，并逐步推广到城乡30个商住小区和18个社区，帮助搬迁群众融入“新生活”、成为“新市民”，为巩固脱贫攻坚成果有效衔接乡村文化振兴探索新路径。

开办“新市民学堂”，“讲”出新味道。一是县新时代文明实践中心协调县委党校、司法、卫健、科协、农业农村、文旅等部门理论政策宣讲员，组成搬迁小区志愿宣讲团，依托小区图书阅览室、远教平台、道德讲堂和新时代文明实践点等阵地，每季度开办一期“新市民学堂”，重点宣讲习近平新时代中国特色社会主义思想、习近平总书记来陕考察重要讲话精神、乡村振兴、卫生健康、法律法规等理论政策。二是镇（村）新时代文明实践所（站）聘请46名工作经验丰富、热心服务群众的身边宣讲员，结合“我们的节日”活动、“广场舞前10分钟”、应急广播等，到小区常态化宣讲疫情防控、农村土地流转、食品药品安全、征地拆迁、婚姻法、老年人权益保障法等群众需求面广的知识，提升居民政策理论水平、思想道德觉悟和社区文明程度。2021年开办“新市民学堂”184期、道德讲堂276期，配套活动宣讲552场，参与群众5.03万人次。

打造“新市民实践基地”，“践”行新风尚、“兑”出新动力。一是按照“乐业才能安居”的要求，全县搬迁小区引进40家社区工厂，根据节点举办创业和技能提升培训班，为1861户建档立卡户提供就业岗位，让群众实现楼上居住楼下赚钱。二是紧贴群众所需所盼，针对留守老人、孤寡老人，建立日间照料中心，提供饮食起居、健康康复和亲情关怀等方面专业照护；针对留守儿童，设立高中低3个年龄段的“爱心课堂”，招募教育行业志愿者，对放学后无人看管的学生，培训特长、疏导情绪；设立爱心超市，建立积分兑换制度，将群众参与志愿服务、移风易俗、环境整治纳入积分管理，为正面行为加分、负面行为减分，按月在“爱心超市”兑换日常所需商品。三是在有条件的搬迁小区兴办爱心餐厅，为独居老人提供营养膳食；开办“健康服务站”，为60岁以上老人免费体检，为特困老人、身体行动不便的群众提供送医送药上门服务。

选树“新市民榜样”，“评”出正能量。一是按照县委两年表彰一批“道德模范”、文明委半年评选一批“商南好人”、镇（村）新时代文明实践所（站）季度评议公示一批“好公婆、好儿媳”“文明家庭”的先进典型选树机制，搬迁小区采取居民代表推荐、楼栋长自评、文明实践点审核公示的方式，每月开展一次“最美楼栋”“十星级文明户”“好邻居”评议活动。对评出的先进典型，一方面在小区“善行义举榜”张榜公示、在单元楼栋口挂牌表扬，另一方面择优向上推荐参加评选。二是在县融媒体中心开办《商南榜样·时代楷模》栏目，依托搬迁小区应急大广播，每天早晚定期巡播选树的各类先进典型事迹。三是通过“居民故事会”形式，让身边人讲身边事，让好人事迹和群众天天见、时时新，营造学当先进、赶超先进的干事创业氛围。2021年搬迁小区评选“最美楼栋”51栋、“文明家庭”368户，表彰“好公婆、好儿媳”904人，全县入选“中国好人”2人、“陕西好人”4人。

成立“新市民爱心团”，“帮”出一家亲。一是坚持文明实践与党的建设、乡村振兴、社会治理、民生实事等工作深度融合，由文明实践点牵头，把党员干部、先进典型、乡贤骨干、致富能人作为志愿者主力，同时把慈善协会、老科协、老年大学以及书协、美协、摄影家协会、诗词楹联协会、诵读协会等社会力量动员起来，组成搬迁小区爱心帮扶志愿服务队。过风楼镇白玉沟搬迁小区针对群众反映办白事没有场地的问题，有效利用闲置厂房建成500平方米的“文明礼堂”，组建红白事帮办志愿服务队，全程监督管理，免费提供主事、主厨、演出等服务，以自治方式，减轻“人情”负担，摒弃陈规陋习。二是依托微信公众号开通“为民办事”征集箱，针对群众所需所盼，策划实施法律援助、心理咨询、矛盾调解、电器维修、跑腿代办等志愿服务活动，联动各方实现群众“微心愿”。三是摸清空巢老人、留守儿童、残疾人等困难群众底数，开展一对一帮扶活动，提高留守群众和困难群众的获得感、幸福感、安全感。

搭建“新市民大舞台”，“乐”过新生活。一是根据群众日益增长的文化生活需要，依托小区文化广场、文体活动室、体育健身中心等阵地，联合党建联建单位组织开展“商南家乡我热爱”主题歌舞会演、拔河赛、篮球赛、广场舞比赛等群众喜闻乐见的文体活动。二是根据群众需求，邀请县文化馆、剧团专业技术人员，定期举办舞蹈、小戏小品、书法绘画、非遗传承等文艺培训班，提升群众文化活动质量和水平。三是县新时代文明实践中心文化惠民志愿服务队，巡回搬迁小区开展“戏曲进小区”“小戏小品下乡”等文化惠民活动。四是小区文艺志愿服务队，自编自导《文明鹿城之歌》《移风易俗顺口溜》《居民公约三句半》和舞蹈《山里人乐的好潇洒》，在居民茶余饭后演出形成常态，活跃了群众文化生活、提升了幸福指数、凝聚了发展合力。

在工作推进中，明确县镇村和搬迁小区“四级书记”主抓文明实践工作职责，实行“县级领导包镇、镇科级领导包村和小区、包扶干部包户、镇党委书记、镇长包抓示范点”的办法，每季度开展一次督查、发一期通报，半年开一次推进会，形成高效推进工作闭环机制，保障工作落细落实。在易地扶贫搬迁小区“五新助农”行动推进中，还存在志愿者招募、项目策划与推广、组织管理规范化、专业化、制度化、常态化不足的问题，存在行政组织的志愿服务活动较多，社会

❖ 陕西省商南县“五新助农”之新市民榜样照片

志愿团体组织开展活动少等问题，需要在推进文明实践活动常态长效、志愿服务项目策划、统筹整合各类资源、完善工作机制上狠下功夫，推进新时代文明实践工作往实里走、往深里走。

内蒙古自治区固阳县："拉话话、搭把手"志愿服务活动，在办实事、解难题中凝聚群众、引领群众

内蒙古自治区包头市固阳县在新时代文明实践中心建设工作中，通过开展套餐式的"拉话话、搭把手"志愿服务活动，宣传了群众最想听的内容，开展了群众最喜爱的活动，疏解了群众最烦心的事，提供了群众最需要的服务，推动了习近平新时代中国特色社会主义思想"飞入寻常百姓家"，探索出一条以"拉话话、搭把手"践行党的群众路线为主要形式的志愿服务途径，有效推动新时代文明实践延伸到山区最深处、扶贫最前沿。

"拉话话""拉"出了老百姓的苦衷和难题。近年来，脱贫攻坚叠加性的惠民政策，让贫困群众实现了"两不愁、三保障"，得到了实惠。但年轻人外出、老年人"守家"成为固阳县农村常态。留守老人在生产生活中遇到的诸如买个药、卖只鸡、砌个墙等看起来微不足道、鸡毛蒜皮的生活琐事，却成了望眼欲穿、无能为力的"难事急事"。在群众所求无门的时候，"拉话话"服务队来到了群众身边，"拉"出了

群众的苦衷，解决了群众的难题。固阳县银号镇东元永村委五保户郭才见到“拉话话”服务队员时，便倒起了心中的“苦水”：“我是五保户，可是从 2012 年开始就没有领过五保金。我心里头很难过，实在是想不通为什么我享受不到国家的好政策？”“拉话话”服务队员迅速与郭才所在的村委、镇等相关部门了解情况，得知其五保补贴一直在正常发放，没领到的钱其实只是 2020 年 1 月至 6 月的养老金，主要原因是郭才没有区分清楚五保金和养老金的差别，且 2020 年没有进行生存认证。但郭才并不认可，服务队又带其到一卡通所属邮政储蓄银行进行核实，通过流水查询了解清楚真实情况之后，郭才高兴地说：“真是太好了，服务队员们搬走了压在我心头的石头，现在心里一下子就畅快了。”随后，“拉话话”志愿服务队向郭才详细介绍了五保金和养老金之间的区别，并将其接到镇办事厅帮助他进行了生存认证，少领的养老金也将按程序进行补发。“拉话话”志愿服务队以走村入户唠家常为主要方式，针对留守老人、鳏寡孤独、空巢独居、痴苶呆傻等边缘弱势人群生活中遇到的突出难题，从一件件小事着手，及时帮助解决，时常照顾看望，让群众的苦衷有处诉、难事有处解，于细微处体现真情。

“拉话话”“拉”出了志愿者的爱心和行动。固阳“拉话话”志愿服务队不搞空架子，坚持分类施策，各有所“务”，将爱心播撒在乡村角角落落。2021 年秋收时节，各类农作物陆续进入成熟期，但由于秋雨较多，各地群众进行了抢收、抢晒，各镇志愿服务队也纷纷加入其中。兴顺西镇哈达合少村村民刚把收割好的荞麦拉回场上，摊开准备晾晒，没想到却突然下起了瓢泼大雨，几个村民一下子傻眼了。哈

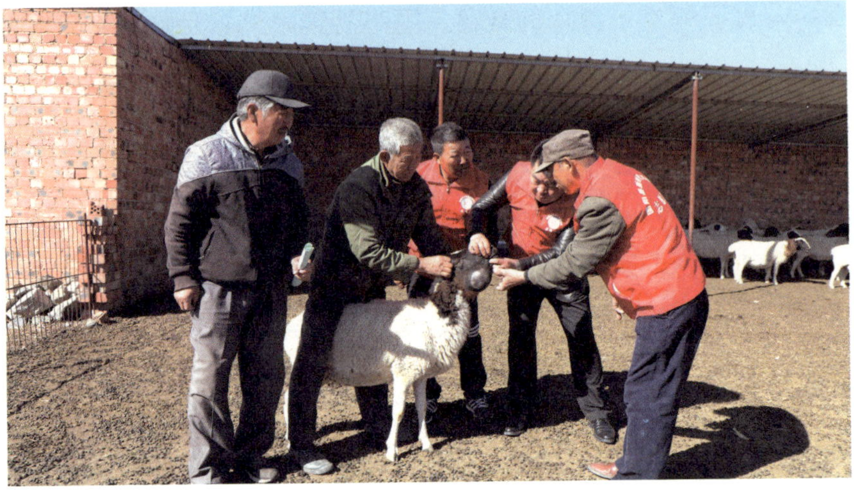

❖ 固阳县怀朔镇羊养殖技术指导志愿服务队为阳湾村民的羊诊病

达合少村委“拉话话”志愿服务队及时赶到和村民一起动手，一次及时的爱心行动帮村民避免了一场损失。像这样开展爱心行动的志愿队伍在固阳县共有251支，志愿服务队广泛开展农村代购、代销、助耕、帮厨、修房、理发、调解、普法、义诊、杀猪、教舞和帮助老年人使用手机等供需无缝对接的服务活动，帮助解决群众实际困难。2021年，固阳县将“拉话话”和“我帮你”志愿服务无缝对接，组织党员干部深入基层开展“三访五到家”（城乡低保户必访、贫困户必访、特殊群体必访，到家交朋友、到家送政策、到家征求意见、到家解决问题、到家奉献爱心）活动3180余次，把“等群众上门”变为“送服务上门”，推动“我为群众办实事”主题实践活动落地见效。

“拉话话”“拉”出了乡村干部的初心和使命。“拉话话”成为干部下乡到村到户开展志愿服务的主要工作方式，解决了群众需求，争取了群众理解。新冠肺炎疫情防控期间，开展健康体检、健康讲座、义剪服务、发放口罩等志愿服务活动；春耕备耕时节，开展“科技特派到地头”志愿服务活动，现场宣传讲解测土配肥，真假肥料识别，如何种植高产、绿色、有机、无公害的农作物等相关知识；农闲时节，各村民间乌兰牧骑小分队自编、自导、自演小戏小品，为留守老人、孤寡老人送去欢声笑语。固阳县新时代文明实践志愿服务向县人大代表、政协委员、工商联会员、工会会员和各行各业拓展，活跃在乡村的干部们在为群众排忧解难中，找回了“初心”，践行了“使命”，已然形成全社会参与志愿服务的生动局面。

“拉话话”“拉”出了农村基层组织的作用和力量。农村基层党组织建立在基层群众之中，处于社会主义新农村建设的第一线。固阳县“拉话话”志愿服务队在服务群众的过程中充分彰显了基层党组织的战斗堡垒作用，进一步密切了党群联系。2021 年农历七月十五，金山镇五分子村委大南窑村王永维家准备宰杀一头大肉猪，由于家里人手不够，一早起来急得团团转。村委新时代文明实践站“拉话话”志愿者得知这一情况后，立即组织村内杀猪队入户帮忙。王永维竖起大拇指高兴地说：“共产党好政策，这志愿服务队全是能人，中午全到我家里吃饭。”各基层党组织在解决群众的生产生活困难中，充分发挥党员引领群众、服务群众、组织群众、教育群众的作用。

“拉话话”“拉”出了社会主义新农村的风尚和面貌。固阳县将新时代文明实践作为乡村文明建设的重要抓手，在以文化人、成风化俗上发力，着力促进邻里回归互助友爱、农村社会找回真善美。一是开展“山曲唱响新思想”活动，以当地群众喜闻乐见的山曲形式，既宣讲创新思想、理论政策，也歌唱农村面貌新变化、全面小康新生活，通过唱山曲的形式传播党的思想和政策。二是针对红白喜事铺张浪费、孝老爱亲意识淡薄、生活习惯懒散邋遢等乡村文明建设普遍存在的共性问题，开展“村民规矩自己定”行动，让村民用通俗的语言编出“多想共产党的好，歇凉凉时想一想没有共产党，哪来今天的好光景”等12条接地气、执行度高、认可度高的村规民约，印在面袋子、油桶子、月份牌上发放到户，融入群众的日常生活中。三是根据农村出现的新情况不断地更新完善，每年力争解决几个突出问题。全县6个新时代文明实践所成立8家文明团结超市，并将行政村的小卖店转变为“文明团结超市”站点，设立专门货架摆放积分兑换商品，按季度定期开展兑换活动，逐步形成“点上突破、面上推开”良好氛围。让凡人善举得到褒扬，激励和引导群众凝聚正能量、向上向好向善，在参与中接受文明理念教育，践行社会主义核心价值观。

山东省荣成市：志愿信用机制激活新时代文明实践内生动力

新时代文明实践中心建设工作开展以来，山东省荣成市积极整合全市文明实践资源，以志愿服务为基本形式，切实发挥志愿者的主体力量，坚持志愿服务与信用管理有机结合，推动文明实践志愿服务成为创新乡村治理、助力乡村振兴的有效抓手，走出了一条新时代文明实践的“荣成路径”。

搭建管理平台，打通“供需路径”。为进一步规范全市志愿服务的运行管理，市新时代文明实践中心在原有“志愿荣成”网站资源的基础上，增版扩容，搭建了新时代文明实践中心云平台，构筑起“全市一张网”的管理模式，实现市镇村三级文明实践工作有效贯通。云平台设置了活动申请、活动公示、志愿团队、活跃指数等七大板块，制定了“提前申请—审批备案—网上公示—动态发布”工作流程，实行“一张网”管理。组织全市22个镇街文明实践所、34支市级专业志愿服务队全部在云平台上注册，镇村文明实践活动全部通过云平台申报审批，从源头把准导向，确保活动不偏轨。各志愿团队以“菜单”形式亮出服务项目，镇街根据群众需求在平台“下单”。志愿者“接单”后，在约定时间深入镇村开展服务，并与受众利用云平台进行后续点评及解答互动，实现了供需精准对接，提升了群众参与度。服务过程通过扫码采集提报信息，自动录入志愿服务时长，并与市信用平台互联互通，进一步激发志愿者积极性。在此基础上，将文明实践志愿服务活动开展情况纳入考核，在云平台上实时展示实践所站、志愿团队“月度活跃指数”，作为考核以及奖补资金发放的依据，做到奖惩分明、公开公正。

建立梯级团队，打通“服务路径”。新时代文明实践的主体力量是志愿者。市新时代文明实践中心牵头整合全市志愿服务力量，形成了市镇村三级志愿组织体系，推行3种服务模式，实行错位服务，实现全域覆盖。一是部门专家团队精准服务。协调党校、司法、农业农村等市直部门，培植红宣讲、法润荣成、情系三农等34支专家型志愿服务队，组织670多名专家型志愿者，采取“开门询单、团队亮单、群众点单、分中心下单、志愿者接单、互动评单”的模式，建立起“群众吹哨、部门报到”的服务机制。二是城区团队下沉服务。探索志愿服务项目化运作，创新“政府资金引导、爱心企业赞助、志愿团队实施”机制，市委宣传部每年策划举办“文明实践志愿服务公益典礼”等活动，召开新闻发布会，累计发布志愿服务项目1200多个，募集善款800多万元，重点引导400多支城区专业团队重心下移、资源下沉，面向农村基层开展美丽乡村、扶贫助困、助医助学、文化体育等志愿服务活动。三是镇村团队自我服务。着眼有效调动农村群众自我教育、自我提高、自我服务的主动性，组织各镇村新时代文明实践所、站采取“1+4+N”模式，推进镇村志愿服务团队建设，所有村居均成立1支文明实践志愿服务队和党旗红、巾帼美、纾难解困、垃圾分类4支志愿服务分队，并因村而异成立若干特色志愿小分队，打造群众身边永不走的志愿服务队伍。全市累计成立文明实践志愿服务队1400

❖ 2019年5月22日，荣成市文联组织“银龄宣讲团”走进宁津街道渠隔村，给围坐在千年古银杏树下的200多名村民和小学生讲授红色文化、民俗风情、养生保健和本草文化

余支，各类小分队4000多支。比如，王连街道东岛刘家村成立了红先锋、巧工匠、美厨娘、好家园等13支志愿服务分队，全村70%以上群众是志愿者，村里环境卫生、孤寡老人照料、农机具维修、暖心食堂运行等都由志愿者承担，形成了人人参与、人人受益的生动局面。

志愿信用联动，打通"长效路径"。结合信用建设，建立完善"全覆盖、全积分、全激励"的志愿信用机制，将文明实践志愿服务纳入城乡信用体系进行管理考核，根据积分进行相应奖惩，推动新时代文明实践志愿服务常态长效。市新时代文明实践中心联合市社会信用中心等有关部门，研究制定《农村居民信用积分评价办法》《志愿者考核和信用管理办法》等文件，将群众参与理论宣讲、扶贫帮困等26项文明实践志愿服务活动纳入信用管理，根据志愿服务次数、时长等赋予个人信用加分，再用信用激励发动群众，深化文明实践。组织各村居建立信用议事会，配备2811名采集员，通过微信群提报、视频监控抓拍等途径征集信息，按照"采集员征集—议事会认定—集中公示"的程序，客观公正地进行评定，确保村民加减的每一分都公开透明。根据群众参与志愿服务的次数、时间等赋予个人一定信用加分，把信用评价结果与评先选优、福利待遇、享受便民服务等挂钩。通过文明实践云平台、信用手机App发布志愿服务需求，记录和存储用户志愿服务时间，生成积分可用于兑换各类激励产品。达到一定信用分值的村民可享受信用贷款、费用减免等200多项守信激励产品，营造"信用有价、志愿光荣"的浓厚氛围。比如，农村环卫保洁、垃圾分类等工作，都用信用积分量化考核，鼓励引导志愿者积极参与，将原来镇村工作变成全民共建，节省的资金以信用奖励的形式回馈给志愿者，进一步激发群众参与热情。

创新活动策划，打通“实效路径”。新时代文明实践的主要活动方式是志愿服务。为了让文明实践志愿服务活动更加精准有效，市新时代文明实践中心多次组织召开座谈会、研讨会，科学策划文明实践志愿服务活动形式内容，重点突出4个方面，让群众主动参与、乐于接受、见到实效。一是理论宣讲方面。围绕巩固农村宣传思想阵地，将政策理论、科学技术、文化体育等6大项定为“必修科目”，镇村实践所、站每年需完成12个“规学”课程，在此基础上灵活开展“选学”课程。精心选取习近平总书记50条金句，用典型事例进行深入浅出的解读，形成25万字的《和风习语》宣讲教材。组建“红马扎”“船声筒”“小螺号”等一批群众身边的志愿宣讲团队，策划“黄金一刻钟”“银杏树下传习语”“百姓炕头说变化”“暖心食堂感党恩”等多个群众喜闻乐见理论宣讲活动，全市累计开展各类文明实践宣讲活动1.1万余场次，实现了哪里有群众，哪里就是宣讲阵地。二是乡村治理方面。围绕破解乡村社会治理难题，通过信用体系的正向引导和党员的示范带动，持续提升广大群众参与村级事务、关注村庄发展的积极性和主动性。以党员为骨干，每个村（社区）成立“红先锋”志愿服务队，每名党员联系4—6户群众，做到“生病要去看、民意要去听、政策要去讲、吵架要去劝、困难要去帮”，党员争做群众的贴心人，促进发展的领路人。在全市农村环境“四清”行动中，8万多名农村志愿者成为主力军，200多个村取消了专职保洁员，环境卫生全部由志愿者管护，各类老大难问题迎刃而解，全市630个整治村全部通过验收，农村人居环境整治获得国务院大督查通报表彰。三是文化惠民方面。围绕优秀传统文化传承，实施“三下乡”“一年一村一场戏”“百场戏曲进农村”“群众大合唱”“全民阅读·书香荣成”系列文化惠民工程。组织引导各文明实践所、站立足自身特色，因地制宜策划开展多样化、接地气的文明实践活动，包括挖掘人和镇院夼村的渔家大鼓、渔民号子、秧歌腰鼓，上庄镇尹家村的传统京剧，港湾街道“画村”牧云庵的书画特色等，就近为村民提供文艺演出、文化培训，让群众乐于参与、便于参与。四是乡风文明方面。围绕倡树文明新风尚，策划开展诚信示范户、志愿人家、好婆媳、文明家庭等评选和“我的志愿故事”“我的家风故事”宣讲活动，建立《家庭文明档案》，推动形成好家风好村风。围绕关爱弱势群体，采用“志愿者＋爱心企业”模式，对2480户农村困难家庭、留守儿童等，开展志愿帮扶活动。500多个村居建起“暖心食堂”，为80周岁以上老人免费提供一餐午饭，让各类群体感受到社会主义大家庭的温暖。

通过建立“志愿＋信用”新机制，全市城乡发生了从外到内的深刻变革，“人人都是志愿者、人人都是受益者”的理念深入民心。2021年，全市注册志愿者18万人，占全市人口的25%，月均发起各类活动2万余场次，打通了宣传群众、教育群众、服务群众、凝聚群众的“最后一公里”。

案例分析

宣传思想阵地，我们不去占领，人家就会去占领。建设新时代文明实践中心，就是要巩固拓展基层宣传思想文化工作阵地，发挥好凝聚群众、引导群众、以文化人、成风化俗的作用，引导全社会树立文明观念、提高文明程度、形成文明风尚。如何真正做到阵地资源整合到位、体制机制健全到位、服务群众精准到位，让文明实践更接地气、更有活力、更有温度，提升群众参与文明实践的获得感、幸福感，是推动新时代文明实践中心建设在基层落地落实必须回答好的现实课题。重庆市荣昌区、陕西省商南县、内蒙古自治区包头市固阳县、山东省荣成市结合当地实际，把新时代文明实践中心作为坚实阵地，积极探索和搭建贴近实际、贴近生活、贴近群众的有效载体，着力在服务群众中教育群众、引领群众。

提升理论的“热度”，实现思想入脑强信念。面向基层干部群众宣传宣讲习近平新时代中国特色社会主义思想和党的路线方针政策，不能局限于简单地作报告、读文件，而要多用生动活泼、通俗易懂的方式，春风化雨地融入群众日常生产生活、滋润群众心灵。荣昌区将党的创新理论融入小品、诗歌、情景剧、讲故事等文艺创作与文化活动，用群众听得懂的语言、最接地气的事例、喜闻乐见的形式宣讲习近平新时代中国特色社会主义思想，让党的创新理论可亲可近、可学可用、入脑入心，增强受众认同感，提高干部群众思想觉悟。陕西省商南县在搬迁小区开办“新市民学堂”，常态化开展接地气、有趣味的理论宣讲、政策阐释活动，让新思想、新政策、身边好人事迹天天见、时时新，大力提升群众理论素养和政策水平。固阳县开展“山曲唱响新思想”活动，以深受当地群众欢迎的山曲形式，既宣讲创新思想、理论政策，也歌唱农村面貌新变化、全面小康新生活。荣成市组织编写

《和风习语》宣讲书目，精心选取习近平总书记50条金句，用典型事例进行深入浅出的解读，形成25万字的宣讲教材，叫响了多个群众耳熟能详的理论宣讲品牌。

彰显情感的“温度”，实现干群融洽聚合力。宣传群众、教育群众、引导群众，归根结底是要更好地服务群众，这是新时代文明实践中心建设的价值旨归。如何在第一时间掌握群众矛盾的苗头，在第一时间排解群众激动的情绪，在第一时间受理群众合理的诉求，真正把矛盾化解在萌芽状态，真正聚焦为民服务办实事。荣昌区利用“小院讲堂”，开展“我进小院办实事”志愿服务活动，组织项目与资金，引导群众共同参与，解决群众的闹心事、烦心事、揪心事，提升人民群众的获得感、幸福感、安全感。商南县打造“新市民实践基地”，针对留守老人、孤寡老人、留守儿童等特殊群体，建立日间照料中心，设立“爱心课堂”，开办“健康服务站”，及时为困难群众跑腿代办、调解矛盾纠纷，切实为群众解决实际困难。固阳县“拉话话”志愿服务队，从解决群众身边的“微小”事情做起，采取“面对面”交流、“心贴心”关怀、“一对一”帮助，畅通服务群众渠道，解决群众生活中的实际困难，于细微处体现真情。荣成市在文明实践活动安排上，针对农村群众需求，采用群众喜闻乐见的歌唱舞蹈、讲故事、传技能等形式，实现了群众需求在哪里，文明实践就延伸到哪里。

增添文明的“亮度”，实现德法育人提素养。乡风文明是乡村振兴不可或缺的重要组成部分，是全面建成小康社会的一项重要任务。4个案例都坚持把新时代文明实践志愿服务作为乡风文明建设的重要手段，着力培育和践行社会主义核心价值观，推进农村移风易俗、树立文明乡风，为经济社会发展凝聚起思想共识和精神动力。荣昌区利用“小院讲堂”，探索自治、法治、德治融合的社会治理路径，培育“三治融合”新型乡村自治小院96个，形成小院文明公约167条，教育群众办事依法、遇事找法、解决问题用法、化解矛盾靠法，形成共建共治共享格局。商南县创新实施“讲评兑帮践乐”文明实践载体，开展庭院美、居室美、志愿美、身心美、致富美“五美庭院”创建活动，培育敬老爱幼、邻里互助、团结和睦、向上向善的文明乡风。固阳县针对红白喜事铺张浪费、孝老爱亲意识淡薄、生活习惯懒散邋遢等乡村文明建设中普遍存在的共性问题，开展“村民规矩自己定”行动，编写出12条接地气、执行度高、认可度高的村规民约，印在面袋子、油桶子、月份牌上发放到户，融入群众的日常生活中。荣成市通过信用体系的正向激励引导，有力提升基层干部群众的参与热情和主人翁意识，引导他们主动参与村级事务、关注村庄发展，解决了农村空心化带来的自治难题。

深入推进新时代文明实践中心建设，是提高社会文明程度、培育时代新风尚的必然要求，是时代所需、大势所趋。以上4个案例在新时代文明实践中心建设过程中，大胆探索创新，取得了一些成绩，积累了鲜活的经验。随着时代的发展、经济社会的进步，群众的精神文化生活需求越来越多样化，新时代文明实践中心建设前景广阔，面临的挑战也异常艰巨。我们必须坚持以人民为中心的工作导向，健全可持续运行机制，“一盘棋”整合资源，全域化发动群众，更好地用文明实践的丰硕成果强信心、聚民心、暖人心、筑同心。

启示与思考

习近平总书记强调:“加强和改进思想政治工作，推进新时代文明实践中心建设，不断提升人民思想觉悟、道德水准、文明素养和全社会文明程度。”建设新时代文明实践中心，是时代之需、使命所系、群众所盼，是推动习近平新时代中国特色社会主义思想深入人心、落地生根的重大举措，是提高社会文明程度的战略之举。新时代文明实践的主体力量是志愿者，主要活动方式是志愿服务。志愿服务工作的成效是衡量新时代文明实践中心建设水平的重要标准，必须以机制创新为牵引，推动志愿服务制度化常态化，让文明实践中心进一步动起来、活起来、实起来，在服务百姓生活、解决实际问题中凝聚群众、引领群众。

坚持思想引领，突出铸魂育人，才能真正凝聚群众。新时代文明实践中心，是将习近平新时代中国特色社会主义思想送进千家万户的重要载体。推进新时代文明实践中心建设，宣传党的创新理论是首要任务，在2018年全国宣传思想工作会议上，习近平总书记强调，要加强传播手段和话语方式创新，让党的创新理论“飞入寻常百姓家”。要积极创新理论宣讲形式，用老百姓听得懂、听得进、记得牢的语言，用接地气、易参与、能互动的方式方法，将党的创新理论送到群众家门口，把群众紧紧凝聚在党组织的周围，打通宣传群众、教育群众的“最后一公里”。

坚持服务群众，聚焦急难愁盼，才能牢记初心使命。党的十九大指出，“全党同志一定要永远与人民同呼吸、共命运、心连心，永远把人民对美好生活的向往作为奋斗目标”，新时代文明实践的主体是群众，基层群众最关心的是能不能帮助他们解决难题、能不能给他们带来真正的实惠。要坚持以人民为中心，走好群众路线，聚焦基层群众所思所想所盼，从他们追求幸福、快乐、满意的具体事情入手，推动文明实践供给侧和需求侧精准对接，把工作做到群众心坎里、把问题解决到要害处，切实增强群众的幸福感、获得感。

坚持政策保障，健全机制体制，才能确保常态长效。习近平总书记在十九大报告中提出：“推进诚信建设和志愿服务制度化，强化社会责任意识、规则意识、奉献意识。”新时代文明实践是一项系统性工程，必须常抓不懈、持之以恒、久久为功，除了要有持续的思想引导，还要有一套完整的运行机制和激励机制。要通过建立完善各类政策机制，从新时代文明实践志愿服务的各个环节入手，全面加强规范管理和机制保障，在确保新时代文明实践方向不偏、主调不变的基础上，为新时代文明实践加入“催化剂”“润滑剂”，确保新时代文明实践中心建设高效能推进、高质量发展。

拓展阅读

1. 张贺：《弘扬时代新风　助力乡村振兴——新时代文明实践中心建设扎实推进》，《人民日报》2021 年 2 月 15 日。

2. 曹清尧：《小院讲堂发挥大作用——新时代文明实践中心建设的荣

昌经验》,《学习时报》2020 年 9 月 23 日。

3. 王晨岑:《基于诚信建设与志愿服务制度化的青年信用体系建设》,《当代青年研究》2020 年第 6 期。

思考题

1. 如何进一步动员社会各界广泛参与，推动新时代文明实践中心建设向企业、商圈、社会组织延伸?

2. 如何打造实时智能的文明供需平台，推动文明实践供给侧和需求侧精准对接，引导群众主动践行文明观念?

3. 新时代文明实践活动如何吸引群众主动参与?

4. 新时代如何建立乡村志愿服务长效机制?

十二

资源互融、平台互通　深入推进“两个中心”融合发展

要注意宣传群众、教育群众，用群众喜闻乐见、易于接受的方法开展工作，提高群众思想觉悟，让他们心热起来、行动起来。

——2020 年 10 月 10 日，习近平总书记在中央党校（国家行政学院）中青年干部培训班开班式上的讲话

要抓紧做好顶层设计，打造新型传播平台，建成新型主流媒体，扩大主流价值影响力版图，让党的声音传得更开、传得更广、传得更深入。

——2019 年 1 月 25 日，习近平总书记在十九届中央政治局第十二次集体学习时的讲话

要扎实抓好县级融媒体中心建设，更好引导群众、服务群众。

——2018 年 8 月 21 日至 22 日，习近平总书记在全国宣传思想工作会议上的讲话

引言

建设新时代文明实践中心和县级融媒体中心，是以习近平同志为核心的党中央作出的一项重要战略部署，是打通宣传群众、教育群众、引领群众、服务群众“最后一公里”的重要抓手。习近平总书记强调:“宣传思想工作是做人的工作，人在哪儿重点就应该在哪儿。”近年来，各地聚焦群众需求、创新理念思路、融通网络资源、注重数智赋能、拓展内容形式，推动新时代文明实践中心和县级融媒体中心共建共享、互融互通，进一步发扬光大了党的群众工作政治优势，成为激励人民奋斗新时代的有效途径和重要载体。

典型案例

河南省驻马店市：立足“三个起来”，统筹推进“两个中心”融合发展

自建设“两个中心”工作开展以来，河南省驻马店市坚持问题导向，聚焦试点县和非试点县之间进度不平衡、“两个中心”之间互联互通弱等问题，以全市域为整体，整市推进“两个中心”建设，树立“三个起来”（建起来为基础、用起来为紧要、融起来为关键）工作理念，在建好阵地、打通壁垒、融合发展上下功夫，使“两个中心”建设齐头并进、优势互补、互融互通，不断巩固壮大基层宣传思想文化阵地。

以“建起来”为基础，筑牢基层阵地。坚持把“两个中心”阵地建设作为基础性工程，着力补齐短板弱项，推动“两个中心”建设均衡发展。一是坚持全市联动。“两个中心”整市推进、融合发展，突破了选择一个或几个县（区）为试点、推进某一个中心建设的传统路径模式，全市整体联动、统一调度、统筹推进。市委常委会议定期听取“两个中心”建设工作汇报、研究解决问题。市委宣传部牵头起草《关于新时代文明实践中心、县级融媒体中心建设整市推进的实施意见》，以市委文件印发实施，重点理顺“两个中心”整市推进、融合发展的体制机制。市委书记担任“两个中心”整市推进建设工作领导小组组

长，压实党委责任、加强组织领导。二是坚持跟踪问效。市委宣传部成立“两个中心”建设工作专班，建立每月汇总、季度通报、半年观摩、年度总结工作机制，及时掌握全市“两个中心”建设情况。自2020年以来，市委宣传部组织4次全市“两个中心”建设实地观摩，召开观摩推进会，加强交流沟通，督促任务落实。自2020年以来，全市加大投入，争取省级层面扶持，累计投入资金近2亿元，全市9个县的县级融媒体中心全部建成投用，并整合到全省“一张网”，9县1区新时代文明实践中心、所、站三级阵地全部建成，“两个中心”实现全覆盖。三是坚持打磨提升。“两个中心”建设工作专班深入调研，发现新时代文明实践中心工作人员“兼职”不专、县级融媒体中心移动客户端功能不完善等问题，对症下药，研究解决办法。全市9县1区先后有7个县成立新时代文明实践中心办公室（科级事业单位、增设事业编制），其余3个县设立政府购买公共服务岗位，解决了文明实践中心办公室人员流动性大、工作能力弱的问题。县级融媒体中心实施“技术建设提升行动”，在完善新闻板块的基础上，因地制宜研发推出“网络问政”“云上购物”“云上直播”等特色板块、栏目。

以“用起来”为紧要，宣传服务群众。“两个中心”聚焦群众需求开展志愿服务活动，传递党和政府的政策声音，搭建统一思想、凝聚力量的桥梁。一是志愿服务激活力。新时代文明实践中心以县志愿服务总队为龙头，设置“8+N”志愿服务队伍，结合党史学习教育，组织“新时代宣讲师”“五老人员宣讲团”和驻村第一书记，走村入户、到田间地头宣传“四史”和党的十九届六中全会精神。推进“群众点单——中心、所、站派单——志愿者接单——群众评单”的志愿服务模式，提升志愿服务的精准性、时效性。常态化开展“文化大舞台”、“社科知识大篷车进基层”、科技卫生文化“三下乡”等志愿服务活动，打造张大生关爱抗战老兵、西平县社会心理服务、“疫路有爱”等一批特色志愿服务项目。二是新闻宣传聚合力。文明实践活动作为源头活水，为县级融媒体中心源源不断提供接地气、聚人气的新闻素材。以正阳县融媒体中心为例，推出《驻马店正阳：小伙背着98岁奶奶做核酸》等全网点击量过千万的宣传“爆款”。脱贫攻坚大考中，县级融媒体中心把镜头对准一线，大力宣传脱贫攻坚“驻马店经验”，其中“贫困家庭重度残疾人集中托养”和“互联网＋分级诊疗”健康扶贫模式，荣获全国脱贫攻坚奖组织创新奖，入选“全球减贫案例”。县级融媒体“云上”App客户端，向政务、服务、商务等领域拓展，增强用户黏性，成为基层群众日常生活离不开的“掌上宝”。三是服务中心添动力。2021年7月，河南遭受了罕见的特大暴雨灾害和突发疫情反弹的“双重大考”。“两个中心”紧紧围绕中心大局，发挥了宣传群众、教育群众、服务群众、凝聚群众的重大作用。新时代文明实践中心动员引导党政群团和社会志愿服务力量，深入抗疫救灾一线开展志愿服务活动，“志愿红”“跑小青”成为一道亮丽的风景线。县级融媒体中心及时传递党的声音，讲好抗疫救灾的感人故事，疏导社会公众情绪，直播带货销售农副产品，既为基层群众解决思想问题又解决实际问题，强信心、暖人心、聚民心。

以“融起来”为关键，实现互融互通。推动“两个中心”信息互联、业务互动、人员互通、资源融合，实现“1+1>2”的融合发展的整体效果。一是用新机制整合资源。各县区成立了由党委宣传部牵头，组织、编办、文广旅、人社、城管、大数据等部门作为成员单位的联席会议机制，定期召开会议，加强会商联动，盘活存量，推动县域内条块分割的阵地资源以及水电燃气缴费、停车位查询等政务服务、便民服务等信息资源向“两个中心”整合。二是用新理念融合阵地。各地因地制宜，加快平台融合，3个县区在“两个中心”合理布局、有效运转的前提下，采取“两个中心”集中办公的模式，做到既是文明实践场所，又是新闻宣传阵地，实现了阵地融合。建立“两个中心”副职挂职交流、交叉任职制度，工作人员按需有序双向流动，相互参与工作策划，实现了业务融合。三是用新方法融合功能。县级融媒体中心依托广播、电视、网站以及“云上”App客户端，开设“新时代文明实践”专栏，全方位宣传文明实践活动，县级融媒体中心移动客户端下载量、日活率和用户黏性得到提升。驻马店市泌阳

❖ 驻马店市正阳县少先队员到县新时代文明实践中心参观学习

县、新蔡县、上蔡县，“云上”App 客户端下载量超过了全县手机用户的 50%。借助融媒体中心的宣传推广，“奉献、友爱、互助、进步”志愿精神广为弘扬，志愿服务的群众基础更为牢固。2021 年 3 月，全市开展首届新时代文明实践推动周活动，近 17 万名社会各界群众积极参与，广大群众自我教育、自我提高、自我服务的意识和能力显著提升。

江苏省南通市通州区：“整合 + 融入 + 创新”模式推动“两个中心”融合发展

江苏省南通市通州区坚持一体发展、移动优先、科学布局、改革创新，以融合发展为契机，积极探索新时代文明实践中心与融媒体中心“整合 + 融入 + 创新”的融通联通机制，为打通宣传群众、教育群众、关心群众、服务群众“最后一公里”形成强大合力。

勇于争先，因地制宜。在江苏省最初安排中，通州区建设融媒体中心不在首批之列，新时代文明实践中心建设也不在首批之列，但通州不甘落后，在资金、场所、技术等都不占优势的情况下，敢抢敢拼，快速上马，“两个中心”建设不但挤进了首批之列，且位列江苏省第一方阵。一是高度站位，确定思路。通州区把推进“两个中心”建设作为提升宣传“四力”的重要抓手。在借鉴多地先进经验的基础上，综合自身经济条件、环境因素，借力省广电总台“荔枝云”先进成熟的技术、上联下通的平台和专业精准的服务，在江苏省率先与省广电总台签订了战略合作协议。二是顶层设计，平台相融。强化顶层设计与路径规划，将融媒体中心和新时代文明实践中心建设总体谋划，平台共建。以“荔枝云”为依托，搭建通州融媒体中心“专属云”平台，形成电视、报纸、广播、网站、“两微”、“南通州”App、视频号、抖音号、数字报等及“我苏”通州页面全媒体发布矩阵，同时具备“新闻+”拓展和升级空间。新时代文明实践云平台入驻综合性融媒服务手机客户端“南通州”，将“两个中心”的应用管理、活动管理、信息动态等相关职能打通，资源共享，实现“两个中心”的县域融合，在江苏省县级融媒体中心开了先河。三是科学安排，快速推进。建立“两中心融合”建设工作领导小组，坚持科学规划，工程推进有时间表、任务书、作战图。在实施过程中无论是平台建设、设备安装，还

❖ 文明实践云平台大数据分析界面（集成“南通州”App 功能窗口）

是外围改造，多项工作齐头并进、井然有序，确保了时效进度。2019年6月11日融媒体中心正式挂牌运营，2020年4月29日通过云验收，2020年10月实现“两个中心”融合发展，是江苏省较早建成的县级融媒体中心之一。

互相借力，相得益彰。报纸采编人员的文字功底扎实，电台主播的语言组织能力强，电视主持的画面感好，互联网新媒体反应快、互动性强，加之运用VR全景、H5、无人机等新的技术手段，基层主流媒体宣传效应日益显著。新时代文明实践有了这些专业融媒力量的加持，打造了思想引领“桥头堡”和红色教育“大熔炉”，描绘了一幅媒体融合与文明实践“花开两朵”而又“同心并蒂”的写意画卷。一是人员相通，统筹指挥调度。由区委宣传部牵头，在统筹兼顾方面实现“无缝对接”。新时代文明实践云平台接入融媒体中心客户端“南通州”App，通州区首批21万志愿者全部实现用户数据对接，在云平台上，他们既是平台用户又是志愿者。借助融媒体中心的话筒和镜头，文明实践中心一场场有趣的宣讲、一台台精彩的演出、一个个感人的故事、一幅幅最美志愿者的形象，通过“南通州”App平台传送到千家万户，让志愿服务既有广度又有深度。二是信息互通，确保供需对接。融媒体中心的新闻报道工作群都有实践中心人员入驻，最新鲜的报道策划、选题、制作情况，实践中心第一时间了解，同时可以参与其中。实践中心每月办公会邀请融媒体中心参加，全区月均千余场活动计划向融媒体中心呈现，便于编辑记者提前介入、组织报道。借助融媒体中心，文明实践四级服务体系搭建了视频交互和信息沟通平台，用户可以一键登录，实现文明随手拍、发布微心愿、观看活动直播、参与志愿服务、预约实践阵地等功能，实现“群众点单—中心派单—志愿接单—中心跟单—群众评单”的供需对接闭环模式。三是资源互通，实现叠加效应。融媒体中心的平台资源和报道资源向文明实践中心开放，广播电视、报纸以及官方微信、客户端等新媒体平台将文明实践活动报道作为“常规动作”。文明实践工作与群众的所思所想所盼密切相关，不仅充分提高融媒体中心用户的黏性与传播的影响力，而且更好地扩充“媒体 + 政务 + 服务”功能。“两个中心”融合让基层的好故事“上得来”，让党的声音“下得去”，为新时代党的宣传工作提供了强大的舆论传播工具，做到吸引人、可持续、有实效。

优化机制，守正创新。媒体融合，融合的只是手段、渠道、方式，特别是基层，要想在多元平台竞争情况下增强吸引力和影响力，使主流媒体更好地占领思想宣传舆论的主阵地，平台必须努力多生产“值得看”“看了还想看”的融媒精品。因此，通州区牢固树立“内容为王”的理念，在建设过程中摸索出一条打造品牌、多元呈现、延伸服务的融合发展之路。一是创树融媒品牌。“南通州”系列新媒体平台，无论是形式还是内容，都在品牌创树上下功夫。“南通州”系列新媒体平台 2021 年拥有粉丝 20 万 +，日均阅读量 2 万 +，还入驻了“央视新闻 +”、新华社“现场云”，沪媒“澎湃新闻”，省台“荔枝新闻”“我苏网”等移动客户端。在新冠肺炎疫情防控中，“南通州”第一时间发布中央到地方的权威声音，连续不断“轰炸”式提供大量战“疫”动态、应对方法等，起到了主流媒体的正确导向作用。二是创新呈现方式。首先是思想转型，积极开展“两个中心”人员业务、管理等多方面的培训，努力提升人员素质、业务能力。其次是生产转型，按照文明实践志愿服务往深里走、往心里走、往实里走的工作目标，融媒产品实现多元化，短视频、微直播等轻型传播方式成为常态。依托“南通州”推出视频直播品牌栏目《直播通州》，共举办50场微信直播，总访问量近300万人次。在抗疫宣传中，多篇新媒体作品形成10万+的传播效应，原创抗疫歌曲MV《那个夜晚》被中央文明网、央视网等20多家网站平台采用，《江苏通州：“防疫”灯谜会，“线上”闹元宵》进了央视新闻直播间。三是强化为民服务。关注民情、民意与民生，架起政府与人民群众之间沟通的桥梁，打通服务人民群众的“最后一公里”，是“两个中心”融合发展的落脚点。通州区创新运用“互联网+”推动农产品出村进城，助力全区农产品宣传销售，与区农业农村局联合开展40场文明实践惠农直播活动，受众近20万人次。“两个中心”还努力适应移动化、可视化、智能化方向发展趋势，充分利用新技术、新方法、新手段服务好平台用户，先后投入700多万元用于系统拓展和全数字化升级改造，确保用户既“用得好”又“留得住”。

并蒂花开香益远。作为推动习近平新时代中国特色社会主义思想深入人心、落地生根的重要载体，通州区新时代文明实践中心与融媒体中心互相借力，共生共荣，产生了“1+1>2”的效应，为弘扬主旋律、提振精气神、传播正能量发挥了积极作用。

山西省长治市上党区：为新时代文明实践插上“融媒”翅膀

山西省长治市上党区作为新时代文明实践中心和融媒体中心省级推荐联系点县（区），按照中央、省、市部署要求，立足县（区）域实际，按照“共建平台、共生内容、共享受众、共促传播”的建设思路，将新时代文明实践中心、融媒体中心一起建设、同步推进，全力打造“两个中心”一体发展、共建共享的全新上党模式，在广泛传播党的新思想、培育社会文明新风尚、服务群众精神文化新需求等方面发挥了重要作用。

云平台＋阵地网络，助推文明实践全面展开。人民群众在哪里，宣传思想工作就延伸到哪里。一是上党区针对越来越多的人聚集在网上、手机端这一实际，线上自主开发完成“上党门”App（下载量达15万＋），开辟“文明实践在上党”云平台，根据新时代文明实践任务要求，设置“有需要您说话”“有活动我参加”“志愿者招募”“志愿资源库”“微课堂”“微文化”“微视频”“最美志愿者”“积分超市”九大板块，着力打造多功能、综合性文明实践云平台。二是线下在实现“1个中心、11个实践所、181个实践站”全域覆盖基础上，进一步整合区、乡镇、村三级的各类广场、文化中心、村级组织活动场所、农家书屋、中小学校等资源，将分散在全区城乡各处的2000余处公共服务场所纳入文明实践阵地，设立理论政策、红色文化、传统文化、农耕文化、未成年人教育、党性教育、公共服务能力培养等十大文明实践教育基地及 400 余个实践点，构筑起“遍布城乡、点线结合、群众便利”的新时代文明实践阵地网络。三是线上线下互联互通，通过云平台“活动发起、管理员审核、招募发布、活动开始、信息回传、活动评价、活动记录”7 个环节，推动文明实践活动在全区广泛开展。截至 2021 年，上党区开展理论宣传、教育卫生、科技科普、文明创城、战“疫”服务等各级各类文明实践活动近 1.5 万场（次），参与志愿者近 10 万人次。自党史学习教育开展以来，在全区创新开展“百团讲百年”活动 80 余场，深入厂房车间、田间地头、街头巷尾与群众一起学党史、讲党史，让群众知党恩、跟党走，汇聚起广大群众团结一心奋进新征程的强大合力。

全媒发布 + 全员参与，文明实践宣传多元多样。一是充分发挥报、台、网、微、端融媒矩阵优势，通过“上党门”App、今日上党（内刊）、上党电视台、上党之声 FM96.9、上党新闻网、上融户外传播、

❖ 上党区新时代文明实践中心工作人员和志愿者在直播间与网民线上沟通交流、释疑解惑

上融乡村大喇叭等宣传渠道，满足群众多样化、个性化、对象化需求，广泛推送图文、音视频、H5、VR等新媒体产品，大力宣传上党区新时代文明实践新做法新典型新成果。二是在“学习强国”学习平台、人民日报、央视频、央视移动新闻网、微信、微博、今日头条、抖音、快手、企鹅号、搜狐新闻、腾讯新闻、网易新闻、天天快报、大鱼号等多个主流媒体平台开通“上党融媒”号，全方位、多角度、多层次、立体化开展新时代文明实践宣传，积极营造人人争当志愿者、处处浸润文明风的浓厚氛围。三是上党区融媒记者全员注册文明服务志愿者，并将区新时代文明实践中心志愿者全部纳入区融媒体中心通讯员队伍，把收集群众需求融入工作日常，及时回传云平台。同时发动融媒记者指导帮助各级各类志愿者结合实际，制作H5、公益歌曲、微视频等新媒体作品，切实构建文明实践信息来源多元、发布多元、产品多元、活动多元的良好局面，不断提升志愿服务质量和水平。

“送餐”+“点单”，志愿服务贴心暖心。一是围绕文明实践五大工作内容，广泛开展“讲、评、议、助、庆”五类文明实践特色志愿服务活动，即“讲理论传政策”“评好人学先进”“议村事解民忧”“助危困帮弱小”“庆节日贺发展”，为全区群众“送餐”上门、服务到家。二是上党区组织专门力量，深入农村厂矿、基层一线，通过线上征集、调查问卷、召开座谈会等多种方式，听群众呼声、问群众所需，精准对接群众生产生活需求，精心设计理论铸魂、教育树人、文化修身、科普启智、健康强体、扶困暖心、文明养德等七大类60小类的志愿服务“菜单”。并对“菜单”实施动态化管理，确保供需信息始终精准对称，努力满足广大群众多层次、多样化“点单”需求，切实做到群众点单、云平台分单、志愿接单、群众评单，切实打通服务群众“最后一公里”。三是党史学习教育开展以来，上党区通过融媒平台收集群众急难愁盼问题，以文明实践、志愿服务为载体，扎实开展“我为群众办实事”，先后为群众办实事1482件，其中民生诉求864件、安全隐患420件、矛盾纠纷101件、社会治安97件，回复率100%、处置率97%，深受群众认可和赞誉。

全媒+政务服务，助力上党民生发展。将文明实践融入“全媒+政务”“全媒+文旅”“全媒+体育”“全媒+招商引资”“全媒+公益”“全媒+服务”等工作中，先后开展“上党之春”“家在上党”春晚直播、春晚最爱节目评选、扫黑除恶进行时、扶贫在线、“倡导全民阅读·建设书香上党”朗诵会直播、“经典诵读”晚会直播、五一劳动节走基层慰问等活动，通过线上提前发布信息，广大志愿者积极响应，各自根据工作性质在岗位上发光发热，营造了良好的社会氛围。2021年10月20日，全新政务融媒栏目“政务直播间”正式开播上线，全区各重点职能部门与群众线上交流沟通，释政于民、疏导民意、为民解忧，亲民舆论氛围更加浓厚，群众满意度明显提升，上党区广大人民群众的获得感、安全感、幸福感显著增强。

案例分析

推动“两个中心”建设互融互通、融合发展，更好地引导群众、凝聚群众、服务群众，进而推动基层宣传思想工作守正创新，是当前值得深入探索和实践的课题。近年来，全国多地结合实际，大胆尝试，推动“两个中心”融合发展取得阶段性成果。河南省驻马店市、江苏省南通市通州区、山西省长治市上党区这三地的探索各有特色，同时存在共性特点。

一是整合资源夯实基础。三地在建好建强“两个中心”的基础上，推动信息互联、业务互动、人员互通、资源融合。在人员配备上，新时代文明实践中心与融媒体中心你中有我、我中有你，“两个中心”人员互相参与到对方的业务工作中，有效解决信息不对称问题，让文明实践有支撑，宣传内容可持续，实现“1+1>2”的整体效果。针对基层资源有限分散、管理多头现状，进一步摸清底数、强化整合，在打破体制机制壁垒上下功夫，着力盘活市、县（区）、乡镇（街道）、村（社区）各级各类宣传思想阵地资源，统筹使用，协同运行，将属地资源功能利用最大化，切实做到能用尽用、用足用好、用活用实。特别是在党史学习教育期间，“两个中心”有效整合各类基层宣传文化阵地，通过“红色喇叭”“云课堂”“书记访谈”“理论直播节”等方式，推动党史学习教育、“四史”宣传教育热在基层、热在群众。

二是线上线下互促互补。三地都顺应互联网时代人群聚集在网上这一特点，一方面，加强新时代文明实践中心（所、站）阵地网络、志愿队伍、服务品牌建设；另一方面，立足融媒技术优势，在网、微、端等多种新媒体平台开辟线上阵地，将新媒体传播与文明实践紧密结合，在互联互通上下功夫，精心设计动员、组织、指导、跟踪、宣传、互动等环节，运用融媒手段着力提升工作开展的效率、质量和水平。在新冠肺炎疫情防控期间，融媒体中心除了构建全天候、不下线的"新闻发布会"，聚焦热点、发布权威信息外，还以图文、短视频、直播、新闻行动等模式发布信息、招募志愿者，为开展文明实践志愿服务打下良好基础。"两个中心"在实现物理融合的基础上，通过线上、线下共融互通实现化学融合，党的声音得到精准传播，直达受众，志愿服务活动得到广泛动员，群众踊跃参与。

三是对接需求凝聚民心。三地坚持为民服务宗旨，把为群众办实事办好事、解决群众急难愁盼作为开展工作的出发点和落脚点，在精心对接群众需求上下功夫，发挥"两个中心"融合优势，优化供给方式，服务群众从"键对键"到"面对面"，既及时传递党的声音，也开展直播带货，讲好感人故事。通过拓展"两个中心"平台的"新闻+政务+服务"功能，让数据多跑路，群众少跑腿，特别是在农村基层，通过融媒体信息网络，将点对点的线下志愿服务，拓展为点到面的线上志愿服务。在实践所、站开展的系列健康讲座、技能培训、政策问答等志愿服务，都能辐射到其他的实践站点，有助于实现新时代文明实践传思想、传政策、传文化的引领作用，也有助于在农村建立起互助和谐的宜居社区，让村民过上高品质生活，让老百姓有实实在在的获得感，让文明实践生根开花。

因为使命相同，所以握指成拳。三地的"两个中心"融合案例证明，新时代文明实践中心和县级融媒体中心是可以相互打通融合的基层治理平台。要使"两个中心"充分融合，成为兼具传播党的创新理论、传承优秀传统文化、培育社会文明新风、提供惠民服务的多功能综合性平台，成为汇聚党心民意、培育时代风尚、激发奋进合力的宣传思想工作重要阵地，还有很多困难和问题需要解决。比如在资源整合上缺乏统一规划、统一管理问题，比如合而不融、简单相加、工作机制不畅问题，比如基层人才缺乏、技术支撑不足、资金投入有限问题。思考和解答这些问题，需要在今后的工作中始终高举习近平新时代中国特色社会主义思想伟大旗帜，坚持以人民为中心，大胆改革创新，积极探索尝试，方能取得实效。要发挥好融媒体中心传播力强、传播方式多样的优势，盘活各类线上线下资源，对“两个中心”的人员与资源进行优化配置、统筹使用。要强化顶层设计与路径规划、通盘考虑、同步谋划、同步推进“两个中心”建设与功能拓展。要注重内容输出，通过平台共建、资源共享，抢占舆论高地，打通宣传群众、教育群众、引导群众、服务群众的“最后一公里”。

启示与思考

推动“两个中心”资源互融、平台互通、融合发展，是建设“两个中心”面临的新课题，是深化拓展“两个中心”建设的迫切需要。“两个中心”一个突出线下活动绵绵用力，另一个注重线上宣传快速传播，虽然侧重点有所不同，但都是宣传群众、服务群众、引导群众、凝聚群众的重要平台，两者具有天然的优势互补性。江苏省南通市通州区、河南省驻马店市、山西省长治市上党区从内容、平台、机制、方法上，对“两个中心”融合发展进行了积极探索，提升了“两个中心”服务中心大局和基层群众的实际效能，为进一步做好“两个中心”融合发展提供了有益借鉴和启示。

推动“两个中心”融合发展，需要夯实阵地。基础不牢，地动山摇。“两个中心”融合发展，是“两个中心”建设的“升级版”，只有建好、夯实阵地，才能事半功倍，否则就好比无源之水、无本之木，难以达到理想的融合发展效果。在“两个中心”建设过程中，往往存在“两个中心”建设不平衡，存在“一快一慢、一重一轻、一实一虚”的客观问题。推动“两个中心”融合发展，从根本上倒逼问题解决，需要把“两个中心”阵地建设作为基础性工程，压实党委主体责任，加大政府投入力度，切实把新时代文明实践中心（所、站）和县级融媒体中心阵地建好、基础打牢，确保“两个中心”融合发展实现“双轮驱动”，避免出现“木桶效应”。

推动“两个中心”融合发展，需要打通壁垒。做好宣传工作要树立“大宣传”工作理念，不能关起门来搞宣传，在自家“一亩三分地”里打转转。建设新时代文明实践中心不是“另起炉灶”，而是把分散在县域内的资源“串珠成串”，有效整合、盘活存量；县级融媒体中心由县级新闻媒体深化改革而来，是适应互联网时代媒体深度融合发展的务实之举，“两个中心”与生俱来具有整合资源、融合发展的“基因”。“两个中心”建设不能各自为战，各吹各的号、各唱各的调，要打通制约“两个中心”互联互通、融合发展的壁垒，实现资源互融、平台互通，让新时代文明实践中心成为县级融媒体中宣传报道的源头活水，让县级融媒体中心为新时代文明实践中心插上融媒“翅膀”，发挥线上线下两个平台、两种渠道同频共振的效果。

推动“两个中心”融合发展，需要因地制宜。全国各地“两个中心”建设情况不同，推进融合发展，不存在放之四海而皆准的“模板”，不能搞“一刀切”，要坚持结合实际、因地制宜，采取灵活多样的方式方法，推动“两个中心”融合发展。以“两个中心”阵地融合为例，不追求场馆建设的“高大上”，规避重复建设、资源浪费，注重选址科学、布局合理、管用够用，在阵地实现“物理融合”的基础上，向资源融合、业务融合、平台互通等方面努力，实现从“有形覆盖”向“有效覆盖”转变，真正推动“两个中心”融合发展发生“化学反应”。

推动“两个中心”融合发展，需要创新机制。“两个中心”融合发展是一项新课题，要坚持创新，打破思维定式和路径依赖，在科学的积极探索中理顺体制机制。要建立党委协调推进的工作机制，发挥党委统揽全局、协调各方的作用，研究解决“两个中心”融合发展的问题症结。党委宣传部作为实施部门，要建立宣传部牵头、相关单位参与的会商联动机制，研究提出“两个中心”融合发展的具体举措。要建立“两个中心”资源互融、平台互通、业务协同、人员互动的机制，实现“1+1>2”的融合发展效果。

拓展阅读

1. 薛来、王晓博：《新时代文明实践中心与融媒体中心融合发展研究》，《新闻论坛》2021 年第 1 期。

2. 曹峰：《建好县级融媒体中心和新时代文明实践中心》，《红旗文稿》2019 年第 12 期。

思考题

1. 如何扩展“媒体+”的内涵和影响力，激活“两个中心”深度融合新动能？

2. 如何整合宣传、服务资源，加强融媒推广，将主流舆论影响力进一步向村（社区）延伸，提升主流媒体的影响力和话语权？

3.“两个中心”如何在资源通融、内容兼融、宣传互融的基础上，高质量服务基层社会治理？

十三

因地制宜做好对外宣传，向世界展现真实、立体、全面的中国

讲好中国故事，传播好中国声音，展示真实、立体、全面的中国，是加强我国国际传播能力建设的重要任务。要深刻认识新形势下加强和改进国际传播工作的重要性和必要性，下大气力加强国际传播能力建设，形成同我国综合国力和国际地位相匹配的国际话语权，为我国改革发展稳定营造有利外部舆论环境，为推动构建人类命运共同体作出积极贡献。

——2021 年 5 月 31 日，习近平总书记在十九届中央政治局第三十次集体学习时的讲话

要全面提升国际传播效能，建强适应新时代国际传播需要的专门人才队伍。要加强国际传播的理论研究，掌握国际传播的规律，构建对外话语体系，提高传播艺术。要采用贴近不同区域、不同国家、不同群体受众的精准传播方式，推进中国故事和中国声音的全球化表达、区域化表达、分众化表达，增强国际传播的亲和力和实效性。要广交朋友、团结和争取大多数，不断扩大

知华友华的国际舆论朋友圈。要讲究舆论斗争的策略和艺术，提升重大问题对外发声能力。

——2021 年 5 月 31 日，习近平总书记在十九届中央政治局第三十次集体学习时的讲话

我们要把握国际传播领域移动化、社交化、可视化的趋势，在构建对外传播话语体系上下功夫，在乐于接受和易于理解上下功夫，让更多国外受众听得懂、听得进、听得明白，不断提升对外传播效果。

——2019 年 1 月 25 日，习近平总书记在十九届中央政治局第十二次集体学习时的讲话

要加强国际传播能力建设，增强国际话语权，集中讲好中国故事，同时优化战略布局，着力打造具有较强国际影响的外宣旗舰媒体。

——2016 年 2 月 19 日，习近平总书记在党的新闻舆论工作座谈会上的讲话

引言

讲好中国故事，传播好中国声音，让世界更好读懂中国，有利于营造良好国际舆论环境，提高国际舆论场中的“中国声音”。如何强化传播效能、弥合信息逆差，如何提升传播影响力、改变西方人对中国的刻板印象，如何提升舆论引导力、在国际舆论交锋中赢得话语权主动权，必须探索建立符合自身特点的战略传播体系，以国际视角，用好特色话语和叙事体系讲好中国故事，以润物细无声的方式展现中国故事背后的思想力量和精神力量，努力塑造可信、可爱、可敬的中国形象。

典型案例

海南省：探索构建“333”国际传播体系，讲好中国特色自由贸易港故事

探索构建与中国特色自由贸易港地位相匹配的国际传播体系，全面提升海南国际传播效能，既是在世界百年未有之大变局下，地方国际传播主体发挥本地区域特色，勇于创新，以地方发展范例向世界讲好中国故事、传播好中国声音的职责使命，也是主动向世界阐释好习近平总书记亲自谋划、亲自部署、亲自推动的中国特色自由贸易港，向世界充分展示海南打造中国对外开放新高地的坚定决心的现实需要。

2018 年 4 月 13 日，习近平总书记在海南郑重宣布“党中央决定支持海南全岛建设自由贸易试验区，支持海南逐步探索、稳步推进中国特色自由贸易港建设”之后，海南省委宣传部立即行动，整合资源、多措并举，加快提升海南国际传播能力，于 2019 年正式成立海南国际传播中心，以该中心为总平台，探索构建与中国特色自由贸易港地位相匹配的国际传播体系，并以蓬勃展开的海南自由贸易港为生动范例，向世界讲好中国改革开放故事。

高点定位：立足国家站位，系统推进中国特色自由贸易港"333"国际传播体系建设

海南是国家对外开放的重要窗口，在海南建设中国特色自由贸易港，是以习近平同志为核心的党中央着眼于国内国际两个大局作出的重大战略决策。海南将对标世界上最高开放形态推进自由贸易港建设，打造我国新时代对外开放的鲜明旗帜和重要门户。

特殊的地位和使命，决定了海南必须从国家层面和全球视野来谋划做好自由贸易港国际传播工作，把中国主张、中国智慧、中国方案、中国理论在海南的生动实践讲给世界听，让海南成为展示中国形象和讲好中国故事的重要窗口和生动载体。因此，海南坚持高点定位，积极探索构建中国特色自由贸易港"333"国际传播体系，具体包括造好自主发声"三大平台"、用好借嘴发声"三大渠道"和建好对外发声"三大支撑"。

"三大平台"是指造好海南国际传播中心、海南广电融媒体国际传播中心和三沙卫视这 3 个自主对外传播的"旗舰平台"；整合用好并扶持壮大省内各厅局、市县、企事业单位对外传播平台；整合用好博鳌亚洲论坛、中国国际消费品博览会等主场外交活动平台。"三大渠道"是指进一步加强与中央外宣媒体的联动，借助国家级对外传播矩阵"出海"；推进"一城一媒"合作计划，与俄罗斯塔斯社等国外通讯社、境外主流媒体建立供稿合作；不断壮大海外社交媒体账号集群，同时用好抖音（TikTok）、快手等商业媒体的海外平台。"三大支撑"是指选优建强一支综合素质高的国际传播"铁军"；建好一个融媒体国际供

稿平台及自主可控的国际传播矩阵；探索建立一套科学有效的国际传播效果评估反馈机制。

通过构建中国特色自由贸易港“333”国际传播体系，“政府机构—主流媒体—社会力量”的传播主体矩阵逐渐形成，以多个视角、多元主体发出海南声音。

高端传播：以高层级渠道、精准化传播推动“海南故事传遍世界”

在“333”国际传播体系的有效运转下，海南自由贸易港国际传播队伍、平台、渠道、人脉、内容、评估“六位一体”建设初见成效，“全球最大自由贸易港”对外传播效果显著。2020 年 6 月 1 日以来，围绕《海南自由贸易港建设总体方案》，以“讲好世界最大自由贸易港故事”为主题，以高层级渠道、精准化传播向全球发布的国际传播产品总量就达到了 3 万多条，总阅读量突破 30 亿次，覆盖全球 200 余个国家。首届中国国际消费品博览会、海南自贸港建设一周年、建党 100 周年、海南自贸港聚四方之才全球引才活动等多篇原创外文报道被塔斯社、美联社、澳联社、意大利通讯社、韩联社、日本共同社、欧洲通讯社、时代周刊等累计 3495 家世界主要通讯社及主要媒体采用，并以 10 余种语言向全球发布，充分展示了海南自由贸易港建设蓬勃展开的火热局面。

在精准化、特色化和分众化传播方面，海南充分挖掘“全球最大自由贸易港”“亚洲最大免税购物天堂”“中国最大经济特区”“中国唯一热带海岛”“独一无二的热带雨林生态”“中国最美海洋大省”“世界向往的东方夏威夷”等独特 IP，策划制作具有鲜明“海南特色”的对外传播产品，借助海南题材讲好中国故事。因此，以海南热带雨林珍稀生物为主角的系列微纪录片《这里是海南 · 秘境寻踪》热播海外，收获大量国外“铁粉”，全球播放量已超过 1 亿次；《逛消博 · 老外三人行》系列原创视频节目被外交部发言人办公室优兔官方账号和外交部发言人华春莹的推特官方账号转载推送，使消博会成为华春莹“推特里的中国故事”的一部分；《劳拉来了》以南非籍主持人劳拉的视角向世界展现海南独特的自然人文风情，成为海外舆论场中一道带有浓烈热带气息的亮丽风景线；等等。正是这样一个个鲜活生动的“本土故事”构成了丰富立体的“中国故事”。

生态微纪录片《这里是海南 · 秘境寻踪》热播海外，收获大量国外“铁粉”，全球播放量已超过 1 亿次

此外，海南国际传播中心通过全球公开招聘，引进了首席内容官、副首席内容官、国际联络专员、外籍主持人等一批中外国际传播人才，“自贸港融媒体国际传播人才团队”成功入选海南“双百”人才团队。建立起自主可控的国际传播平台矩阵，搭建以“海南国际传播网（www.hicn.cn）为核心，推特、脸书、优兔等海外主流社交媒体账号集群为重点，海外多种传播渠道为补充”的多层次国际传播平台集群。脸书官方账号 @HiHainan 成为海南自贸港主流媒体首个粉丝量突破 100 万的海外社交媒体官方账号。同时，策划推出《外国人在海南》《海南外传》《这里是海南·秘境寻踪》《劳拉来了》《劳拉跑两会》《跟着非遗看海南》《自贸港淘梦者》等特色外语品牌节目。

海南国际传播中心还以“海外传播官”培育工程为抓手，不断扩大知华友华的国际舆论朋友圈。致力于在全球范围内培育和组建一支以外籍友好人士、爱国侨领、海外友好媒体人士、在华留学生等为主的“海外传播官”队伍，已发展近百名海外传播官，分布在全球 30 余个国家，成为对外讲好海南故事的一支重要力量。

对外传播的“海南探索”成效明显，以海南国际传播中心为总平台构建的海南自贸港“333”国际传播体系获评中国外文局“2020 年度对外传播十大优秀案例”、人民日报主办的 2020 年度中国机构对外传播“全国优秀案例”、海南省 2020 年度宣传思想工作优秀创新案例，《劳拉带你“云”看自贸港》被国家广电总局评为 2021 年中国优秀海外传播网络视听作品。

高位谋划：分“三步走”，打造具有鲜明印记的中国特色自由贸易港国际传播平台

在中国特色自由贸易港“333”国际传播体系构建取得初步成效的基础上，海南将继续坚持国家站位，树立全局意识，加强顶层设计，高起点、高水平、高规格谋划推进海南自由贸易港国际传播工作高质量开展，构建大外宣体系，打造大外宣格局，更好地传递海南声音，讲好中国故事。

为此，海南制定了“三步走”战略，进一步做强做优做大海南国际传播中心，打造具有鲜明印记的中国特色自由贸易港国际传播平台，构建与中国特色自由贸易港地位相匹配的国际传播体系。一是打基础（2020—2021 年），主要任务是“组队伍、搭平台、拓渠道、建内容”。二是促提升（2022—2023 年），主要任务是“强队伍、强平台、强渠道、强传播、广合作”。三是成体系，主要目标是“国际传播体系较为完善、国际传播能力显著提升、国际传播效果达到预期”。

围绕“三步走”战略，海南国际传播中心又制定了“111222+N”总体发展布局。一个目标，打造具有鲜明印记的中国特色自由贸易港国际传播平台。一套体系，优化和完善“333”国际传播体系架构，构建与中国特色自由贸易港地位相匹配的国际传播体系。一个实体，强化海南海上丝路国际传播有限公司这个实体的运营，以更加灵活的体制机制做大做强国际传播业务。两支队伍，一是充分用好自贸港人才政策，选优建强一支自主国际传播“铁军”；二是以“海外传播官”培育工程为抓手，不断发展和壮大外籍传播团队。两大计划，一是推进

“一城一媒”合作计划，扩大与国外友好媒体的合作，不断拓展高层级的海外传播渠道；二是推进“一国一站”海外落地计划，探索在境外设立海南国际传播中心“海外通联站”，实现海南自贸港国际传播“在地化”运作。两大平台，一是做大做强海南国际传播网（国际供稿平台），壮大自主国际传播平台，打造汇聚全球媒体的互联网+多语种融媒体国际供稿中心；二是强化海外社交媒体账号矩阵平台运营，构建“海外舆论场中的海南生态圈”。N 个连接，连接海内外各类传播资源，构建开放型国际传播交流平台。

总的目标是，力争到 2025 年海南自由贸易港封关运作之时，建成以“国际传播云、自主外宣平台、国际供稿平台、央媒合作平台、国际媒体合作平台、华文媒体合作平台、海外主流社交媒体平台账号集群、海外传播官队伍、海外通联站集群”等组成的全球全媒体国际传播矩阵，中国特色自由贸易港国际传播能力得到显著提升。

天津市：打造《第三只眼看天津》短视频，推进城市形象国际传播

为充分展示全面建成小康社会和“十三五”时期天津市经济社会高质量发展成果，生动讲述党的创新理论在天津扎实实践的精彩故事，广泛传播美丽、尖端、开放的新时代天津形象，2020 年，天津市委宣传部联合滨海新区区委宣传部、北辰区委宣传部，依

托中国外文局资源优势和外宣平台，共同策划推出《第三只眼看天津》（I'm in Tianjin）系列短视频。系列短视频包括每集5—8分钟的4集主视频和每集1—2分钟的8个小片，均为中英文独立版本。12个短视频借助瑞典、英国、美国、俄罗斯等外籍主播在津旅行体验，以外眼视角分别讲述天津在乡村振兴、智能科技、生态建设、文化风情等方面的故事，通过中国外文局优质新媒体品牌在脸书、优兔等海外社交平台和腾讯视频、今日头条等国内视频网站以及海外通讯社、国外主流媒体网站进行全方位传播。自2020年11月20日陆续推出至12月底，总阅读量845万次，总观看量381万次，总互动达1万多次。其中，多个视频被德新社、美联社、美国哥伦比亚广播公司、瑞典通讯社、芬兰通讯社等10多家国外主流媒体报道，超过150家外媒网站转载，4集主视频分集阅读量平均达140万次，在海外取得了广泛深入的传播。

坚持内容为王，匠心策划拍摄主题。加强议题设置是讲好中国故事、展现好城市形象的前提。“十三五”时期是我国全面建成小康社会决胜阶段，通过鲜活、生动、具体的案例向海内外讲好中国“十三五”时期在经济、政治、文化、社会、生态文明建设等方面的故事是做好外宣工作的应有之义。本着以小切口反映大主题、以小事例折射大道理的工作思路，《第三只眼看天津》系列短视频的摄制立足天津实际，通过深入踩点调研，确定重点展现4方面主题。一是乡村振兴主题。围绕2020年我国全面建成小康社会的奋斗目标并结合天津推进新农村建设的实际，选取天津市北辰区一个农村拓展民宿旅游、丰富村民文化生活、建设高质量小康、推进乡村振兴的真实案例作为拍摄素材。

二是智能科技主题。结合天津大力发展智能科技产业、加快推进智慧城市建设的实际，选取中新天津生态城打造智慧社区、发展智慧公交、建设智慧图书馆，以及天津港打造世界一流智慧港口、绿色港口的生动实践作为拍摄素材。三是生态建设主题。结合天津坚持生态优先绿色发展，实施升级保护 875 平方公里湿地、建设 736 平方公里绿色生态屏障、规划利用 153 公里海岸线重大生态工程的实际，选取北大港湿地、津南区绿色生态屏障区和南堤滨海步道公园 3 个具体点位作为拍摄素材。四是文化风情主题。结合天津古今交融、中西合璧的文化特质，选取古文化街、五大道、瓷房子、海河、“天津之眼”摩天轮等天津最“哏”、最“俊”的网红打卡地标，泥人张、杨柳青木版年画等体现天津特色的传统文化技艺，以及天津传统美食作为拍摄素材。结合拍摄主题和素材，巧妙设计故事情节，确定推出 4 集主视频和 8 个小片，生动讲述“十三五”时期天津经济社会高质量发展的精彩故事，鲜活展现习近平新时代中国特色社会主义思想在津沽大地的扎实实践，进而让广大网民在不知不觉中感受新时代中国、新时代天津的新变化、新形象，增强对中国发展道路的认同。

坚持受众为本，精选适配外籍主播。“讲什么故事”确定后，重点在“谁来讲故事、怎么讲故事、出什么效果”上用力，突出理念融合、受众习惯融合、内容形式融合。一是精选适合的外籍主播。短视频不仅面向国内传播，更重要的是面向海外传播，“借嘴说话”、用外国人视角讲述中国故事更能激发中外情感共鸣。针对乡村振兴主题，邀请来自瑞典、现居青海农村、热爱农村生活的“洋媳妇”米粒（Miriam）做主播。针对智能科技主题，邀请拥有多年国际新媒体传播与短视频策划经验、对中国智能科技发展充满兴趣的英国小伙赵思迪（Josh Arslan）做主播。针对生态建设主题，邀请喜欢骑行、善于发现探索的美国小伙柯鲁翰（Jack）做主播。针对文化风情主题，邀请俄罗斯在华自媒体、拥有参加多档电视和网络节目经验的环环（Sabina）做主播。二是运用生动的表达方式。在拍摄过程中，四位外籍主播充分发挥自身特长和优势，采取“探索 + 体验”的形式，用自己的语言和视角阐述海外受众关心的中国话题，改“宏大叙事”的完整表达为“个体体验”的具体呈现，非常贴近海外受众的思维习惯和话语习惯，做到了有的放矢、直抵心灵、以心交心，有助于国外受众听得懂、感兴趣、再传播。三是拟定吸睛的视频标题。针对拍摄主题和情节设计，结合观众喜好和接受习惯，精心拟定 4 集主视频标题分别为《瑞典“洋媳妇”邂逅天津新农村》《英国小哥智慧生活新体验》《美国小哥生态探索之旅》《俄罗斯女孩打卡网红天津》，优质的内容配上精致的标题，不论是中国网友还是外国网友，都有“一探究竟”的

❖ 英国小哥智慧生活新体验视频画面

兴趣和愿望。

坚持质量为要，“借船出海”扩大传播。此次系列短视频从策划到拍摄、从制作到传播，都借助中国外文局专业的新媒体国际传播机构和平台。为确保传播效果，从成片到发布，做到三个“下功夫”。一是在剪辑制作上下功夫。摄制团队对视频精挑细选，围绕每个主题从庞大的拍摄视频库中剪辑出一条5—8分钟的主视频（中英文独立版本）和两条1—2分钟的小片（中英文独立版本），对画面、字幕进行多次修改、反复打磨。为让视频更符合海外传播规律，视频开头统一采用混剪、串剪的方法分屏呈现外籍主播最精彩的体验镜头，整体节奏以轻快为主，内容紧凑，增强了视频的观看性和流畅度。二是在视频审核上下功夫。严格坚持“主编一审、外籍专家二审、定稿人三审”，同时引入外审专家审核，由视频领域专家以及国际传播领域专家等对视频产品进行再审核再把关，真正做到精益求精，保证系列短视频的专业水准和正确导向。三是在推广传播上下功夫。充分利用中国外文局新媒体国际传播机构在国内外各个网络平台上的影响力，将系列短视频发布至“视界中国（China Matters）”在国内外各视频平台及社交媒体的账号，包括腾讯视频、今日头条、B站、微博、一点资讯、梨视频、抖音、快手以及脸书、优兔等，同时依托中国外文局所属北京周报社、人民画报社等单位的海外渠道以及天津市的新媒体渠道和外宣渠道发布。发布短视频过程中，将4集主视频和8个小片相互搭配，把握发布节奏，遵循传播规律，配以生动的文字描述，取得良好传播效果。多个视频被德新社、美联社、美国哥伦比亚广播公司、瑞典通讯社、芬兰通讯社等10多家国外主流媒体和150余家外媒网站报道、转载，进一步扩大了传播力和影响力。网友小倪 z 在观看视频《英国小哥智慧生活新体验》后评论道：“真美！这才是未来城市必须发展的方向！”网友 Inayat Pathan 在观看视频《美国小哥生态探索之旅》后由衷赞叹：“天津能把一块贫瘠之地变成绿色屏障真的太了不起了！这里面有当地人的付出和决心，非常棒！”

《第三只眼看天津》系列短视频的推出有效提升了天津在国内外社交新媒体平台上的热度和形象，是天津借嘴说话、借船出海、生动讲述党的创新理论在天津精彩实践故事的有益探索，也是天津打造轻松活泼时尚的城市外宣新媒体产品、推进城市形象国际传播的成功实践。天津正努力以外国人视角、以短视频形式开展国际传播工作，在塑造可信、可爱、可敬的中国形象方面，进行更多的尝试和探索。

浙江省温州市：讲述温州好故事　传递中国好声音

浙江省温州市作为全国重点侨乡，有近 72 万温州人在全球 131 个国家和地区工作和生活，建成 350 个海外侨团，创办 47 家海外华文媒体和 70 所海外华文学校，织密“联通中外，沟通世界”的对外传播网络。近年来，温州海外宣讲团始终牢记习近平总书记“不但成为本土的温州、全国的温州，更要发展成为世界的温州”殷切嘱托，紧扣机制、队伍、内容、方式、平台“五位一体”体系化建设，以地方视角、用地方叙事，大力展现温州之“窗”，构建连接世界之“桥”，成为推动党的创新理论飞跃重洋、跨越山海、入脑入心的“堂前燕”“报喜鸟”。温州海外宣讲团荣获2020年中宣部全国基层理论宣讲先进集体荣誉称号，获评2020年浙江省宣传思想文化工作十大创新奖。

聚焦组织架构，立足常态化、制度化，让海外宣讲搭载“最好”引擎。一是实体化运行。实行“1+12+N”组织架构，构建起宣传部门统筹协调、相关部门齐抓共管、各地协同推进的工作格局。“1”是指由市委宣传部牵头对外宣传工作联席会议，统筹全市海外宣讲工作。“12”是指全市12个县（市、区）按照宣讲任务，均施行实体化运行。“N”是指联动市政协、市委统战部、市委网信办、市教育局、市文广旅局、团市委等单位立足条线资源，协调开展专项特色海外宣讲。二是体系化运作。制定完善海外宣讲规划图、路线图、发展表，完善选题策划、交流培训、集中试讲、组织选件、效果评估等全周期工作机制，构建市县两级管理平台体系等一系列制度设计，确保宣讲工作件件有人抓、样样有落实。修订海外宣讲团相关管理办法、工作手册，建立“优选聘任”“导师帮带”“主题点单”“星级评价”等制度，推出海外宣讲的温州标准，推动海外宣讲实施有蓝本、效果可量化、改进有目标。三是政策化运维。坚持用制度保障海外宣讲工作常态有效推进，制定政策举措，从考核激励、健康体检、经费保障等方面作出明确规定，为海外宣讲员提供最优服务。特别是率全国之先开展海外版“最多跑一次”改革，为海外华侨直接跨境远程办理公安审批、纠纷调解、法律咨询等业务，提供“一站式”服务、“一门式”体验。

聚焦队伍建设，坚持高标准、高层次，让海外宣讲汇聚“最正”能量。一是高标准遴选。按照“脑中有理、心里有情、嘴上有才、海外有线”“政治过硬、理论过硬、表达过硬”的“四有三过硬”标准，吸纳一批杰出青年、机关干部、海归高知、归侨侨眷、高校名师成为宣讲团骨干，全市登记在册宣讲员规模扩大至3.6万余人。持续注入“新鲜血液”，以个人自荐、组织推荐、邀请招募和通过微型党课大赛等全市性赛事选拔遴选本地各领域、各层面的优秀海外宣讲人才，让有故事的人讲故事，让有信仰的人讲信仰。二是广范围招募。充分发挥外国友人在海外宣讲的重要作用，集聚一批来自美国、南非、加纳等30余个国家的外国友人，组建一支由580余名海外侨领、在温留学生、海外意见领袖等组成的市级海外宣讲总团，成为对外宣讲的重要力量。按照“1+X”模式组建总分队伍，由市级牵头抓总，在县级特别是侨资源丰富的县(市、区)进行联动，成立如鹿城“YOUNG朋友”小分队、瑞安“青播团”小分队等，形成“头雁领航、群雁齐飞”的局面。三是专业化管理。依托“宣讲名师人才库”，搭建温州国际网红孵化基地等培育平台，采取导师带徒、备课试讲等形式，推出“私人定制”课程，逐步形成理论宣讲梯队。定期在温州市委党校开设专题培训班，为海外传播官、海外通联站负责人，量身定制政策理论、新媒体传播、新闻写作等网络培训课程，推动海外宣讲员不断提升学的本领、说的技巧、讲的能力。

聚焦内容选择，围绕讲得好、讲得响，让海外宣讲传播“最美”

故事。一是导向“正”。始终把“全面展示中国特色社会主义制度的优越性”作为宣讲的魂和神，层层审核把关，探索推进党的理论创新成果大众化、国际化，如围绕《习近平谈治国理政》第三卷主题创作“rap+鼓词”宣讲作品。聚焦数字化改革，搭建海外传播“侨桥通”平台，通过大数据分析智慧感知，探索建立对外传播反馈与效果评价机制，推动国际传播能力提质升级。二是把脉“准”。处理好“供给”与“需求”的关系，经常性地排摸海外华侨华人的理论需求，指导宣讲员有针对性地设置议题、开展宣讲。比如，策划“海内外共话党的十九届六中全会精神”海外宣讲专场，直播期间在线访问量达70余万人次。在新冠肺炎疫情防控期间，“洋医生”苏玛通过脸书、微信朋友圈向海外讲述中国抗疫故事，并作为温州市外国友人抗疫代表赴京参加全国抗击新冠肺炎疫情表彰大会。三是切口“小”。坚持用“小切口”呈现“大主题”，“小故事”讲清“大道理”，通过实践案例的“小窗眼”看到重要窗口的“大美景”。比如，将短小生动、富含深意的《小马过河》等寓言故事改编成宣讲教案，融入新思想，面向10岁左右的侨童进行宣讲。将“吃住行”生活与理论宣讲结合起来，通过宣讲员尝杨梅、赏茶艺、学唱戏、逛集市等，将温州乃至中国的发展经验、政策经验传播出去。

聚焦宣讲方式，着眼既时尚又新颖，让海外宣讲走出“最潮”路线。一是创新形式“现场播”。依托温州市国际传播网红孵化基地及若干个网红直播间，培育孵化一批“国际传播网红”，组织中国“国际传播网红”群英会、“双11”直播助农带货等活动，打响城市新名片。在温州著名景点五马街设立“遇见·五马”直播间，让海外宣讲员当主播、做“网红”，以“亲历者”视角直播温州好故事，直播活动即时参与人数均突破50万人次。二是灵活嫁接“云上讲”。以短视频为突破口，联合温州短视频协会，共同拍摄制作“短、平、新、趣”的宣讲短视频、小动漫等爆款产品，推送至抖音、B站等网民集散地，并通过华人头条App等海外传播平台，以“线上宣讲”形式推送，截至2021年，已累计上传视频1100余个，浏览量超2.3亿次。疫情防控期间，创新推出“海外云课堂”，通过在线宣讲方式，帮助海外侨胞子女实现宅家抗疫期间“停课不停学”，已累计开课270余堂，举办“云上夏令营”10场，推出“云上秋令营”7场，覆盖11个欧洲国家，累计浏览量超7000万人次。三是走亲访友“庭院说”。针对海外侨二代、侨三代多生于国外、长于国外，与家乡的接触比较少，组建特色宣讲团，如文成县打造“最美庭院宣讲（海外版）”，走进侨眷家属唠生活、聊政策、谈感想，再通过侨眷将宣讲内容转发到家族群、朋友圈中，让宣讲有共鸣、有共情。组织侨胞在米兰等海外主要城市设点，邀请侨团视频互动讲述家乡可喜变化、侨胞在外奋斗故事等，获中央广播电视总台《新闻联播》报道点赞。

聚焦平台建设，呈现接地气、入海味，让海外宣讲传递“最妙”声音。一是借筒传声，构建“一个平台、五大前哨”。建成温州新闻文化信息共享平台，将可直接刊播的新闻文化信息上传平台供海外直接采用，拥有会员单位96家，覆盖法国、英国、意大利等13个国家和地区。建成“美丽温州”英文网站，开通“海外发布”、“每日中国”App和微信公众号，形成报、网、端、微、台的国际传播全矩阵。二是借梯登高，打造“一个中心、六大基地”。即温州市海外传播中心和鹿城、龙湾、文成、瑞安、瓯海、肯恩大学6个海外传播基地进行宣讲传播，仅2021年已开展宣讲活动100余场。将宣讲融入“世界青年科学家峰会”“世界温州人大会”等影响力较大的活动载体，定期开展优秀传统文化体验活动、重要外宣活动全球网络双语直播，借力提升和优化理论宣讲的新空间。三是造船出海，深耕“一个侨团、五大活动”。依托70万海外温州人、350个海外侨团，以“侨”为“桥”，将宣讲元素植入传统的海外传播体系，讲好讲活中国成就、中国道路、中国精神。打造“与世界握手”海外华文媒体看温州、“温州邂逅”国际友城、“遇上温州”中外艺术家交流、“我爱温州”国外友人看温州、“海外中餐馆同讲中国好故事”等五大对外交流活动，吸引全球友人走进温州、打卡浙江、喝彩中国。

❖ 2021年10月19日，“美丽温州”英文网站上线暨《IN WENZHOU》双语杂志首发仪式成功举行

案例分析

习近平总书记指出："讲故事，是国际传播的最佳方式。"故事是人类文化的基本元素和重要标识。在国际出版界流行一句话，叫"故事驱动国家"，意思是一个国家的故事传播得越广，世界对其了解就越多。讲好中国故事，是一个系统工程，需要在外宣机制优化、话语方式改进、文化障碍跨越、传播形式创新等方面进行理论研究和实践探索，久久为功，才能把中国故事讲好、讲透、讲动听。本案例中海南省、天津市、浙江省温州市在对外讲好中国故事、传播中国声音方面充分体现了因地制宜、大胆创新、特色鲜明等特点和亮点，在国家多层次国际传播主体建设中走出了一条创新之路。3个案例均精准把握新时代对外传播的挑战与机遇，充分发挥地方特色和优势，在加强和改进国际传播工作中主动作为、大胆创新，在持续提高国际传播影响力、中华文化感召力、中国形象亲和力、中国话语说服力、国际舆论引导力方面，形成了一些可复制、可借鉴的共性做法和经验。

注重"顶层设计"，强化"顶层推动"。新形势下推进国际传播工作改进创新，必须更多聚焦基础工程和关键环节，用系统思维推进国际传播"顶层设计"，强化国际传播"顶层推动"作用，方能实现国际传播有力有效、行稳致远。海南省坚持高点定位，省委宣传部直接推动，以"333"国际传播体系架构为总抓手，推动形成了"政府机构—主流媒体—社会力量”多主体参与的大外宣格局，为向世界讲好中国特色自由贸易港故事夯实了基础、做好了顶层设计。天津市系统谋划、精心布局，以“借势、借智、借力”为顶层思维，精准研判世界变局与国际传播新态势，与中国外文局紧密合作，对接中央外宣机构的智力资源，借力“造船”、借风“出海”，在以天津市为范例，塑造可信、可爱、可敬的中国形象方面进行了有益探索。温州市在“推动党的创新理论走向海外”方面进行了系统规划布局，强化“顶层推动”，以高站位、大格局、宽视野构建了理论“出海”的“温州体系”。

立足“地方优势”，突出“地方特色”。中国国家形象是立体全面的，中国故事是丰富多元的，需要不同层级不同属性的国际传播主体发挥特色优势，共同对外讲述和展现。海南省抓住“中国特色自由贸易港”这一鲜明特色和独特优势，以制度集成创新为驱动，在传播体系构建、外籍人才引进、“海外传播官”人脉建设、“一城一媒”传播渠道拓展、本土化精准化传播等方面走出了海南路径，形成了海南特色。天津市以独特的“海派风情”与“津门文化”为内核，上接国家级外宣平台，下沉“最天津”视角，外连“最国际”人脉资源，找到了讲好天津故事的最佳方式。温州市充分依托侨乡优势，用好海外传播资源、搭建海外传播平台、织密海外传播网络，在对外传播中充分打好“侨”牌、借好“侨”力、做足“侨”文章，在地方国际传播中形成了独特的“温州模式”。

创新“传播方式”，放大“中国声量”。坚持移动优先，创新传播方式是高效做好国际传播的根本。“视频转向”是当前国际传播的一个总趋势，微视频在实现“直观深刻说道理，灵活多样讲故事”方面具备无可比拟的优势。3个案例在对外传播中都无一例外地选择了短视频作为主打传播方式。海南省充分挖掘自身独特IP，制作系列微纪录片等品牌视频节目，在海外舆论生态圈中形成了特色鲜明的“海南元素”。天津市创新讲述方式，精心打造《第三只眼看天津》系列短视频，以“一个故事适配一位外籍主播”的方式，借眼观津、借嘴传声，推动“天津故事”远播海外。温州创新宣讲方式和对外传播方式，“现场播”“云上讲”“庭院说”既着眼时尚又新颖有趣，同时将重大主题宣传融入美食、旅游、体育、娱乐等文化传播中，让海外宣讲走出了“最潮”路线。

启示与思考

对外宣传工作是服务国家大局的战略性工作，要因地制宜做好对外宣传，不断提升对外传播影响力、话语说服力、文化感召力，形成同我国综合国力和国际地位相匹配的国际话语权，为我国改革发展稳定营造有利外部舆论环境，为推动构建人类命运共同体作出积极贡献。

做好新形势下的对外宣传工作，最核心的是要把故事讲生动、讲充分。习近平总书记指出：“加强国际传播能力建设，要加快构建中国话语和中国叙事体系，用中国理论阐释中国实践，用中国实践升华中国理论，打造融通中外的新概念、新范畴、新表述，更加充分、更加鲜明地展现中国故事及其背后的思想力量和精神力量。”我们党的百年历史，既是一部恢宏的历史长卷，同时也是由一个个具体故事构成的。这3个案例，都注重发挥本土化优势，深入挖掘特色化资源，以小切口反映大主题、以小事例折射大道理，用一个个鲜活生动的“本土故事”构建丰富立体的“中国故事”。历史和现实表明，谁会讲故事谁就有可能赢得受众，谁就可能会拥有话语权。这也启示我们，讲好中国故事，必须坚持内容为上，加强对中国共产党的宣传阐释，加大对具有中国特色、中国精神、中国智慧的优秀文化传播推介，依托我国发展的生动实践，立足5000多年中华文明，全面阐述我国的发展观、文明观、安全观、人权观、生态观、国际秩序观和全球治理观，以独特的地域视角让世界读懂中国、读懂中国共产党。注重创新表达，贴近不同区域、不同国家、不同群体受众的精准传播方式，推进中国故事和中国声音的全球化表达、区域化表达、分众化表达，做到真实平实、生动鲜活，增强国际传播的亲和力和实效性。

做好新形势下的对外宣传工作，最关键的是要把平台建设好、利用好。习近平总书记指出：“加强国际传播能力建设，要深入开展各种形式的人文交流活动，通过多种途径推动我国同各国的人文交流和民心相通。要更好发挥高层次专家作用，利用重要国际会议论坛、外国主流媒体等平台和渠道发声。”面对“东升西降”大趋势，对外宣传工作在应对变局、服务大局、守护全局中的作用日益突出，光讲好故事还不够，关键时刻还得主动发声、主导舆论。这3个案例，既坚持建台发声，又注重借船出海，放大海外传播叠加效应，形成了各具特色的海外传播新模式，是打造外宣新媒体产品、推进中国形象国际传播的一次成功实践。这也启示我们，提高国际传播能力，必须加快打造具有国际影响力的媒体集群，建强以新媒体为重点的国际传播矩阵，为开展国际舆论引导和舆论斗争提供平台支撑。要开展多种形式的文化交流和文明对话，实现柔性传播、润物无声。抓住重大时间节点、重要国际展会等契机，组织外国留学生、企业家、驻华使节、专家学者、网红等，开展“行走中国”活动，让他们在“百闻不如一见”中感受真实的中国、美丽的中国。

做好新形势下的对外宣传工作，最根本的是要把队伍选育精、配置强。习近平总书记指出，加强国际传播能力建设，要全面提升国际传播效能，建强适应新时代国际传播需要的专门人才队伍。外宣队伍是提升国际传播能力的第一资源。能否尽快培养和引进一批高水平、优秀的国际传播人才，直接关系到国际传播能力建设战略的成败。这3个案例，不仅注重培育本土人才，也注重引进外籍人士，协同“出海”、联动呼应，从地方视角出发、用地方叙事共同向世界讲述国家精神，形成众星拱月之势。这也启示我们，提高国际传播能力，必须加大国际传播人才培育力度，培养一批政治立场坚定、新闻业务精通、深入了解国情、熟练运用外语、熟悉国际规则的外向型复合人才，让有故事的人讲故事，让有信仰的人讲信仰。用好海外主要社交平台，推动更多有情怀、有担当的媒体记者、专家学者、高校学生以及华人华侨等群体开设账号，在西方社交媒体生态体系中落地生根。加强海外华人华侨的嵌入式本土化传播，以“侨”的力量提升对外传播的精准度、实效性。广交朋友、团结和争取大多数，不断扩大知华友华的国际舆论朋友圈。

拓展阅读

1. 赵磊:《加强我国国际传播能力建设的方向与路径》,《中国党政干部论坛》2021 年第 7 期。

2. 黄典林、张毓强:《国际传播的地方实践:现状、趋势与创新路径》,《对外传播》2021 年第 9 期。

3. 史宝银:《新时代加强地方国际传播能力建设的思考》,《对外传播》2018 年第 11 期。

思考题

1. 新形势下,如何更好发挥中央和地方传播主体在国际传播中的作用?

2. 在不同层次传播主体中,地方国际传播主体应当发挥什么样的作用?如何进行自我调整,才能适应新形势下国家对外传播战略的需要?

3. 在新闻入口移动社交化背景下,如何以互联网思维和融合传播理念做好国际传播?

十四

建机制、抓监督，全面落实好意识形态工作责任制

要认真落实意识形态工作责任制，纳入巡视工作安排，加强对意识形态阵地的管理，落实谁主管谁主办和属地管理，防止给错误思想观点传播提供渠道。要高度重视网上舆论斗争，加强网上正面宣传，消除生成网上舆论风暴的各种隐患。要更加积极主动开展对外宣传，把我国的发展道路、发展理念、发展方式宣传好，把我国发展为世界发展所作的贡献宣传好，批驳各种针对我国的无端质疑和不实攻击，为国内营造良好舆论环境提供有力支持。

——2016 年 10 月 27 日，习近平总书记在党的十八届六中全会第二次全体会议上的讲话

我们在集中精力进行经济建设的同时，一刻也不能放松和削弱意识形态工作。一个政权的瓦解往往是从思想领域开始的，政治动荡、政权更迭可能在一夜之间发生，但思想演化是个长期过程。思想防线被攻破了，其他防线就很难守住。我们必须把意识形态工作的领导

权、管理权、话语权牢牢掌握在手中，任何时候都不能旁落，否则就要犯无可挽回的历史性错误。

——2013年8月19日，习近平总书记在全国宣传思想工作会议上的讲话

宣传思想工作一定要把围绕中心、服务大局作为基本职责，胸怀大局、把握大势、着眼大事，找准工作切入点和着力点，做到因势而谋、应势而动、顺势而为。

——2013年8月19日，习近平总书记在全国宣传思想工作会议上的讲话

引言

党的十八大以来，以习近平同志为核心的党中央高度重视意识形态工作，巩固和发展了主流意识形态，主旋律更响亮、正能量更强劲。同时，疫情冲击下国内外面临更多不确定因素，再加上境外敌对势力加大渗透和西化力度，意识形态领域的形势错综复杂，面临的风险挑战也更加严峻。澄清党员干部对意识形态工作任务的模糊认识，构建意识形态工作大格局，有效防范和化解意识形态领域风险，确保意识形态工作责任制落到实处，成为各级党组织面临的重要课题。

典型案例

河北省衡水市："五制联动"推动意识形态工作责任制落地见效

衡水市地处河北省东南部，是京津冀协同发展的重要节点城市，肩负助力筑牢首都政治"护城河"的特殊使命。近年来，衡水市深入贯彻习近平总书记关于意识形态工作的重要论述，积极破解主体责任落实、风险隐患防范、阵地建设管理、监督检查、考核评价等难题，创新工作机制，通过"五制（清单制、研判制、审批制、督办制、考评制）联动"推动意识形态工作责任制落实落地，筑牢首都政治"护城河"的衡水防线。

建立"清单制"，划分意识形态"责任田"。通过调研发现，部分基层单位和党员干部对自身承担的意识形态工作职责有了较好理解，但是对于需要落实的重点工作任务还存在模糊认识。比如：有的同志对定期分析研判意识形态领域情况和专题研究意识形态工作的关系认识不清；有的单位认为意识形态工作是宣传部门一家的事，工作任务和自己关系不大，主动性不强。对照《中国共产党宣传工作条例》《党委（党组）意识形态工作责任制实施办法》要求，衡水市经认真梳理制定出台《衡水市党委（党组）意识形态工作责任制系列清单》（以下简称《清单》），划分意识形态"责任田"。一是突出责任主体。将党委（党组）对于意识形态工作的分析研判、专题研究、专题汇报、阵地建设管理、队伍建设和检查考核等17项职责一一列清，明确了党委（党组）的全面领导责任，突出了党委（党组）责任主体。二是抓住关键部位。将党委（党组）书记对意识形态工作带头抓、把方向、抓导向、管阵地、强队伍、敢“亮剑”等职责，以及党委（党组）班子成员落实“一岗双责”、做好参谋助手、加强督促检查、开展教育培训、进行对照检查、年终个人述责等职责一一列清，明确党委（党组）书记及班子成员的领导责任，抓住了领导干部这个“关键少数”。三是加强分兵把守。将纪委监委（纪检监察组）监督执纪、办公室协调落实、组织部门组织保障、宣传部门统筹协调、统战部门政治引领、政法部门维护稳定、网信部门网络管理、巡察部门有序巡察、教育部门立德树人、财政部门经费保障等共计39项职责一一列清，明确部门责任，

❖ 2020年6月30日，衡水市安平县全国第一个农村党支部纪念馆开展网络直播活动，通过讲解员声情并茂的讲解，让广大网友足不出户就能接受红色文化教育

重在分兵把守、形成合力。通过建立“清单制”，各级党委（党组）及其班子成员、有关部门对自身的职责有了更为清晰的认识，明确了谁来抓、抓什么、怎么抓，有效划分了“责任田”。

实行“研判制”，防范意识形态“风险点”。当今世界正经历百年未有之大变局，全球震荡源和风险点显著增多，疫情冲击下面临更多不稳定不确定因素，意识形态领域的形势错综复杂，面临的风险挑战也更加严峻。立足防范化解意识形态领域风险，衡水市探索实行“研判制”，及时掌握和管控意识形态领域的“风险点”，妥善处置各类苗头性、倾向性问题，做好突发事件应急处置。一是建立联席会议制度。2018 年以来，衡水市委意识形态工作领导小组办公室每季度定期组织 18 个联席单位召开会议，重要情况随时召开会议，传达学习中央、省委、市委对于意识形态工作有关要求，通报阶段工作情况，交流推广经验做法，及时向市委提出意见建议，已组织召开联席会议 18 次，提出合理化建议 27 条，形成了工作合力。二是建立分析研判制度。衡水是教育大市，青少年群体约占全市总人口的 16%，他们的政治鉴别力和政治免疫力较弱，成为易受网上错误言论影响的群体。网络技术和传播秩序深刻变革，微博、微信、贴吧、论坛等网民互动平台、社交平台信息传播“圈层化”“隐蔽化”趋势更加明显，成为负面舆情的主要源头。市委每季度定期分析研判意识形态领域情况，定期对青少年学生、务工人员等重点人群以及网络及新媒体平台等重要阵地意识形态领域情况进行分析研判，对重大事件、重要情况、重要社情民意中的 19 个倾向性苗头性问题及时作出工作安排，加强了风险防范。三是建立应急管控制度。坚持预防为主、常抓不懈，市委成立意识形态领域突发事件应急处置指挥部，市委常委、宣传部部长任指挥长，分管公安的副市长任副指挥长，宣传、政法、网信、教育、公安等部门负责同志为成员，分工负责全市意识形态领域突发事件的预判预警预防，及时进行分析研判和应急处置，做到分工明确、反应灵敏、运转高效。

推行“审批制”，管好意识形态“主阵地”。阵地是意识形态工作的基本依托，牢牢掌握意识形态工作的领导权，就要强化意识形态阵地管理，使各类意识形态阵地始终成为传播先进思想文化的坚强阵地、决不能给错误思想观点提供传播渠道。衡水市注重加强意识形态阵地管理，重视苗头性倾向性问题，制定出台意识形态阵地管理办法，探索运用“审批制”，既突出重点、依法管理，又创新形式、疏堵结合。一是管用结合强阵地。衡水市注重加强“两中心一平台”的建设和管理，管用结合充分发挥宣传主阵地作用。2018 年 9 月，挂牌成立全省第一个县级融媒体中心——武强县融媒体中心，并在此基础上率先在河北省实现县级融媒体中心全覆盖。确定全国第二批新时代文明实践中心建设试点县 1 个，其他 10 个非全国试点县（市、区）全部完成县级中心建设，覆盖率达到 100%；建成新时代文明实践所 96 个，覆盖率达到 84.9%；建成新时代文明实践站 2609 个，覆盖率达到 54.2%。2020 年 8 月 26 日，开通“学习强国”衡水学习平台，2020 年 12 月 14 日，“学习强国”武强县级融媒号全国首批上线，有效发挥了学习引领作用。二是规范管理严审批。对于讲坛、讲座、年会、报告会、研讨会，以智库名义举办会议、评比排名、研修培训，新建改扩建纪念设施，举办网上思想文化活动，领导干部出席思想文化类活动等，明确纳入审批范围。坚持谁主管谁负责、谁主办谁负责和属地管理原则。举办思想文化类活动，首先报本单位党委（党组）同意，涉及重大主题、敏感事件和重点人物，报本地党委宣传部门审核批准，拿不准的向上级党委宣传部门请示，逐级上报、归口管理、从严从紧，实现稳妥把控。三是注重过程抓管理。在举办讲坛、讲座等思想文化类活动中，注重加强过程管理，要求组织方提前审阅有关报告内容，提示报告人遵守相关规定，如发现报告人发表不当言论和错误观点，当场制止并消除负面影响。提前评估传播效果，准确拿捏公开报道的尺度，坚持内外有别把好宣传报道关口，避免产生不良影响。2018 年以来，稳妥承办第 32 届中国电视剧“飞天奖”、第 26 届电视文艺“星光奖”颁奖典礼，成功举办“礼赞新中国　讴歌新时代——衡水市庆祝新中国成立 70 周年成就展览”“百年风华　光辉历程——庆祝中国共产党建党 100 周年衡水市党的历史成就展”“我和我的祖国”庆祝新中

❖ 第 32 届电视剧“飞天奖”、第 26 届电视文艺“星光奖”颁奖典礼于 2021 年 9 月 28 日晚在衡水艺术中心大剧院隆重举行

国成立70周年全市群众歌咏大会等活动20余项，确保了意识形态安全和文化安全。

深化“督办制”，用好责任追究“撒手锏”。制度的生命力在于执行。着眼传导压力，衡水市完善《衡水市党委（党组）意识形态工作责任制监督检查办法》，深化“督办制”，推动意识形态工作责任制落实。一是明确监督检查重点。将党委（党组）意识形态工作全面领导责任、意识形态阵地建设管理、定期研究研判通报等“规定动作”落实情况、考核评价、追责问责、队伍建设、经费保障等作为监督检查的重点内容。二是严格监督检查程序。每年组织开展意识形态工作专项督查，有计划开展巡察，将意识形态工作责任制落实情况纳入巡察重要内容，通过自查自纠、问卷调查、座谈交流、查阅资料、实地走访等形式扎实开展监督检查，进一步严格了监督检查程序。对于重点事件和重要内容，及时下发督办卡进行督办，推动责任制落地见效。2021年11月29日，对“衡水一居民拨打12345热线反被训斥”事发地衡水高新区，及时下发督办通知，要求深刻反思、举一反三、认真整改，努力提高为民服务水平，有效防范意识形态风险。三是加强监督检查力量。针对意识形态工作责任制监督检查人员力量薄弱、不够专业的问题，衡水市于2018年建立全市意识形态工作责任制监督检查人员库，将各县市区委宣传部和市直各单位的主管副职及业务骨干纳入其中，分批开展意识形态工作监督检查业务培训，人员库达130余人。2018年以来，从人员库中推荐3人参加省委巡视，推荐20人参加市委巡察，抽调120余人次分组开展意识形态工作专项督查，有效推动了意识形态工作责任制的落实。

完善“考评制”，高举考核评价“指挥棒”。“指挥棒”指向越精准，责任制落实越有力。衡水市对意识形态工作责任制考评办法开展创新性研究，在全省率先制定出台《衡水市党委（党组）意识形态工作责任制考核评价办法》，切实加强过程管理，充分发挥考核评价“指挥棒”作用。一是分类制定考评体系。2018 年以来，在原有整体意识形态工作考核评价办法的基础上，结合县市区、市直单位不同特点，分类制定考评体系。县市区侧重党委主体责任落实情况；市直单位侧重承担重点任务的完成情况，其中宣传文化系统单位侧重职能作用发挥情况，市属大中专院校和中学侧重立德树人根本任务落实情况。二是精准细化考评指标。在考核指标的设定方面，做到定性与定量相结合，重点考量习近平新时代中国特色社会主义思想“六进”和学校“三进”覆盖面和意识形态事件发生及处置情况。主要从 8 个方面、22 个重要工作环节对党委（党组）意识形态工作责任制落实情况进行考核评价，将考评关口前移，体现过程管理。三是注重考评结果运用。将县市区和市直部门意识形态工作考评结果交由市委考核办按一定权重纳入领导班子、领导干部考评体系，县市区意识形态工作初评结果报省，纳入省管领导班子、领导干部考评体系，充分发挥约束和激励作用。2018 年以来，衡水市通过完善意识形态工作责任制“考评制”，做到了“三个解决”，即解决了考核评价体系针对性不强的问题，解决了考核评价指标不好量化的问题，解决了考核评价不能全覆盖的问题。

四川省达州市：坚持问题导向、细化责任分工，创新实施意识形态工作标准化建设

四川省达州市深入学习贯彻习近平新时代中国特色社会主义思想，以意识形态工作中出现的重难点问题为突破口，以维护全市意识形态领域安全为立足点，创新实施意识形态工作标准化建设，按照县（市、区）党委、市（县）级部门、乡镇（街道）、村、社区、学校、医院、企业8个类别，从“体制机制、活动内容、设施阵地、要素保障、责任落实、考核监督”6个方面，分类制定意识形态工作标准，细化责任分工，明确工作内容，运用“清单制+责任制”的方式推动意识形态工作责任落地落实。

体制机制标准化。习近平总书记指出：“要更加注重治理能力建设，增强按制度办事、依法办事意识，善于运用制度和法律治理国家，把各方面制度优势转化为管理国家的效能，提高党科学执政、民主执政、依法执政水平。”为推动意识形态工作责任制落实，确保优质高效履责，达州市坚持用制度机制管人管事管资产管导向，着力建立常态化、规范化的工作运行机制。一是建立主要工作制度。印发《达州市贯彻落实党委（党组）意识形态工作责任制实施细则》，配套出台《达州市党委（党组）中心组述学评学考学实施办法》《达州市意识形态工作检查考核办法》《达州市意识形态工作责任追究办法》等主要制度，构建起基层落

实意识形态责任制的“四梁八柱”。二是建立专项工作制度。建立意识形态工作联席会议、专题研究、分析研判、定期汇报、专项巡察、专项督查、动态提醒、检查考核、情况通报、追责问责、风险评估等11项制度，让基层对标对表开展工作。三是建立阵地管理制度。按照主管主办和属地管理原则，分别建立新闻舆论、文化文艺、社科理论、网络信息、各类学校、宗教场所六大意识形态阵地管理制度，切实做到阵地管理规范有序。三类制度建设，进一步明责、确责、考责、问责，形成了责任落实闭环链条，让意识形态工作有章可循、有据可依。

活动内容标准化。意识形态工作是动态的，每年都有新任务、新要求、新变化。为此，达州市采取“1要点+1指标+1清单”模式，以动静结合的方式为基层提供简便易行的“施工图”。一是一个“要点”明方向。每年印发《达州市意识形态工作要点》，明确本年度意识形态工作主要任务、努力方向和基本目标，并配套奖惩措施，确保基层落实意识形态工作责任制方向不偏、目标不变、干劲不松。二是一个“指标”抓项目。每年年初按照中央最新部署要求，围绕理论武装、新闻舆论、文化文艺、文明创建、网络安全等工作，制定硬性任务指标，印发各地各部门贯彻执行，年中开展中期评估，年末开展结项验收，强力推进意识形态重大工程、重点项目建设。三是一个“清单”补短板。根据中央和省委专项巡视、市委专项督查和暗访抽查发现的意识形态方面问题，区分责任落实环节，针对不同工作领域，建立问题清单，印发督办通知，通过召开交办会议、开展问题整改“回头看”等，督促整改落实，以问题导向切实巩固意识形态基层基础。

设施阵地标准化。阵地是意识形态领域的前线堡垒，是做好意识

❖ 2019 年 3 月 26 日全市意识形态工作现场会在大竹县召开

形态工作的基本依托。达州市切实履行意识形态阵地管理职责，坚持建管并重、立破并举，着力建好、管好、用好阵地。一是建强线下实体阵地。狠抓公共文化阵地建设，市县两级建有融媒体中心、新时代文明实践中心、文化馆、博物馆、图书馆、体育馆，市本级有巴山大剧院、巴山书画院、巴山文学院、达州文艺之家、达州市钢琴博物馆、515 艺术创窟等意识形态工作阵地；乡镇（街道）建有文化站、广播站、电影放映室、文明实践站等文化活动场所；村（社区）建有农民（市民）夜校、农家（社区）书屋、文化院坝等公共文化服务阵地，为满足人们对美好生活的精神文化需要提供坚实基础。二是建好线上虚拟阵地。习近平总书记指出，互联网日益成为意识形态斗争的主阵地、主战场、最前沿。达州市借助现场云、大数据平台，与新华社等中央媒体共建舆论引导主阵地。在建好达州网、达州日报、达州电视台新闻客户端网络媒体和“达州发布”微信微博新媒体的基础上，有效依托“学习强国”学习平台，打造党委（党组）理论学习中心组学习第二课堂，形成了线上线下共同发力的阵地格局。

要素保障标准化。没有强有力的要素保障，意识形态工作就会动力不足、效果不佳。达州市积极创造条件，加大保障力度，做到要素充沛、经费充足、人员充实。一是强化组织领导。市、县、乡三级成立党委意识形态工作领导小组，由党委书记任组长，明确 1 位分管领导、1 个责任科（股）室、1 名具体工作人员负责意识形态工作，建立起“一个机构”+“三个明确”的组织体系，确保各级党委（党组）真正把意识形态工作作为“一把手”工程放在心上、扛在肩上、落实在行动上。二是落实经费保障。按照每年市级不少于 2000 万元、县（市、区）不少于 1000 万元、乡镇不少于 10 万元、村（社区）不少于 5 万元的标准，落实意识形态工作专项经费，确保专款专用。出台《文艺精品项目资助暂行办法》《达州市社会科学优秀成果评奖办法》《“宣传达州好新闻”评奖办法》，每年分别拿出 500 余万元、200 余万元、100 余万元用于扶持鼓励文艺精品创作生产、哲学社会科学研究和优秀新闻奖励。不断建立健全激励机制，形成事前支持、事中扶持、事后奖励的经费保障模式。三是建强人才队伍。成立宣传委员、意识形态工作指导员、宣传文化专干、新闻发言人、新闻通讯员、文艺志愿者、基层理论宣讲员 7 支专业队伍，在巡视员、调研员中抽调业务骨干组建意识形态工作专项巡察、专项检查、专项督查和专项考核 4 支兼职队伍，确保有人干事。建立人才数据库，广泛吸纳意识形态工作人才，定期开展业务培训、督查检查及考核考评，提升做好意识形态工作的能力水平。

责任落实标准化。科学建立责任落实“四张清单”：第一张列出主体责任，明确各级党委（党组）对意识形态工作负总责，承担政治责任和领导责任，特别是党委（党组）书记要负起第一责任人的责任；第二张列出主管责任，明确党委宣传部门作为意识形态工作主抓主管部门，负有直接责任，牵头负责意识形态工作协调、指导、组织、督查、考核等具体职责；第三张列出部门责任，明确意识形态工作涉及的重点领域、重点职能部门，切实抓牢部门分管职责和监管责任；第四张列出基层责任，明确基层村居、社区、企业、学校等基层党组织发挥好主动权、主导权。“四张清单”进一步明确了“谁来作为、怎么作为”的问题，为各级各部门对号入座、对表执行提供了清晰遵循，把压力层层传导至“神经末梢”，形成一体联动、齐抓共管的工作格局。

考核监督标准化。印发《达州市意识形态工作检查考核办法》《达州市意识形态工作责任追究办法》，将意识形态工作纳入领导班子、领导干部年度目标考核，细化为10个板块、30项指标和66条具体内容，通过实地调研、查阅资料、群众问卷、部门评价等形式进行量化考核，并将考核结果作为干部评价使用和奖惩的重要依据。充分发挥巡察、督查、检查“三把利剑”的威慑作用，有效督促意识形态责任落实。将意识形态工作责任追究纳入纪律监督范围，明确15种问责情形，规范责任追究的方式、程序及类型，对失职失责的领导干部严肃追责问责，进一步拉紧了意识形态工作责任落实的“高压线”，让对标明责、主动担责成为常态。

案例分析

党的十八大以来，以习近平同志为核心的党中央针对新形势下意识形态领域的复杂情况，就方向性、根本性、全局性问题作出一系列重大决策部署，推动意识形态工作持续巩固增强，我国意识形态领域形势发生了全局性根本性转变。但也要看到，当前两个大局与新发展阶段历史交汇，我国正处在大发展大变革大调整时期，意识形态领域使命任务更加艰巨，阶段性特征更加显著，阶段性挑战更加突出。各级党组织须进一步增强维护意识形态安全的政治敏锐，强化建设社会主义意识形态的政治担当，全面落实好意识形态工作各项任务，不折不扣推动意识形态工作责任制落到实处、执行到位。河北省衡水市、四川省达州市在推动意识形态工作责任制落实过程中，始终瞄准问题求突破、立足实际抓落实，通过明确责任、完善制度、健全机制、加强督导、考评倒逼等一系列有力举措，为各条战线各个部门画出“路线图”、下达“任务书”，确保了意识形态工作责任制落地见效。

责任到“点”，形成齐抓共管合力。意识形态工作千头万绪、线长面广，需要人事相连、岗责相系，确保事事有人管、人人有专责、件件能落实、处处无漏洞。两个案例都注重抓住责任主体，突出关键领域，运用“清单制 + 责任制”的方式推动意识形态工作责任落地落实。衡水市出台《衡水市党委（党组）意识形态工作责任制系列清单》，明确各级党委（党组）、党委（党组）书记及分管领导、各个部门各条战线职责，有效划分意识形态“责任田”。达州市按照县（市、区）党委、市（县）级部门、乡镇（街道）、村、社区、学校、医院、企业8个类别，分类制定意识形态工作标准，层层压紧压实了意识形态工作责任。

落实成“线”，建立常态长效机制。意识形态工作不是一朝一夕之事，需要持久用力、久久为功。两个案例都注重在“常”“长”二字上狠下功夫，建立长链条工作机制，确保责任落实形成闭环。衡水市通过建立清单制、研判制、审批制、督办制、考评制，使意识形态各项工作有章可循、常态推进，形成了“五制联动”、环环相扣的长效模式，加强过程管理。达州市从“体制机制、活动内容、设施阵地、要素保障、责任落实、考核监督”6个方面实施标准化建设，抓实意识形态工作部署、落实、检查、反馈、整改、提升各个环节，形成完整工作链条，推动意识形态工作责任制落实融入日常、抓在经常、形成常态，确保长期见效。

服务到“面”，深化教育引领效果。意识形态工作是在人的头脑里搞建设，必须跟紧新形势、对准活思想，把宣传教育群众、突出思想引领、加强阵地管理作为落脚点抓细抓实抓好。两个案例都注重建好平台阵地、加强阵地管理，开展交流互动、倾听群众声音，改进方式方法、注重风险防范，切实提高意识形态工作的针对性实效性。衡水市坚持立破并举、疏堵结合，突出重点人群、重要阵地，常态化开展意识形态风险研判，严格活动审批和过程管理，妥善处置苗头性倾向性问题，有效防范和化解意识形态领域风险。达州市坚持推行内容和阵地标准化建设，结合线上和线下、实体与虚拟建强阵地，定期分析理论舆论、文化文明、平台阵地等方面存在的问题短板，督促整改落实，夯实基层基础，不断提高意识形态工作成效。

面对新的历史时期提出的全新使命任务，各级党委（党组）需要进一步增强政治责任感和使命感，切实担负起意识形态工作全面领导责任，着力破解当前意识形态工作责任制落实过程中存在的各类问题，持续推进工作理念、内容、手段、体制、机制等全方位创新，推动意识形态工作责任制落到实处，建设具有强大凝聚力和引领力的社会主义意识形态。

启示与思考

意识形态工作是党的一项极端重要的工作，是为国家立心、为民族立魂的工作。河北省衡水市、四川省达州市的实践表明，推动意识形态工作责任制落地落实，关键是按照党中央的要求和规定，坚持效果导向、需求导向和问题导向，找准关键处和薄弱项，找准着力点和突破口，把各项工作紧紧抓在手上，知责明责、守责履责、担责尽责，努力建设具有强大凝聚力和引领力的社会主义意识形态。

提高政治站位，站高谋远实施“一把手”工程。坚持“一把手”带头，肩负起意识形态工作主体责任，“一把手”须带头抓、直接抓、具体抓，切实当好“第一责任人”。各级党委（党组）书记要切实增强抓意识形态工作的履职自觉，强化使命担当，真正把意识形态工作放在心上、扛在肩上、落在行动上。把意识形态工作摆在重要位置，牢固树立“抓意识形态工作是本职、不抓是失职、抓不好是渎职”的理念，加强组织领导和统筹指导，像分析经济形势一样定期分析研判意识形态领域形势，定期听取意识形态工作汇报，定期在党内通报意识形态领域情况，切实当好意识形态工作的领导者、推动者、执行者。各级党委（党组）“一把手”要旗帜鲜明地站在意识形态工作第一线，牵头抓总、靠前指挥，做到“三个带头”“三个亲自”，即带头抓意识形态工作、带头管阵地把导向强队伍、带头批评错误观点和错误倾向，重要工作亲自部署、重要问题亲自过问、重大事件亲自处置，不能当“甩手掌柜”。

强化组织领导，联动协同形成“一盘棋”格局。意识形态工作不是宣传部门一家之事，不能让宣传部门“单打独斗”，必须坚持“一盘棋”、形成“大合唱”。党委要统揽全局、协调各方，指导和推动本地区本部门本单位把意识形态工作要求融入各自工作，推动意识形态工作与行政管理、行业管理、社会治理更加紧密地结合起来。要充分调动各条战线各个部门抓意识形态工作的积极性主动性，各司其职、各负其责、共同履责，切实形成党委统一领导、党政齐抓共管、宣传部门组织协调、有关部门分工负责的工作格局。党委宣传部门要充分发挥意识形态领域主管部门的作用，树立整体思维和系统思维，通过系统集成、战线协调、资源整合、力量凝聚，坚持围绕中心、服务大局，破除各自为政、画地为牢的观念，站位全局、找准定位，心往一处想、劲往一处使，在构建大宣传格局中共同守好意识形态主阵地、在布局“一盘棋”中打好意识形态主动仗。

突出顶层设计，科学合理建立“一张网”制度。意识形态工作是一项与时俱进的工作。市县两级是基层意识形态工作的前沿核心阵地，是落实意识形态工作责任制的关键环节。工作过程中，要坚持紧跟党中央最新决策部署，紧跟习近平总书记最新重要讲话精神，用制度管人管事管资产管导向，加强顶层设计，推动责任落实。要坚持与时俱进、因地制宜，坚持需求导向、问题导向和效果导向，坚持动态与静态相结合，以《中国共产党宣传工作条例》《党委（党组）意识形态工作责任制实施办法》为根本遵循，出台《党委（党组）意识形态工作责任制实施细则》等主要工作制度。在此前提下，配套制定专题研究、分析研判、定期汇报、专项巡察、专项督查、动态提醒、检查考核、情况通报、审批审查、追责问责、风险评估等若干专项制度。要坚持常态长效与当前当下原则，每年根据新形势新变化新任务新要求，制定相应的工作要点、任务清单、项目台账、考核指标等，以“清单制”明晰“责任制”。以“主干＋枝叶”纵横交错、科学织就意识形态工作责任落实的“一张网”，扎紧制度笼子，建立标准化模式，让各级党委（党组）及其班子成员、有关部门明确自身职责，明晰意识形态工作谁来抓、抓什么、怎么抓。

坚持人民至上，建管并重做实“一条龙”服务。落实意识形态工作责任制，切实履行意识形态阵地建设管理职责，要贯彻“以人民为中心”的思想，把建管用结合起来，把管理与服务结合起来，建好阵地、管好阵地、用好阵地。要自觉履责尽责，从理论武装、新闻出版、广播电视、网络空间治理，到文化文艺、思想道德教育、精神文明创建，从各级各类学校思想政治教育，到各类基层宣传文化阵地建设管理，从各级党委（党组）和宣传部门、行政管理部门，到主管主办单位，所有工作、所有主体都要主动提高政治站位、强化阵地意识，自觉地在建好管好用好阵地上各负其责、担当尽责。建好管好用好阵地，要重点建好用好正能量强劲、主旋律高昂，影响大、“人气”旺的阵地。要落实移动优先理念，让主流媒体借助移动传播，牢牢占据舆论引导、思想引领、文化传承、服务人民的传播制高点。要发扬斗争精神，坚持依法治理和内容建设并举，管好用好互联网舆论阵地。切实加强网络信息管控，重点管好具有新闻舆论和社会动员功能的新媒体，规范网上信息传播秩序，严密防范网上意识形态渗透，旗帜鲜明地开展网上舆论斗争，牢牢掌控网络意识形态主导权。要精准服务群众，深入贯彻落实“以人民为中心”的发展思想，更加重视基层基础，加强基层单位宣传工作机构和工作力量，推进新时代文明实践中心、县级融媒体中心建设，加强基层文化设施建设、管理和使用，更好地宣传群众、教育群众、引导群众、服务群众。

拓展阅读

1. 姜辉：《坚持马克思主义在意识形态领域指导地位的根本制度》，《红旗文稿》2020年第5期。

2. 袁久红：《深入加强社会主义意识形态基础性建设》，《红旗文稿》2019年第23期。

思考题

1. 在加强意识形态阵地管理过程中，如何把握管理的尺度，既做到科学严谨，又达到务实管用？

2. 宣传部门作为党委主管意识形态工作的部门，如何更好发挥组织协调作用，构建意识形态工作大格局？

后 记

中共中央政治局委员、中央书记处书记、中宣部部长黄坤明同志高度重视干部教育培训工作，强调要编写好案例教材、开发好课程，提升培训质量。全国宣传干部学院一直以来坚持编选地方基层鲜活案例，持续在编写高质量案例教材上下功夫。《宣传思想文化工作案例选编（2021 年）》编写工作从 2021 年 1 月启动，克服新冠肺炎疫情影响，历经广泛征集案例、认真筛选修改、远程集中推稿等多个环节，在内容上着重突出对习近平新时代中国特色社会主义思想的学习和宣传，着重强调守正创新做好新时代新征程宣传思想工作的任务和要求，着重体现推动地方基层宣传思想工作高质量发展的举措和成效。中宣部分管日常工作的副部长李书磊同志要求做好案例选择，确保质量。在汤恒、朱虎同志的具体指导下，编写工作由秦强同志负责，元开放、冯德昕、滑秀伟等同志参加。中宣部有关业务局室审改了书稿，各省、自治区、直辖市党委宣传部积极参与案例推荐及编写工作。参与各案例联络、推荐和修改工作的人员主要有：张磊、陈骏、李颂、尤小方、李慧宏、吴睿、崔华超、林佳福、汪帆、孙悦文、刘晓飞、王永强、李萌、姚毅敏、李松岭、万奎元、汤海泳、胡义伟、陈磊、于泓、尚顺平、葛正姗、姜照辉、张学鹏、周新红、张琴、张建云、吴庆生、梁付国、陈文丽、洪敏、王刚。参与各案例执笔工作的人员主要有：杨帆、张迪、何英华、陈凯、洪婉清、刘泽阳、陈正玺、廖子逸、莫圣帝、黄梅、陈书焕、葛永庆、马越岳、旦明明、叶明明、朱立、王天含、黄兴元、欧文庆、廖妹芳、杨硕、解银洁、王钰晗、邱俊锋、蒋颖、高永伟、高雪、徐明忠、陈奕希、许广智、常玉峰、刘延静、谭艳华、李承业、郭馨鑫、邢坤、李一鸣、陈海峰、崔彦锋、程继勇、王开仓、顾京晏、高美兰、丁秀滨、金艺萱、周兴富、张刚、蔡雄磊、叶松生、赵增辉等。在本书付梓之际，谨向为本书付出辛劳、作出贡献的有关单位和个人致以诚挚谢意！

由于水平有限，书中难免有疏漏和不足之处，敬请广大读者对本书提出宝贵意见。

编　者

2022 年 8 月